Stephanie Bartsch
Frau Bartsch reist sich zusammen

Stephanie Bartsch

Frau Bartsch reist sich zusammen

Wie ich auszog,
das Trauern zu lernen,
und unterwegs
das Glück fand

BERLIN VERLAG

Mehr über unsere Autorinnen, Autoren und Bücher:
www.berlinverlag.de

Inhalte fremder Webseiten, auf die in diesem Buch (etwa durch Links) hingewiesen wird, macht sich der Verlag nicht zu eigen. Eine Haftung dafür übernimmt der Verlag nicht.

ISBN 978-3-8270-1482-5
© Berlin Verlag in der Piper Verlag GmbH, Berlin/München 2023
Satz: Eberl & Koesel Studio, Kempten
Gesetzt aus der Caecilia
Druck und Bindung: CPI Books GmbH, Leck
Printed in the EU

Für Béla und Lotta

Ich suche nicht – ich finde.
Suchen – das ist das Ausgehen von alten Beständen
und ein Findenwollen von bereits Bekanntem im Neuen.
Finden – das ist das völlig Neue.
Das Neue auch in der Bewegung.
Alle Wege sind offen,
und was gefunden wird, ist unbekannt.
Es ist ein Wagnis, ein heiliges Abenteuer.
Die Ungewissheit solcher Wagnisse
können eigentlich nur jene auf sich nehmen,
die sich im Ungeborgenen geborgen wissen,
die in der Ungewissheit,
in der Führerlosigkeit geführt werden,
die sich im Dunkeln einem unsichtbaren Stern überlassen,
die sich vom Ziele ziehen lassen
und nicht – menschlich beschränkt und eingeengt –
selbst das Ziel bestimmen.
Dieses Offensein für jede neue Erkenntnis
im Außen wie im Innen:
Das ist das Wesenhafte des modernen Menschen,
der in aller Angst des Loslassens
doch die Gnade des Gehaltenseins
im Offenwerden neuer Möglichkeiten erfährt.

Pablo Picasso

Inhalt

11 Frau Bartsch erinnert sich
18 Wofür denn noch ein Buch über Trauer?

22 Frau Bartsch sucht nach einer Trauer-Theorie, die zu ihr passt
24 Frau Bartsch on the road
26 Frau Bartsch kommt vom »wir« zum »ich«
30 Frau Bartsch hat's laut
32 Frau Bartsch erlebt stürmische Zeiten
35 Frau Bartsch passt sich an
36 Frau Bartsch hat einen Systemausfall und isst gute Fritten
39 Frau Bartsch findet Lösungen
40 Glaube nicht alles, was du denkst!
41 Frau Bartsch hat Hochzeitstag und schneidet fremden Menschen die Haare
43 Frau Bartsch zitiert nicht allein wegen des Endes Goethes Osterspaziergang
45 Frau Bartsch zieht es nach Hause
48 Frau Bartsch hat Pause
50 Frau Bartsch hat Besuch
52 Frau Bartsch erlebt ein Wechselbad von Gefühlen
55 Frau Bartsch will sich nicht anmalen
56 Frau Bartsch verzichtet auf den Rollstuhl und sieht durch Nebel das Glück – manchmal
59 Frau Bartsch stößt sich den Kopf und erinnert sich
61 Frau Bartsch wandert und erhält am Ende das Testergebnis zur Weiterreise

NACH SPANIEN
- 64 Frau Bartsch ist Vollprofi
- 67 Frau Bartsch ist weit gekommen
- 70 Frau Bartsch reist weiter in den Süden
- 72 Frau Bartsch im Paradies
- 74 Frau Bartsch tankt auf
- 76 Frau Bartsch rüstet auf
- 76 Frau Bartsch ärgert sich über sich selbst
- 80 Frau Bartsch ändert die Wahrgebung
- 82 Frau Bartsch hat Urlaub
- 86 Frau Bartsch und ihr Kopf
- 88 Frau Bartsch verliert ihre Angst vor Hunden und befreit sich von Unrat
- 93 Frau Bartsch schläft heute Nacht allein
- 94 Frau Bartsch gibt Geld aus
- 96 Frau Bartsch reist wieder
- 98 Frau Bartsch trägt keine Ringe mehr
- 99 Frau Bartsch muss weg
- 101 Frau Bartsch übt das Loslassen
- 104 Frau Bartsch hat Sturm und trifft auf zwei Powerfrauen
- 107 Frau Bartsch wird schwergewichtig
- 107 Frau Bartsch zieht es wieder ans Meer
- 110 Frau Bartsch hat Begleitung und reist als Touristin
- 112 Frau Bartsch genießt den Regen und kommt zur Ruhe in ihrer Tupperware
- 113 Frau Bartsch und die Schönheit
- 115 Frau Bartsch fährt in den Schnee
- 119 Frau Bartsch trifft einen Spanier auf Brautschau
- 120 Frau Bartsch bekommt Besuch von der Tochter und schläft heute Nacht nicht allein
- 122 Frau Bartsch reist gerade nicht
- 124 Frau Bartsch probiert vorsichtig eine Definition von Liebe
- 126 Frau Bartsch interpretiert falsch und schämt sich
- 129 Frau Bartsch ist ein halbes Jahr Witwe und die »Anfängerin« im »Dorf«

131 Trauer kommt in Wellen
136 Frau Bartsch ist irgendwo hinter den Plastikzelten
137 Frau Bartsch wandert im Garten Eden
und wagt eine Rangliste des Leidens in ihrer Biografie …
außerdem kommt Sex vor
143 Frau Bartsch weint in der Kirche und fordert sich heraus
146 Frau Bartsch 24 Stunden Paradies. Im Anschluss: Frau
Bartsch setzt auf

NACH NORWEGEN
150 Frau Bartsch hat wieder ein stabiles Hinterteil und reist
gen Norden
152 Frau Bartsch wird von der Polizei mit Drogen erwischt
156 Frau Bartsch hat dicke Füße und backt Kuchen
für ihren Vater
158 Frau Bartsch ist zwei Nächte daheim
161 Frau Bartsch zieht weiter
163 Frau Bartsch ist negativ
164 Frau Bartsch traut sich schwergewichtig an den Strand
166 Frau Bartsch schmuggelt schon wieder
169 Frau Bartsch kriegt das Wohnmobil abgeleckt
174 Frau Bartsch reis(s)t Kilometer, um dem Regen zu entfliehen,
und produziert Chaos im Kleiderschrank
175 Frau Bartsch fällt der Himmel auf den Kopf – aber vorher isst
sie Rundstykke … und Mario hilft wieder
178 Frau Bartsch zerreist sich
182 Frau Bartsch erlebt die Natur im Polarkreis
186 Frau Bartsch hat einen Flüchtling an Bord
189 Frau Bartsch reist ab heute zu viert
191 Frau Bartsch denkt über Neid nach
192 Frau Bartsch packt ihr Wohnmobil um
194 Frau Bartsch kriegt gutes Wetter und Mecker
197 Frau Bartsch lernt, Fisch zu filetieren
200 Frau Bartsch denkt über Liebesbeziehungen und
Verliebtheit nach

202 Frau Bartsch schafft es, alte Muster zu durchbrechen, und liest das Gutachten zum Unfallgeschehen
204 Frau Bartsch ist nicht erreichbar (nur via Mail)
208 Frau Bartsch ist Handy-amputiert und sinniert mit Christine
210 Frau Bartsch studiert das Thema »Motorbremse«
212 Frau Bartsch wird aus dem Schlaf gerissen
213 Frau Bartsch am Preikestolen

NACH HAUSE
216 Frau Bartsch will noch nicht nach Hause
218 Frau Bartsch kommt nach Hause und reist die letzten Kilometer mit Diamant
221 Frau Bartsch schleicht sich wieder davon
224 Frau Bartsch ist schwer verliebt und gets the biggest Stück of Sahnetorte (mit Kirsche)
227 Frau Bartsch hat hohes Fieber
227 Frau Bartsch emotional
229 Frau Bartsch übersteht die Erinnerungsfeier
231 Frau Bartsch arbeitet wieder
233 Frau Bartsch dissoziiert
235 Frau Bartsch hat erstmalig Schreibhemmungen
237 Frau Bartsch hat ein Leben nach dem Tod
239 Frau Bartsch denkt nicht an den Todestag
242 Frau Bartsch hat das Trauerjahr und Weihnachten überstanden
245 Die Welt dreht sich nicht um Frau Bartsch

248 Playlist der Reise

250 Danke
252 Literatur
253 Links
254 Anmerkungen

Frau Bartsch erinnert sich

»Wir müssen Ihnen leider mitteilen, dass Ihr Mann heute Morgen bei einem Autounfall ums Leben gekommen ist.«

Die Polizei kam zu dritt. Dachte ich. In Wirklichkeit war einer der Männer ein Seelsorger. Seine Uniform sah ähnlich aus wie die der Polizisten.

Nachdem ich den schlimmsten Satz meines Lebens gehört hatte und schrie, weinte der Seelsorger auf der Bank neben mir im Wohnzimmer. Im Schreien dachte ich: Das wird wohl als unprofessionell angesehen, aber deine Reaktion ist die einzig angemessene. Kurz darauf entließ er die Polizisten: »Sie können ruhig gehen, Sie haben ja sicher auch noch was Besseres zu tun.«

What?! Als die Polizisten gegangen waren, drohte ich zu hyperventilieren, hatte aber dennoch den Eindruck, alles unter Kontrolle zu haben, und das stimmte auch irgendwie. Ich habe mich in den Sessel gesetzt und mit einer Klopftechnik begonnen, die ich auch bei meinen Coaching-Klienten anwende. Vorher habe ich den Seelsorger beruhigt, ich müsse mich mal eben »regulieren« und das könne jetzt vielleicht etwas seltsam anmuten.

Der Seelsorger erlaubte mir, in meinem Wohnzimmer sitzend, alles zu tun, was mir jetzt guttäte. Danke.

Also klopfte ich die 16 Akupunkturpunkte, summte, zählte rückwärts und bewegte meine Augen in abgelegene Ecken. Es half! Ich konnte ruhiger atmen. Ich war stolz, dass mir in diesem Moment das Klopfen eingefallen war.

Danach musste mein geplantes Seminar am Nachmittag abgesagt werden, was der Seelsorger für mich erledigte, weil ich nicht tippen konnte.

Als Nächstes rief ich bei meinen Eltern an und sagte meinem Vater, sie müssten sofort kommen, Ralf sei tot.

Nun schaltete sich mein Seelsorger wieder ein, bevor ich noch mehr falsch machen konnte. Er wollte, dass ich erst einmal überlegte, wie meine Kinder reagieren würden. Daraufhin wurde eine Seelsorgerin zu meinem Sohn Béla geschickt, um ihn zu holen. Leider war die Schnittstellenkommunikation dabei nur semi-optimal, und so wurde meinem Sohn zunächst vermeldet, sein Vater sei tot. Die Seelsorgerin berichtigte sich dann jedoch und gab den Wohnort des gestorbenen Mannes an. So erfuhr mein Sohn, dass sein Stiefvater ums Leben gekommen war. Ralfs leibliche Tochter wurde in Hamburg von sehr einfühlsamen Polizisten besucht und informiert.

Meine Tochter Lotta rief mich an, um sich wegen Weihnachten zu erkundigen. Sie wohnt in Amsterdam und wollte einen Zug buchen. Ich aber dachte, sie wäre schon durch meinen Sohn informiert und riefe deswegen an. Zum Glück war ihre Mitbewohnerin zu Hause, und ihr Freund kam schnell, denn sie reagierte ebenfalls sehr heftig.

Am Abend waren dann alle bei mir versammelt, und wir blieben in dieser Konstellation acht Tage zusammen.

Ich war froh, dass Corona es untersagte, mich zu besuchen. Ich wollte niemanden weiter sehen und sprechen. Nach einigen Tagen habe ich einen Hilferuf in meinen WhatsApp-Status geschrieben, dass wir uns nicht gut versorgen könnten und es eine große Hilfe sei, uns zu bekochen. Daraufhin bekamen wir leckerstes Essen von allen Seiten, alle waren froh, etwas tun zu können. Und wir waren so dankbar für alles. So viele Menschen haben so unendlich viele gute Dinge für mich, für uns getan!

Es war eine Zeit der Gemeinschaft und Verbundenheit. Wir

haben unglaublich viel gelacht – etwas, was uns selbst merkwürdig vorkam, weil wir, abgesehen von meinem Sohn, noch nie in einer akuten Trauer gesteckt hatten. Eine derartige Achterbahnfahrt der Gefühle hatte keiner von uns vorher erlebt. Man kann nicht ununterbrochen nur an den Tod denken. Zudem ereigneten sich die abstrusesten Dinge, über die wir wirklich nur lachen konnten.

Es war alles auf eine Weise schön und gut, und unsere innere Welt wartete, dass Ralf endlich nach Hause käme …

Dennoch merkte ich nach ein paar Wochen, dass ich so schnell nicht wieder würde arbeiten können. Ich hatte mich für eine Ausbildung »Kollegiale Führung« angemeldet, die ich absagte. Ich konnte mich einfach nicht konzentrieren, und nichts interessierte mich.

Langsam wurde mir klar, dass ich einen Schlag erhalten hatte, von dem ich mich so schnell nicht wieder erholen würde. Je näher der 1. März rückte, an dem ich meine neue Arbeit antreten wollte, desto dringlicher wurde eine Entscheidung, auf wann ich den Start des neuen Jobs verschieben sollte. Ich schätzte, dass ich im Juni wieder würde arbeiten können, doch erschien es mir angenehmer, die Auszeit auch über den Sommer auszudehnen. So setzte ich willkürlich den 1. September als Start fest.

Auszeit bis September. Es war Mitte Januar, und mein Leben, wie ich es mit Ralf geführt hatte, war zerstört. Ich ging davon aus, dass ich für den Rest meines Lebens Single bleiben würde.

Schon länger hatte ich von einem Campingmobil geträumt, mit dem man unabhängig war und frei in der Natur stehen konnte. Ralf träumte den Traum aus Liebe zu mir ein bisschen mit, aber mir war immer klar gewesen, dass das nicht seine Art war, Urlaub zu machen. Er liebte luxuriöse Hotels und das Stadtleben, ohne Fliegen, Mücken und Spinnen. Nur die Vorstellung davon, eine Toilettenkassette entleeren zu müssen, führte bei ihm schon zu Schüttelekel. Wir waren uns immer einig gewesen, dass so ein hässliches weißes Wohnmobil mit Holzimitat-beklebten Innenschränken keine Option für uns war.

In meiner neuen Lebenssituation kam ich nun zu dem Schluss, dass ein Campermobil genau das Richtige für mich war. So konnte ich meine vielen Freunde in anderen Städten besuchen und gleichzeitig unabhängig sein. Ich konnte in der Natur stehen und Ruhe genießen. Und Leute kennenlernen und dann die Tür wieder hinter mir zumachen.

Mein freundlicher Bankberater hatte mich kurz vor Weihnachten über meine finanzielle Situation informiert, die recht rosig schien. Ich hatte offenbar noch ein großzügiges Polster aus einer Lebensversicherung, nachdem die Schulden vom Haus abbezahlt waren. So stellte es sich jedenfalls zum damaligen Zeitpunkt dar. Ralfs Kolleginnen und Kollegen beschenkten mich außerdem mit einer großzügigen finanziellen Unterstützung, und so wollte ich einen lang gehegten Traum wahr werden lassen: ein (fast) hölzernes Wohnmobil im Stil eines Zirkuswagens aus einer niederländischen Manufaktur zu kaufen.

Doch der Preis dafür, den ich seit dem Besuch einer Camping-Messe in Düsseldorf einige Jahre zuvor im Kopf spazieren trug, war bei Weitem nicht der realistische. In einem Telefonat mit dem Inhaber der Werkstatt stellte sich außerdem heraus, dass das Wohnmobil mindestens alle zwei Jahre abgeschliffen und neu lackiert werden musste. Als ich dann auch noch von der Wartezeit von über einem Jahr hörte, war der Traum endgültig zerplatzt.

Cool fand ich ansonsten auch die Vans mit Schiebetür. Muss man denn mit 50 Jahren noch cool wirken? Am liebsten ja.

Mit meiner Freundin schaute ich mir YouTube-Filme von seltsamen Campern an, die die Vor- und Nachteile solcher Vans schilderten. Wir lachten uns kringelig, und ich fragte mich, ob ich in Zukunft wirklich zu so einer Gruppe von Menschen dazugehören wollte. Wollte ich nicht.

Aber dennoch: Ich war sicher, dass ich, trotz aller Hässlichkeit, ein echtes Wohnmobil kaufen würde. Ich wollte eine richtig gemütliche Toilette und Dusche und eine große Sitzgruppe als »Wohnzimmer«. So zogen wir am nächsten Tag los und besuchten den Wohnmobilhandel in meiner Nachbarschaft. Auch das hatte ich von den YouTube-Filmen gelernt: Du hast ständig Malaisen mit so einem Teil, und dann ist es günstig, wenn du einen Händler in der Nähe hast.

Der gut gelaunte Verkäufer zeigte mir ein Wohnmobil von sechs Metern Länge. Es hatte ein Hub-Bett über der Sitzgruppe. Das war es! So eine Anordnung war genau die richtige: große Sitzgruppe und kein Bett, das Platz in Anspruch nimmt. Ein Bekannter hatte mir jedoch aus seiner Erfahrung zu einem sieben Meter langen Wagen geraten. Schließlich zeigte man mir dann ein Ausstellungsstück von Dethleffs, und das war perfekt! Und ist es in meinen Augen auch heute noch.

Eigentlich hatte ich mir vorgenommen, immer eine Nacht über alles zu schlafen, und das verkündete ich auch; aber dann bekam ich ein so tolles Angebot, dass ich sofort einschlug. So ist das mit Frau Bartsch und ihren Prinzipien.

Vor Unterschrift des Kaufvertrags wurde ich in Kenntnis darüber gesetzt, dass dieses Wohnmobil vom Abgasskandal betroffen war und möglicherweise ein Entzug der Betriebsgenehmigung auf mich zukommen könne – darum also ein so günstiges Angebot.

Mir egal, es wird schon nicht so weit kommen, dachte ich.

Ich war der Meinung, dass ich nun ein Wohnmobil hätte, mit dem ich sofort losfahren könnte, aber weit gefehlt! Bei der Übergabe ein paar Tage später wurden mir diverse Utensilien zum Kauf angeboten: ein dreipoliges Kabel, ein Abwasserschlauch, eine Trinkwassergießkanne, ein leichter Wasserkessel, Töpfe, Campingstühle, Klemmstangen für den

Kühlschrank, Taschenlampe, Verbandskasten, Warndreieck (war wirklich nicht enthalten). Okay, das kaufte ich dann eben auch noch in dem Laden. Jetzt hatte ich aber alles. Dachte ich.

In diversen Facebook-Gruppen wurden mir wunderbare Dinge angeboten: von lebensmitteltauglichen Wasserschläuchen, den passenden Schlauchadaptern und Spanngurten über rutschsichere Matten für die Küchenschränke bis hin zu leichtem Geschirr, Wasserfilter, Befestigungsschienen und Schubladeneinteilungen für Besteck. Es gab Kristallgläser, die auf Magnetschienen befestigt wurden, und Schaumstoffmatten, in die man bruchsicher Flaschen, Teller und Tassen stecken konnte. Es gab den Omnia-Camping-Backofen und dazu passende Kochbücher. Ich brauchte einen Lattenrost aus Plastik und eine zusätzliche dünne Matratze. Es gab Mitgliedschaften von ADAC über Landvergnügen bis zur ACSI-Campingrabattkarte. Es gab externe Akkus mit Solarbetrieb und jede Menge Kästen und Boxen, die ich brauchen konnte.

Zwischendurch dachte ich, dass ich mir nie ein Wohnmobil gekauft hätte, wenn ich gewusst hätte, was für eine Wissenschaft damit verbunden ist. Ein Wohnmobil-Kollege bei Facebook empfahl mir dringend, das Fahrzeug keramikversiegeln zu lassen. Er hätte das auch gemacht, und seitdem würde der Regen das Fahrzeug sauber waschen. Er nannte mir eine Firma bei Augsburg, und ich vereinbarte einen Termin. So ganz auf der Höhe war ich nicht: Sonst hätte ich mal recherchiert und festgestellt, dass es auch bei mir in der Nähe so eine Firma gibt. Der Termin fiel leider in eine Zeit, als bei uns so viel Schnee lag wie seit Jahren nicht mehr.

Ich war erst ein paarmal mit dem Wohnmobil gefahren – ein bisschen über Land und an Hecken vorbei, um die Maße des Fahrzeugs abschätzen zu lernen. Aber wir waren noch nicht wirklich vertraut miteinander. Das sollte sich nun auf der großen Fahrt ändern.

Bei der Keramikversiegelung stellte sich heraus, dass die

hintere »Garagentür« undicht war. Sie war zwar nun keramikversiegelt, musste aber von Dethleffs ausgetauscht werden. Die Austauschtür ist bis heute nicht keramikversiegelt. Dafür ist sie aber wieder undicht. Das musste ich auch erst lernen: Ein Wohnmobil ist wie ein kleines Spielzeughaus. Die Dinge sind filigran und gehen schnell kaputt. Damit an Gewicht gespart werden kann, werden möglichst leichte Teile verbaut. Ständig ist irgendetwas auszubessern, und das nicht nur bei den günstigeren Fahrzeugen, sondern, wie ich mittlerweile weiß, auch bei den sehr, sehr hochpreisigen »Wohnschiffen«.

Wofür denn noch ein Buch über Trauer?

Als ich am 9. Dezember 2020 um 6.40 Uhr Witwe geworden bin, sah ich mich mit 50 Jahren zum ersten Mal seit vielen Jahren mit einer Situation konfrontiert, in der ich mich nicht auskannte; eine Situation, die ich seltsamerweise als beschämend empfand. Mehrmals am Tag sagte ich mir vollkommen ungläubig: »Ich bin doch keine Witwe!« Beschämt war ich auch aufgrund meiner mir ganz und gar unverständlichen Trauerreaktionen. Ich lachte viel und redete ununterbrochen. Damit einher gingen eine Menge selbstabwertende Gedanken: dass ich nicht richtig trauern würde, weil ich nicht wirklich lieben könne, zum Beispiel. Es wunderte mich auch, dass ich bis auf die erste Nacht und die nach der Trauerfeier fast jede Nacht mindestens sechs Stunden schlief.

Ich war ratlos und tat das, was ich immer mache, wenn ich keinen Plan habe: Ich bestellte mir Bücher zum Thema. Gierig las ich, wie andere Witwen die Situation durchlebt hatten. Leider half mir das jedoch gar nicht weiter, weil ich selten so empfand wie die Autorinnen. Die Bücher verstärkten meine Überzeugung, dass ich eben nicht richtig sei und der Liebe nicht fähig.

Da ich mir weiterhin Rat oder Unterstützung wünschte, suchte ich mir eine Expertisestelle für das Thema. Ich führte ein Beratungsgespräch mit einer sehr erfahrenen Mitarbeiterin eines Hospizes. Ihre Worte halfen mir, denn sie bestätigte, dass Trauer so unterschiedlich sei wie die Menschen selbst.

Ich war mir zwar immer noch nicht im Klaren darüber, was

mit mir los war, aber zumindest schon mal gewarnt vor verallgemeinernden Trauerkonzepten – beispielsweise der Trauerphasen-Theorie einer Elisabeth Kübler-Ross aus den 1970er-Jahren. Bis heute hält sie sich hartnäckig, obwohl sie schon direkt nach ihrer Veröffentlichung von der Wissenschaft stark kritisiert wurde.

Da ich keine Orientierung im Außen hatte, tat ich das, was ich mit zunehmendem Alter mehr und mehr tue: Ich vertraute meiner Intuition. Und meine Intuition war: Weg hier! Weg von den mitleidigen Blicken und den Fragen der Menschen, die, natürlich berechtigt, wissen wollten, wie es mir ging. Von Ärzten und Krankenkasse wurde mir zugesichert, dass eine längere Auszeit okay sei. Man sagte mir, dass so ein Schlag bei vielen Menschen seine Zeit bräuchte, bis es wieder weitergehen könne oder dürfe.

Wenn ich also sowieso zu nix zu gebrauchen war, konnte ich ja auch an einem wärmeren Ort mit Meer nicht zu gebrauchen sein, dachte ich, als ich das Wohnmobil kaufte. Um ehrlich zu sein: Letztlich haben es mir meine Eltern gekauft. Denn unser Bankberater hatte einen Fehler begangen. Zwei Tage nach Unterzeichnung des Kaufvertrags teilte er mir mit, dass er sich bezüglich der Lebensversicherung geirrt habe – sie lief auf mich und nicht auf Ralf. Meine Eltern schenkten mir daraufhin den Betrag. So konnte ich mir dieses Schneckenhaus doch noch leisten. Ein Haus auf Rädern, in das ich mich jederzeit zurückziehen konnte, wenn ich Schutz brauchte.

Wir lebten mitten im Corona-Lockdown. Probe fahren war verboten. Ich hatte nicht die leiseste Ahnung von Wohnmobilen, dafür aber die Zuversicht, dass das Reisen damit eine Form von zukünftigem Urlaub sein könnte, die mich vor Einsamkeit beschützen würde. Auf Campingplätzen kommt man immer in Kontakt.

In meiner Fantasie wollte ich mit meinem Wohnmobil

nach Südeuropa fahren und am Meer stehen. Das Meer würde mir Heilung bringen, davon war ich überzeugt. Intuitiv. Oder aus Erfahrung. Aber vielleicht ist das ja auch dasselbe. Gleichzeitig war mir natürlich klar, dass die Küsten Südeuropas durch Bebauung und touristische Nutzung alles andere als romantische und beschauliche Orte sein würden. Vermutlich, so dachte ich, würde ich in einer kleinen Parzelle neben anderen hässlichen Wohnmobilen auf dem Campingplatz stehen, von Natur und Heilung weit entfernt.

Aber zurück zu der Frage, wie es zu diesem Buch gekommen ist. Das, was ich erlebt habe, ist natürlich sehr subjektiv. Auch bin ich mir bewusst, dass ich aufgrund der finanziellen Absicherung durch Ralfs Vorsorge und meine Eltern natürlich privilegiert bin. Darüber hinaus machten die speziellen Corona-Bedingungen die Reise zu etwas Besonderem. Es geht mir aber um etwas anderes.

Mein Buch soll Mut machen, den eigenen Trauerweg intuitiv zu finden. Es soll Mut machen, fröhlich zu sein, wenn man fröhlich ist, und traurig, wenn man traurig ist. Meine Geschichte soll Trost sein in dunklen Zeiten der Perspektivlosigkeit. Und sie soll den Blick auf die Fülle des Lebens schenken, wenn einem gerade das Liebste genommen wurde.

Alles begann damit, dass ein Bekannter mir riet, einen Blog zu schreiben und mir einen Presseausweis ausstellen zu lassen, damit ich beruflich legitimiert reisen könne. Touristisches Reisen war während des zweiten Lockdowns der Corona-Pandemie Anfang 2021 verboten. Ich beantragte also einen Presseausweis, den ich auch erhielt, weil ich schon einige Fachartikel zu meinen beruflichen Themen veröffentlicht hatte.

Anfangs schickte ich die Blogartikel zum Redigieren an meinen Bekannten, der sich dann schnell als »Blogfee« etablierte, als die er meine Artikel dann kommentierte. Doch nach und nach wurde ich sicherer und mutiger. Der Blog wurde zu einer Art Therapeutikum für mich und verband mich zudem mit zu Hause. Immer mehr Menschen, die in einer ähnlichen Situation waren wie ich, hörten davon und lasen mit. Sie schrieben, dass der Blog sie ermutige, und so entstand langsam die Idee, meine innere und äußere Reise in Buchform zur Verfügung zu stellen.

Die Passagen, die ich aus heutiger Perspektive zum besseren Verständnis und zur Einordnung ergänzt habe, sind in einer anderen Schrifttype gesetzt. Einiges, was ich damals erlebt habe, ordne ich heute anders ein.

So hoffe ich, dass dieses Buch neue Einblicke in ein tabuisiertes Thema ermöglicht. Möge es dazu beitragen, dass wir einen unverkrampfteren Umgang mit Tod und Trauer finden.

21.3.2021

Frau Bartsch sucht nach einer Trauer-Theorie, die zu ihr passt

»›Es soll Nachtfrost geben.‹ – Das ist ein toller erster Satz für deinen Blog.« Das sagte vor einigen Tagen ein Freund zu mir, dem ich vertraue, weil er Autor und Journalist und ein kluger Kopf ist. Aber es ist eben nicht mein erster Satz, und ich merke, dass es mir hier weniger um Ästhetik der Sprache geht als darum, mich auszudrücken in meinem Erleben. Wenn denn mal etwas Poetisches dabei herauskommen sollte, will ich nicht traurig sein. Aber *wofür* schreibe ich diesen Blog?

Es geht mir um Besinnung und Reflexion, aber auch darum, Euch teilhaben zu lassen an meinem Prozess des Trauerns und hoffentlich auch Heilens. Gleichzeitig möchte ich erzählen, wie es sich reist als Frau allein im Wohnmobil, mit allen Höhen und Tiefen.

Wird es schwer sein, authentisch zu bleiben? Kann ich ehrlich beschreiben, was in mir vorgeht, und mich gleichzeitig vor Beschämung schützen? Meine Erfahrungen der letzten Monate haben mich gelehrt, dass nicht alle Menschen mit meiner Offenheit gut umgehen können.

Eine Trauerbegleiterin des Osnabrücker Hospizes riet mir, so lange nach einer Trauer-Theorie zu forschen, bis ich die für mich passende gefunden habe. Und wenn ich keine fände, dann könne ich ja eine eigene Trauer-Theorie entwickeln.

Und ich habe etwas gefunden: In dem Online-Newsletter Nr. 6 der Initiative »Mein Erbe tut Gutes – Das Prinzip Apfelbaum« mit dem Titel »Trauer« las ich, dass die »Phasenmodelle« schon vor vierzig Jahren in die Kritik gerieten, weil jeder Mensch anders trauere. Außerdem ließe sich keine Prognose darüber stellen, mit welcher Art zu trauern man langfristig gesundheitliche Probleme bekäme.

Margaret Stroebe und Henk Schut von der Universität Utrecht veröffentlichten laut dem Newsletter 1999 ein Duales-Prozess-Modell der Trauerbewältigung. Zentrale Aussage: Trauernde bewegen sich permanent zwischen zwei Polen: Tod und Verlust auf der einen Seite und Gegenwart und Zukunft auf der anderen. Das führt zu einem Oszillieren zwischen zwei Aufgaben: der Auseinandersetzung mit dem Verlust und sogenannten wiederherstellungsorientierten Aufgaben. Mal überwiege das eine, mal das andere. Oder es tritt beides zur gleichen Zeit auf.

Zack! Da hatte ich mein Modell. Sie schrieben auch, dass Trauer nicht intensiv und schwer sein müsse. Dieser Mythos sei widerlegt. Es habe sehr viel mit der Kultur zu tun, in der man aufgewachsen sei, aber auch mit der eigenen Persönlichkeit. Menschen könnten mit Verlusten viel besser umgehen, als lange Zeit angenommen wurde. Trauer und die damit verbundenen Gefühle kämen in Wellen, und die Intensität nähme mit der Zeit langsam ab. Trauernde pendelten laut einer Studie des US-Psychologen George Bonanno ständig zwischen positiven Gefühlen und Schmerz. Und fänden gerade dadurch Trost und Hoffnung. Die Theorie passt zu mir.

Ich möchte über mein persönliches Erleben berichten und dabei nur ein weiteres Beispiel von der Vielfalt der Trauer öffentlich machen. Denn Tod und Trauer, das habe ich in den letzten drei Monaten erfahren, ist für viele Menschen ein Tabuthema, bei dem sie ganz steif und handlungsunfähig werden.

Mein Vorhaben: Mit meinem Blog schreibe ich mich sukzessive aus der Trauer. Gleichzeitig möchte ich dazu ermutigen, mehr Verständnis für sich selbst als Trauernde und mehr Unbefangenheit im Umgang mit Trauernden zu entwickeln.

Das Abenteuer beginnt ...

Sizilien im April 2022

Zunächst wollte ich mich und mein Wohnmobil an der Westküste der Niederlande ausprobieren. Dort war das Reisen erlaubt, und einige Campingplätze hatten geöffnet. Mir war klar, dass ich mir nicht jede Nacht einen zu bezahlenden Platz würde leisten können, doch zum Eingewöhnen buchte ich mir noch von zu Hause aus eine Woche Campingplatz.

Viele Informationen über das Campen im Wohnmobil und gute Stellplätze erhielt ich durch Facebook-Gruppen. Außerdem habe ich mir über die Satellitenansicht bei Google Maps die Gegend angesehen und so mein erstes Nachtquartier gefunden. Anfangs stand ich mitten im Naturschutzgebiet und entdeckte erst beim Spaziergang das »Camping verboten«-Schild. Deshalb parkte ich mit dem mir noch sehr unbekannten Gefährt noch einmal um und stand zwischen Feld und Waldrand am Rand der Straße.

23.3.2021

Frau Bartsch on the road

Die erste Nacht campe ich wild an der Ems. Absolute Stille. Beim Spaziergang sehe ich Biber und Kiebitze, Rehe, Kaninchen, Gänse. Eine Hummel. Nun soll es doch wohl bald mal was werden mit dem Frühling?

Am Abend versuche ich, an meinem Online-Pilateskurs teilzunehmen, aber das Emsland ist noch nicht so gut vernetzt, kaum Empfang. Fernsehen geht auch nicht, meine SAT-Schüssel sucht minutenlang und findet nichts.

Als Live-Abenteuer erlebe ich, wie ein Baum in einen See fällt, einfach so. Mit enormem Getöse, da, wo ich gerade noch die Biber gesehen hatte. Hoffentlich haben sie es überlebt!

Eine Bloggerin hat berichtet, dass die ersten Nächte im Wohnmobil ungewohnt seien und man nicht wirklich tief schläft. Das lege sich nach etwa einer Woche. Ich rechne also nicht mit einer erholsamen Nacht. Von draußen sind überhaupt keine Geräusche zu hören, aber wenn die Heizung anspringt, werde ich hellwach. Irgendein Licht nervt auch. Das muss ich mal abkleben.

Heute dann weiter an die Westküste der Niederlande. Keine Grenzkontrolle trotz gegenteiliger Ansage. Der Campingplatz in Bloemendaal aan Zee, den ich für eine Woche gebucht habe, ist überwältigend schön. Besser als in meinen Vorstellungen, wo es sowieso immer nur einen einzigen guten Campingplatz gab, nämlich den auf Vlieland (einer holländischen Insel), wo keine Wohnmobile und -wagen hindürfen. Nun bin ich aber doch sehr zufrieden.

Etwas fehlt. Ja klar: Ralf sowieso. Als ich heute über die Düne komme und das Meer sehe, da reißt es mich kurz weg. Wir sind noch im Sommer auf Vlieland gewesen und haben von unserem Hotelzimmer das Meer gesehen. Vom Bett aus! Jetzt das Meer immer nur noch allein zu sehen und den Genuss nicht mit ihm teilen zu können, verursacht ein stechendes Gefühl im Körper.

Glücklicherweise ist meine Tochter dabei, die für ein paar Wochen mit ihrem Freund das Elternhaus des Freundes in Haarlem hütet und mich nachmittags besucht. Während der Corona-Pandemie findet ihr Studium online statt, und es ist egal, von wo aus sie studiert. Mit ihr kann ich die Freude, die mir das Meer bereitet, teilen. Dadurch bin ich schnell abgelenkt. Aber es fehlt außerdem noch etwas: die Wärme. So schön es am Strand auch ist, wir bleiben dort nicht lange, weil mir die Zehen fast abfallen vor Kälte.

24.3.2021

Frau Bartsch kommt vom »wir« zum »ich«

Die Sonne begrüßt mich versöhnlich und lässt mein Herz lachen. So viele Erinnerungen an Dünenlandschaft und Sonnenschein! Die glücklichsten meines Lebens stammen vom Campingplatz auf Vlieland. Die Insel ist für mich ein Stück Heimat. Wenn ich hier nun im Wohnmobil wohne und es auch nicht sommerlich warm ist, kratzt das nur ein wenig am Lack meines guten Gefühls.

Schlurfe fröhlich wie ein Kind im Nachthemd, Wintermantel drüber, und barfuß in den Stiefeln zum Klohäuschen, weil meine Toilettenkassette schon voll ist und ich sie leeren muss. (Irgendwie ist die Kassette schneller voll und das Gas schneller verbraucht als erwartet.) Bei der Gelegenheit dusche ich auch gleich. Völlig in Gedanken versunken, steige ich mit Mundschutz unter die Dusche. Das Wasser lässt sich nicht überzeugend warm stellen, so ist es nur ein kurzes Vergnügen; und auch der kalte Boden lässt mich eher auf eine unangenehme Weise wach werden. Dann wieder ab ins Bett.

Ich möchte mir gern ein Ritual zulegen: morgens im Bett erst einen Tee trinken und Zeitung lesen, bevor ich in den Tag starte. Jetzt ist es 13.40 Uhr, und ich habe die Zeitung noch nicht mal angeschaut! Stattdessen habe ich endlich die Datenschutzgrund-Verordnung in meine Blog-Website eingepflegt. Der Anbieter der Seite stellt dafür gesetzeskonforme Formulierungen zur Verfügung. Über eine Stunde bin ich damit beschäftigt, den vorgefertigten Text, der im Plural formuliert ist, in den Singular zu setzen. Für mich ist das eine Metapher für mein augenblickliches Leben: Ich schreibe das »wir« in ein »ich« um.

Jeden Satz, mein zukünftiges Leben betreffend, lese ich aufmerksam durch, suche nach den »Wir« und verwandle sie in »Ich«: *Ich* werde die Rechnung für das Schneeschieben bezahlen, die Steuernachzahlung für 2020, den Maler beauftragen, die Farbe aussuchen. *Ich* werde dauerhaft allein in dem breiten Wasserbett schlafen und beide Seiten beheizen, weil die Seite von Ralf immer etwas wärmer eingestellt ist und ich am Anfang zu ihm rüberrutsche, um dann später aufgewärmt auf meine Seite zu wechseln.

Seltsam: Ich habe erst ein einziges Mal von Ralf geträumt. Das war etwa zehn Tage nach seinem Tod. Ich hatte mich nachmittags hingelegt. Meine Tochter war gerade zurück nach Amsterdam gefahren, und ich war das erste Mal allein im Haus. Damals träumte ich, dass er sich mit einer Rasierklinge ganz tief in den Daumen geschnitten hatte und es sofort im ganzen Zimmer nach süßlichem Blut roch und ich meiner Tochter zurief, sie solle den Notarzt holen, während ich versuchte, Ralf davon zu überzeugen, sich auf den Boden zu legen. Dann wurde ich wach, und es war das erste Mal, dass ich nicht erleichtert war, aus einem Albtraum zu erwachen, denn die Realität war so viel schlimmer als der Traum.

Ich bin nur noch die Hälfte von einem Paar und muss mich nun im Leben einer alleinstehenden Frau einrichten. Wenn ich Freunde besuche, fühle ich mich fragil. Das Gleichgewicht ist verloren. Die sind zu zweit, und ich bin allein. Seltsamerweise ändert das irgendetwas, etwas, das ich nicht in Worte fassen kann. Aber ich fühle mich nicht mehr so sicher.

Was mir außerdem fehlt, ist das Reflektieren eines solchen Treffens mit Ralf: Wie hast du dies oder jenes wahrgenommen? Fandest du es auch so lustig/ärgerlich/widersprüchlich/angenehm, als XY dies und jenes sagte? War ich da zu … oder wie hast du mein Verhalten empfunden? Sollte ich noch mal etwas dazu sagen?

Nun fehlt mein Korrektiv und auch das Verbundensein, weil wir die Erlebnisse so oft ähnlich bewertet haben und uns dadurch bestärkt fühlten. Werde ich jetzt eine schrullige Frau, weil mir niemand mehr Rückmeldung geben wird, oder werde ich sozialer, weil mein mir beipflichtender Mann fehlt?

Im Augenblick ist sowieso alles anders. Ich bin die bedauernswerte Witwe und werde wie ein rohes Ei behandelt, und das bin ich ja auch irgendwie. Aber ich möchte am liebsten alle anschreien: »Behandelt mich nicht wie ein rohes Ei! Ich bin immer noch die Person, die ich vor dem 9. Dezember war!«

Das stimmt jedoch leider in zweierlei Hinsicht nicht: Ich bin nicht mehr die Person, die ich vor dem 9. Dezember war. Und: Mir fehlt eine schützende Haut. Sie ist schon etwas nachgewachsen, aber eine stabile Schicht ist das noch lange nicht. Was aber stimmt, ist: Ich wäre so gern wieder die, die ich vor dem 9. Dezember war. Ich hätte auch gern wieder dasselbe Selbstverständnis und dieselbe Ausgewogenheit von Geben und Nehmen im Verhältnis mit meinen Freunden wie vor dem Tag, als Ralfs Leben endete. Daher vielleicht auch der Rückzug aus den gewohnten Kreisen. Denn wie man es auch dreht: Es ist etwas nicht wirklich richtig, weil etwas ganz grundlegend falsch ist: Ralf fehlt.

Ich möchte noch etwas zum neuen »Ich« erzählen: Vorgestern habe ich Gabriele von Arnim im Deutschlandfunk Kultur gehört. Sie stellte dort ihr neues Buch vor: *Das Leben ist ein vorübergehender Zustand*. Sie zitierte Rilke: »Die Toten sterben in uns hinein«, und sagte, dass sie den Eindruck habe, ihr gestorbener Mann sei bei ihr. Sie hätten nicht immer eine himmelhoch jauchzende rosa angestrichene Beziehung geführt, und so habe sie ihren Mann als »Einflüsterer« zwar an ihrer Seite, fühle sich aber frei, ihr Leben selbst zu gestalten und Entscheidungen anders zu treffen, als er es ihr einflüstere.

So habe ich sie verstanden. Und genau so erlebe ich es auch. Ab und an halte ich inne, und aus dem Innern kommt eine feste Überzeugung, dass Ralf das jetzt anders sehen und entscheiden würde. Ich frage mich dann, ob das ein guter Rat ist. In den letzten Wochen habe ich daraufhin schon einige Male meine ursprüngliche Handlungsabsicht verworfen und es so gemacht, wie Ralf es mir geraten hätte. Genau wie zu seinen Lebzeiten!

Also doch noch ein *wir*? Oder ist das alles nur unter »kognitiver Dissonanz« abzuspeichern? Für mein Leben ist mir das schnurzpiepe. Wenn ich auf Menschen treffe, deren Meinung mir wichtig ist, ist es mir unangenehm, darüber zu sprechen. Es hat so eine übersinnliche Komponente, etwas, was ich eigentlich nicht vertreten kann und möchte. Lege ich demnächst Steine ins Wasser, um es zu energetisieren?

Die Frau vor dem 9. Dezember hätte vehement andere Positionen vertreten. Und der Mann an ihrer Seite auch.

Sizilien im April 2022

Während ich diesen Blog-Eintrag schrieb, sah ich einen Fuchs um mein Wohnmobil schleichen. Ich konnte sogar ein Video von ihm drehen. Einen Fuchs aus solcher Nähe hatte ich noch nie gesehen. Mein Vater warnte mich vor Tollwut, doch das Internet verriet mir, dass Tollwut in Deutschland und den Niederlanden ausgerottet sei. Seit Ralfs Tod hatte ich immer wieder Tiere aus der Nähe beobachten können und mir eingebildet, dass in dem jeweiligen Tier der Geist von Ralf stecke, dass er mich in Tiergestalt besuche. Das hat mich auf eine Art getröstet.

Als Ralfs Tochter und ich am Tag nach seinem Tod morgens im Wohnzimmer saßen und nach draußen schauten, sahen wir ein Eichhörnchen in unserem geschmückten Weihnachtsbaum auf der Terrasse klettern – nur getrennt durch die Terrassentür, etwa einen Meter von uns entfernt. Wir stellten uns vor, dass das Ralfs Geist sei, und mussten lachen. Denn Ralf hätte es nicht gefallen, als Eichhörnchen zu uns zu kommen.

25.3.2021

Frau Bartsch hat's laut

Es ist Mittag, ich sitze im Bett – muss mich durchringen, hier abzuhauen, seit Stunden ohrenbetäubender Lärm: eine Autorennbahn in der Nähe, die gestern noch nicht da war. Gerade hatte ich mich auf ein bisschen Bleiben eingeschossen. Alles habe ich im Wohnmobil verteilt und muss es nun wieder fahrsicher verstauen. Das dauert, und ich habe keine Lust, mir etwas Neues zu suchen. Aber bleiben kann ich hier nicht.

Sizilien im April 2022

Der Lärm hat mich damals gelähmt, und ich sah mich über Stunden nicht in der Lage, meine Situation zu verändern. So saß ich hilflos im Bett, bis sich endlich genug Energie angesammelt hatte, um aktiv zu werden. Ich musste Abwasser entsorgen und neues Wasser tanken. Währenddessen rief ich meine Tochter an, die mit mir wie mit einem Kind sprach, das sich nicht sortieren kann. Sie sagte mir, was zu tun war.

Irgendwann machte es »klick«, und ich konnte wieder denken. Das reichte, um den Platz zu erkunden und einen Ort ausfindig zu machen, an dem die Geräusche nicht ganz so laut zu hören waren. Der Platz, den ich weiter hinten hinter eine Düne fand, war mit einer Hängematte ausgestattet, was zu einer Erhöhung der Campingplatzgebühr führte. Auch wenn die Temperatur sechs Grad betrug und niemand sich freiwillig in eine Hängematte gelegt hätte. Unter normalen Umständen hätte ich mich wortmächtig dafür eingesetzt, dass man mir den Platz ohne Nachzahlung überlässt, schließlich war der Lärm nicht zu ertragen. Doch für solche Diskussionen fehlte mir damals die Kraft.

Interessant ist, was ich gestern erlebt habe: Ich war kurz glücklich, allein zu sein, allein zu entscheiden, wohin, wann, was jetzt. Foto? Anhalten. Parkbank? Setzen, bleiben. Weiterfahren. Alles nach meinem Tempo, nach meinem Gusto, keine Absprachen. Machen, was mir gerade in den Sinn kommt. Sehr geil.

Das hat mich überrascht: dass es mich glücklich machen könnte, allein zu sein.

Sizilien im April 2022

Ich hatte damals in Zandvoort eingekauft und war mit dem Rad auf dem Rückweg an der Strandpromenade zurück nach Bloemendaal unterwegs. An beiden Lenkerseiten hingen strapazierte Plastiktüten mit Lebensmitteln, zwei tiefen Tellern (die fehlten tatsächlich noch) und einem Stoffhänger-Organizer für das Wohnmobil. Die Sonne schien, und es waren viele Leute am Strand. Auf der Promenade gab es jede Menge Bänke, die mich zum Einfach-nur-Sein einluden.

Wenn ich mit Ralf unterwegs gewesen wäre, hätte ich nicht vorgeschlagen, anzuhalten. Der Impuls war zu schwach, als dass ich hätte diskutieren mögen. Aber nun merkte ich, dass ich einfach jedem Impuls folgen, meiner Intuition, was jetzt gerade schön sein könnte, nachgehen konnte. Mein Sohn, den ich in dieser Pause anrief, kannte diese Vorteile. Er ist schon häufiger allein gereist. Für mich war es das erste Mal, dass ich am Alleinreisen oder Alleinsein etwas wirklich mochte. Denn ich hatte ja auch ein Smartphone, mit dem ich mit der Welt verbunden war.

26.3.2021

Frau Bartsch erlebt stürmische Zeiten

Gestern Abend begann der Wind etwas stärker zu werden. Zunächst machte das Schunkeln Spaß, und ich stellte mir vor, ich säße in einem Boot. Aber der Wind wurde noch stärker. Ab welcher Windstärke kippen Wohnmobile eigentlich um? Ist letzten Endes egal, da ich die Windböen hier sowieso nicht einschätzen kann. Das Hub-Bett wackelte heute Nacht hin und her, bis ich auf die Idee kam, es bis auf die Sitzpolster abzusenken, sodass es fest sitzt.

Um 4.40 Uhr klopfte dann jemand beherzt an mein Wohnmobil, und ich war starr vor Schreck. Mein Herz schlug wie wild, und ich wagte nicht, mich zu bewegen. Irgendwann, als sich nichts weiter tat, habe ich nach draußen geschaut: Der leichte Alu-Stuhl, der nach dem Besuch meiner Tochter und ihres Freundes noch draußen stand, war gegen das Wohnmobil geweht.

Freunde rufen mich an. Er sagt: »Steffi, man ist immer allein. Egal, ob man in einer Beziehung lebt oder nicht. Am Ende bist du doch allein.« Auf der einen Seite hat er recht. Er erzählt mir außerdem, wie seine Frau es sich richtig schön macht, wenn sie allein ist.

Entschieden will ich entgegnen: Du kennst den Unterschied nicht, wenn man *mal* allein ist und es sich schön macht und vielleicht sogar dankbar ist für die Ruhe und wenn man *auf Dauer* allein ist. Doch ich spüre, dass er recht hat. Es ist mir überlassen, mir das Leben schön zu machen. Ich lege also die weiße Tischdecke auf, die ich extra für den Wohnmobiltisch gekauft habe, und mache mir ein schönes Frühstück. Ganz klassisch mit gekochtem Ei und Orangensaft im Sektglas; mit Wurst und Käse auf einer Platte und Kerzenschein.

Es war einen Versuch wert. Irgendwie will sich jedoch nicht dieselbe Freude einstellen, die mich erfüllt, wenn ich andere mit schöner Tischkultur verwöhne. Witwenfrühstück. Man kann es drehen und wenden und noch drei Kerzen mehr anmachen. Es wird doch erst ein gemütliches Frühstück, wenn mindestens noch ein Teller mehr auf dem Tisch steht. Sollte ich das als bekennende Schrulle jetzt mal versuchen? Einen Teller mehr auf den Tisch stellen?

Ich bin bei Facebook in der Gruppe »Frau im Wohnmobil«. Heute stellt eine die Frage in die Runde, wie wir anderen das mit dem Alleinreisen handhaben, sie habe Angst, allein wild zu stehen und allein im Restaurant zu essen. Zahlreiche Frauen machen mir Mut, indem sie von jahrelangen guten Erfahrungen berichten und dem schnellen Eingewöhnen. Viele haben nach der Scheidung oder dem Tod eines Partners das Lenkrad übernommen. Bettina Schulz schreibt eine sehr berührende und auch mich in großen Teilen betreffende Antwort, die ich hier zitieren darf:

»Mein Mann und ich hatten den gemeinsamen Plan, sobald

es der Job zulässt etc., dass wir uns ein Wohnmobil holen und dann so oft wie möglich die Welt bereisen ... Das Schicksal hat es dann aber anders gewollt; mein Mann ist vor sieben Jahren plötzlich gestorben, und ich hab damals gedacht, es ist nichts mehr in Ordnung. Heute weiß ich: Doch ... Es ist alles in Ordnung, es ist nur eine andere Ordnung ... Ich hab mich immer sehr auf ihn verlassen und er sich auf mich. Jeder hatte seine Aufgaben, wir waren ein Team, das sich auch noch liebte. Ich hab mich oft gefragt: Wer bin ich denn ohne ihn?

Alles braucht seine Zeit ... Das kann ich heute nach sieben Jahren mit allergrößter Überzeugung und Erfahrung sagen. Ich bin ich, auch ohne Mann ... (mit ihm im Herzen). Ich freue mich auf das, was da noch kommt ... Lass dir Zeit ... Angst entsteht im Kopf, aber Mut auch. Die Dinge entwickeln sich, je mehr du dich damit beschäftigst. Manchmal öffnen sich dann Türen, und dafür braucht man nicht unbedingt einen Mann auf dem Fahrersitz. Da kann frau auch selbst sitzen.«

Bettina hat anfangs eine Kerze auf den Platz ihres Mannes gestellt. Das kann auch eine Idee für mich sein.

Der Freund fragte gestern außerdem: »Wie geht es dir denn jetzt wirklich?«

Und ich konnte antworten: »Es geht mir multivalent: Ich bin traurig und einsam. Ich fühle mich stark und zufrieden. Ich bin ängstlich und ärgerlich. Ich fühle mich neugierig und unternehmungslustig. Ich bin deprimiert und kleinlaut und fühle mich berührt und dankbar. Ich bin schockiert und verletzlich und fühle mich ausgewogen und mit der Welt verbunden. Nicht alles auf einmal unbedingt, aber alles mindestens einmal am Tag. So geht es mir. Eine Achterbahnfahrt der Gefühle. Aber die positiven Gefühle haben an fast allen Tagen das Sagen.«

28.3.2021

Frau Bartsch passt sich an

Seltsam, heute Morgen gebe ich mir nur wenig Mühe und frühstücke im Bett. Camping- statt Witwenfrühstück. Das macht mich viel zufriedener. Weniger Erwartungshaltung, mehr Genuss? Vielleicht ist Bettdecke besser als Tischdecke?
　Es sich schön zu machen, ist offenbar nicht mit der Strategie »Tischdecke-auflegen-und-Käse-auf-einen-Teller-legen« zu haben.

Als ich heute Morgen aufstehe, frage ich mich: Was, wenn du heute den ganzen Tag im Bett bleibst?
　Ein Teil von mir ist voller Angst: Dann bist du depressiv, dann ist es so weit! Diese Stimme hat in all den Jahren dafür

gesorgt, dass ich nach einer gewissen Wachzeit im Bett unbedingt meinte aufstehen zu müssen. Im Bett zu liegen, das kenne ich aus einer Phase meiner Jugend, in der ich unter Depressionen litt. Da konnte ich nicht aufstehen. Das macht mir heute noch Angst. Heute kommt eine zarte neue Stimme aus dem Hintergrund, die diese Gewissheit hinterfragt: Vom Im-Bett-Liegen wird man nicht depressiv, oder? Im Bett zu liegen, ist ein Indikator, aber es ist nicht die Ursache!

Danke, Stimme! Wo kommst du denn her?

Also werde ich heute mal versuchen, im Bett zu bleiben. Es regnet und stürmt sowieso schon wieder. Ich werde berichten.

31.3.2021

Frau Bartsch hat einen Systemausfall und isst gute Fritten

Ich sitze in Haarlem am Kanal und schaue der Jugend dabei zu, wie sie in ihren Booten und Bikinis Eindruck schindet. Mein Handy ist in Reparatur. Zwei Monate alt, und seit Tagen wird immer mal wieder über eine gewisse Zeit der Bildschirm schwarz. Einen Neustart zu erzwingen, ist auch nicht möglich.

Wenn etwas eindrucksvoll ist, will ich ein Foto machen, doch das funktioniert eben nicht. Kein Navi, kein Fotoapparat, kein Telefon, kein Timer (für den Tee), keine Uhr. Kein Kontakt zu meinen Lieben. Die Welt ist plötzlich analog. Seltsam, wie sehr ich auf eine kaum zwanzig Jahre alte Technik angewiesen bin. Ich bin in meinem Leben die längste Zeit ohne diesen »Fortschritt« klargekommen.

In meinem Wohnmobil habe ich kein Navi, und ich habe keine Straßenkarte bei mir. So würde es vermutlich schwierig, am Donnerstag zu meinem nächsten Ziel zu finden. Als heute Morgen das Handy wieder ausfällt, suche ich per iPad im Netz nach Lösungen, und das geht erstaunlich gut. Ich tippe ein, dass ich »Support« brauche. Es wird gefragt, für welches Gerät, und prompt der nächste Store angezeigt.

Ich brauche nur noch zu duschen und mit dem Fahrrad loszufietsen (niederländisch für »Rad fahren«). Vorher schaue ich mir sicherheitshalber die Route an, falls das Handy wieder ausfällt, was es prompt tut. Natürlich funktioniert es aber in dem Moment wieder, als ich im Laden stehe und mein Problem schildere. Mein Gegenüber kann jedoch alles aus dem Handy herauslesen: Es zeigt ein genaues Protokoll von sämtlichen Systemzusammenbrüchen an.

Ich könne in zwei Stunden wiederkommen, dann sei es fertig. So mache ich mich auf den Weg, Haarlem zu erkunden. Ein schönes Städtchen, und in der Süßigkeiten-Kette »Jamin« gibt es jetzt auch meine definitiven Lieblingschips, die meine Tochter bislang immer aus den USA ordern musste: TAKIS Fuego, mit Chili und Limetten. Die schärfsten Chips, die ich je gegessen habe. Als Ralf gestorben war und meine Tochter in Amsterdam in Windeseile und nahezu blind den Koffer mit Kleidung vollwarf, kamen auch ihre Restbestände Takis-Tüten in den Koffer – in der Hoffnung, dass sie mich trösten könnten. Diese liebevolle Geste hat mich sehr berührt.

Meine nächste Gastgeberin hat um Käse aus Holland gebeten, und auch den kann ich hier in großen Mengen und allen Geschmacksrichtungen kaufen. Das überrascht sicher niemanden, aber dass es einen etwa 20 Quadratmeter großen Laden nur für Erdnussbutter gibt, mitten in der Einkaufszone, das ist doch einigermaßen überraschend.

Ich sitze am Kanal und fühle mich frei. Keinerlei Kontakt mittels Smartphone. Ich spüre wieder einmal am eigenen Leib, dass, egal wo ich bin, ich nicht aus der Welt falle. Egal, wo ich bin, bin ich ich.

Die Frage, wer ich ohne Ralf bin, scheint beantwortet: Egal, wo ich bin, bin ich die, die ich kenne und auf die ich mich doch sehr gut verlassen kann. Ich bin auch die, die ich sein will, das Bild, das ich mir zeichne von mir. Und dann kommen die Gedanken: Wer will ich sein?

In den letzten Jahren habe ich mir zum Beispiel sehr gut in der Rolle der »Retterin« gefallen. Aber nun bin ich in die des Opfers hineingerutscht, und da will ich auf jeden Fall raus. Es gibt auch andere Menschen, die gern die Rolle des Retters übernehmen und mich »retten« möchten. Viel lieber würde ich wieder meine altbekannte Position einnehmen: Ich bin die, die rettet, nicht die, die gerettet wird! Wenn das gerade schwierig zu managen ist, weil sich momentan niemand von mir retten lassen möchte und ich auch gar nicht in der Lage dazu bin, haue ich einfach ab und rette mich selbst und komme wieder, wenn ich wieder retten kann.

Diese Sichtweise ist sicherlich nur ein Teil meiner Wirklichkeit, fühlt sich in Ansätzen jedoch stimmig an. Ich arbeite mich von allen Seiten an meine neue Realität.

Ich bin die Person, die ich sein will. Ich bin ein Produkt aus den Geschichten, die ich mir über mich erzähle. Die Geschichte, die ich mir erzähle, ist:

Auch wenn die Beziehung zu Ralf in meinem Leben einzigartig war:

Ich bin stark.

Ich schaffe es, mir wieder ein glückliches Leben zu gestalten.

Ich werde daran wachsen.

Ich gebe mir die Zeit, die es braucht.

Mir geht es manchmal schon besser, und es gibt Tage, da kann ich den Tod von Ralf sogar schon über längere Zeiträume akzeptieren.

Zwei Stunden später. Ich glaube, dass ich ein anderes Handy wiederbekommen habe als jenes, das ich abgegeben habe. Nun muss ich es neu konfigurieren. Nachdem ich in den Store zurückgekehrt bin, weil ich für die Konfiguration WLAN benötige, sagt der Mitarbeiter, dass das zu lange dauere und ich es also nicht im Store machen könne. Eine Schraube unten im Smartphone hat eine Scharte, als wäre jemand mit seinem Schraubendreher abgerutscht. Mein 1000 Euro teures Smartphone ist zwei Monate alt. Ich bin entsetzt. Und habe gleichzeitig keine Kraft, mich anzulegen. Momentan kann man alles mit mir machen. Ich habe keinerlei Energie, mich zu wehren. Es fühlt sich an wie damals in der Pubertät, als ich keinerlei Empfinden für meine Daseinsberechtigung hatte.

Sitze nun an der Promenade bei Zandvoort und habe den Bauch voll Pommes und frittierten Garnelen. Das habe ich Ralf zuliebe gegessen. Und das wiederum habe ich seinem Freund versprochen, mit dem ich seit Ralfs Tod regelmäßig telefoniere. Es war kein so großes Opfer.
 Genau diesen Freund rufe ich an, als ich auch in der Rezeption des Campingplatzes keinen Erfolg mit meiner Konfiguration habe. Was ich nun begriffen habe: Eine komplette Konfiguration benötigt eine Menge Daten und viel Zeit. Ich bin extrem gestresst und weiß mir keinen Rat. Morgen möchte ich zu meiner Tante nach Amsterdam fahren. Wir sind 2020 beide Witwe geworden. Das eint uns jetzt. Sie ist vor einiger Zeit umgezogen, und ich werde den Weg sicherlich nicht aus dem Kopf wiederfinden. Ohne Smartphone geht nichts.

1.4.2021

Frau Bartsch findet Lösungen

Nach einer Nacht auf dem Parkplatz des Campingplatzes in der Nähe der Rezeption (wegen des stabileren WLAN), ist mein neues Handy nun zur Hälfte konfiguriert. Ich habe also heute zumindest die Möglichkeit, meine Tante zu finden und danach den Weg an die Elbe ins Alte Land gezeigt zu bekommen. Dort werde ich über Ostern sein.

WhatsApp hat sich neu geladen, und der gesamte Chat-Verlauf ist gelöscht. Auch der von Ralf und mir. Ich wusste, dass diese Gefahr besteht, und habe zum Glück schon vor einiger Zeit unseren gesamten Chat der letzten zwei Jahre zu einem Buch binden lassen. Selbst die Videos, die wir uns geschickt haben, sind mit einem QR-Code versehen, und ich kann sie im Netz anschauen. So ist es jetzt zum Glück nicht das Drama, das es ansonsten gewesen wäre.

Aber ein bisschen Drama ist es dennoch. Ich versuche, mich nicht von der Welle mitreißen zu lassen.

2.4.2021

Glaube nicht alles, was du denkst!

Heute Morgen denke ich schon wieder anders über meine gestrigen Gewissheiten und geistigen Erkenntnisse: Ich habe zwar ein handfestestes Helfersyndrom zu Beginn meines Erwachsenenlebens gehabt, konnte mir das in den letzten Jahrzehnten aber zu etwa 85 Prozent abgewöhnen. Einen Großteil dieser Retterhaltung habe ich durch Ausbildungen, Supervision und vor allem durch Erfahrung loslassen können. Ein Rest ist noch vorhanden, doch ist das auch ein Grund, warum ich so viel Freude bei meiner Arbeit empfinde. Dennoch bin ich mir bewusst, dass ich da noch Entwicklungsmöglichkeiten habe.

Einerseits ... Und andererseits.

So ist es ja oft: Man wird der Wahrheit nicht gerecht, wenn man sie nur von vier Seiten beleuchtet.

Gunther Schmidt, einer meiner Ausbilder, hat uns mal an seinen Zweifeln zum Thema »Selbstfindung« teilhaben lassen: »Gibt es das ›Ich‹? Ich suche schon mein Leben lang danach, und immer, wenn ich denke: Ich habe es gleich!, flutscht es mir durch die Finger.«

3. 4. 2021

Frau Bartsch hat Hochzeitstag und schneidet fremden Menschen die Haare

Ich war sehr gespannt, ob dieser Tag einen Unterschied in meiner Trauer machen würde. Macht er. Bis gestern dachte ich, dass ich den Tag nicht anders erleben werde als die letzten Wochen. Und was ich auch heute Morgen merke: Es ist keine gute Idee, dabei allein zu sein. Jetzt bin ich froh über den Familienanschluss bei Sarah, ihrem Mann Thorsten und ihren drei Kindern auf der Bullerbü-Farm in Balje.

Vor genau 17 Jahren sind Ralf und ich ein Paar geworden. Wir wussten beide, dass der jeweils andere der Partner fürs Leben ist, und das war uns schon nach drei Treffen klar. Zwei Jahre später haben wir geheiratet. Ich war damals so aufgeregt, dass ich zwei Tage vorher nicht mehr reden konnte. Das war das einzige Mal in meinem Leben. (»Unglaubliche Vorstellung«, meint die Blogfee …)

Heute bin ich fassungslos, dass ich nur so kurze Zeit mit ihm hatte. Das ist neu, denn bislang war ich dankbar, dass ich wenigstens knapp 17 Jahre mit ihm leben durfte.

Es war doch gerade eben erst, dass wir geheiratet haben!

Sarah und ihre Familie sind im Dezember aus der Schweiz in den hohen Norden an die Elbmündung nach Balje gezogen, um ihren Lebenstraum zu realisieren: Sie bewirtschaften hier nun einen kleinen Bauernhof mit Schafen, Hühnern, Ponys, Kaninchen, Katzen, einem Igel, einem Hund und einem riesigen Haus mit Grundstück. Es gibt einen Hofladen, einen großen Saal und eine Ferienwohnung. Wer Urlaub auf dem Bauernhof im Alten Land machen möchte, ist hier auf Beuchis Bauernhof hinter dem Deich genau richtig.

Bis gestern kannte ich Sarah nur über Facebook. In einer der Wohnmobilgruppen habe ich mein Vorhaben vorgestellt und auch den Grund meiner Reise genannt. Da das touristische Reisen aufgrund der Corona-Beschränkungen verboten ist, boten mir etwa 30 Leute private Stellplatzmöglichkeiten an. Bei Sarah habe ich zugeschlagen, weil ich mir hier sicher war, meine Ruhe zu haben. Ich brauche nicht aus Dankbarkeit in Kontakt zu treten. Andere Facebook-Nutzerinnen boten mir nicht nur einen Platz an, sondern zum Beispiel auch, mir mein Lieblingsgericht zu kochen, und waren ganz rettend unterwegs. Das hätte ich zu Hause auch haben können. Das ist ja genau der Grund, warum ich abgehauen bin: um genau das nicht mehr zu erleben.

Heute Morgen fahre ich mit dem Fahrrad nach Krummendeich zum Einkaufen. In dem kleinen Supermarkt kann man alles bekommen.

»Mit Karte können Sie hier aber nicht bezahlen!«

Es gibt keinen Geldautomaten im Ort, der ist sieben Kilometer weit entfernt. Zum Glück habe ich gerade noch das passende Geld dabei. Danach decke ich mich aber lieber mit Bargeld ein. Ich komme vom Geldautomaten zurück und biete der Familie meine Hilfe an. Nach diesem Vormittag erscheint es mir wirklich besser, in der Gemeinschaft zu arbeiten und dadurch vom Schmerz abgelenkt zu werden. Mein Angebot, Holz zu spalten oder Bärlauch für Pesto zu ernten, wird halbherzig begrüßt, aber dann haben alle schnell meine Bestimmung gefunden: Haare schneiden.

Sarah bittet mich, ihr einen Haarschnitt zu machen, wie ich ihn habe. Also hole ich den Rasierapparat heraus und mache aus ihrer Langhaarfrisur eine extreme Kurzhaarfrisur. Die Tochter findet es schrecklich, muss weinen und sucht Trost bei ihren Kaninchen. Nach und nach kommen die Kinder, die Nachbarskinder und die einer befreundeten Familie unter meine Schere. Die Friseure haben wegen der Corona-Pandemie geschlossen.

Es ist arschkalt, die Sonne scheint. Der Wind wirbelt die abgeschnittenen Haare in den Kaffee und den Kuchen. Kurz: Es ist genau die Ablenkung, die ich nötig habe.

4. 4. 2021

Frau Bartsch zitiert nicht allein wegen des Endes Goethes Osterspaziergang

Vom Eise befreit sind Strom und Bäche …
Heute Morgen helfe ich, die Ponys auf den Paddock zu bringen. Bella ist ein winzig kleines Pony, das mir bis zum Knie reicht. Diese Rasse wird nicht größer. Sie ist auch in Trauer: Ihre Schwester ist von Hunden des Vorbesitzers totgebissen worden. Bella hat übel zugerichtet überlebt.

Danach gibt es noch mehr Ostergeschenke für die zurzeit Fleisch verschlingende Frau Bartsch: selbst gemachte Würste! Getrocknete Salamis und Wurst in Dosen. Frau Bartsch gefällt es hier immer besser!

Ich brate mir zwei Gänseeier, die ich am Wegesrand an einem kleinen Bauernhofstand gekauft habe. Hätte ich gewusst, dass sie der Masse von sechs Hühnereiern entsprechen, hätte ich nur eins gemacht. Ich bin bis zum Abend satt.

Eine Tochter des Hauses will heute mit mir backen. Sie spricht dabei ganz unbefangen mit mir über meinen toten Mann: »Ist dann die Polizei gekommen und hat bei dir geklopft?« – »Sind das deine Eheringe?« – »Das ist schade für deinen Mann, dass er tot ist.« – »Willst du einen neuen Mann?«

Diese Frage kann ich sofort mit »Ja« beantworten und hinterherschieben: »Aber momentan will ich immer noch meinen alten Mann zurück. Keiner wäre gut genug. Aber ich bin auch nicht dafür gemacht, allein zu leben.« Das kann die Neunjährige gut verstehen. Dafür, dass ich die Familie vorgestern noch nicht kannte, sind wir schon ziemlich gute Freunde.

Hier bin ich Mensch, hier darf ich's sein.
Ich muss hier unbedingt auf meiner Reise noch mal wieder vorbeikommen. Wenn das so weitergeht, dann reise ich mich wirklich gut zusammen.

Am Abend bringen wir mit vier Frauen und sieben Mädchen die Schafe der Nachbarinnen auf ein anderes Weideland. Es sieht so aus, als würden wir sie treiben, aber weit gefehlt: Sie rennen wie wild durcheinander und büxen zu allen Seiten aus. Sie wissen ja auch gar nicht, wo sie hinsollen. So laufen wir hinterher und versuchen, die Ausreißer wieder auf die Straße zu lotsen.

Wegen des leckeren selbst gemachten Bärlauchpestos muss es natürlich Nudeln geben. Ein Gedicht! Aber wird nicht wiederholt, bis es draußen warm genug zum Kochen ist: Zehn

Minuten köcheln die Nudeln ohne Deckel, und das Kondenswasser setzt sich überall ab. Lüften macht bei zwei Grad Außentemperatur keine Freude.

Das kochende Nudelwasser soll man nicht in den Plastikausguss gießen, und überhaupt sei Nudelwasser für den Abwassertank ganz übel. Wo also hin damit? Auf den Hof? In die Küche bringen?

Ach was, ich schütte das Wasser in das verschlossene Spülbecken und lasse es abgekühlt in den Abwassertank laufen. Der muss sowieso bald geleert werden. Mal sehen, ob es stimmt, dass das Grauwasser im Tank von dem stärkehaltigen Nudelwasser sehr schnell sehr fies stinkt.

Kartoffeln und Reis kann man nach einmaligem Aufkochen im Topf für eine halbe Stunde zugedeckt ins Bett stellen, dann garen sie dort, ohne die Fenster zu beschlagen. Das wird bis zum Sommer nun mein Essen werden. Es geht auch mal ohne Nudeln.

5. 4. 2021

Frau Bartsch zieht es nach Hause

Morgen würde Ralf 64 Jahre alt. Ich habe heute keine Kraft mehr und muss nach Hause zu meinem Sohn. Mal gehalten werden. Mich daheim und sicher fühlen. Mal in Ruhe weinen können. Die Flucht vor der Flucht. Das Wetter ist aber auch extrem mies. Im letzten Jahr haben wir auf der Terrasse gegrillt. Nur wir zwei. War ja Lockdown. Unvorstellbar, dass es sein letztes Geburtstagsfest war und wir das nicht gewusst haben. Im Nachhinein hätte ich jeden Augenblick viel mehr genossen. Ich war damals nicht gut drauf, weil ich ab dem 13. März 2020 durch die Schulschließungen in die totale Auftrags- und damit Einnahmelosigkeit katapultiert worden war.

Die Corona-Soforthilfe? Ein Satz mit »x«.

Silvester davor hatte ich mich noch über das abgelaufene Jahr beschwert, weil ich Wechseljahresbeschwerden hatte, und habe dem Jahr 2019 eine schlechte Note gegeben. Als dann 2020 der Lockdown kam, schwor ich mir, mich nicht mehr über »Kleinigkeiten« aufzuregen und noch ein großes Stück dankbarer zu werden. Folgender Spruch aus anderen Zeiten kam mir in Erinnerung:

... und aus dem Chaos sprach eine Stimme zu mir: »Lächle und sei froh, es könnte schlimmer kommen!« Und ich lächelte und war froh, und es kam schlimmer.

Dann starb unser Kater an Nierenversagen.

Niemand konnte ahnen, dass es noch viel schlimmer kommen würde.

6.4.2021

Um Missverständnissen vorzubeugen: Ich fahre morgen wieder weiter. Es ist nur eine Pause von der Flucht.

Und nebenbei bemerkt: Nudelwasser im Abwassertank führt zu großer Geruchsbelästigung beim Fahren. Selbst wenn ich alle Stöpsel schließe, stinkt es widerlich.

Sizilien im April 2022

Mittlerweile weiß ich, dass jede Art von Abwasser widerlich stinkt. Es liegt nicht am Nudelwasser.

Mein Sohn und seine Freundin hatten sich damals bereit erklärt, für die Zeit meiner Reise in mein Haus zu ziehen und die Katzen zu versorgen. Sie haben ihre Wohnung aufgelöst, sind mit dem ganzen Hausstand ins Haus umgezogen und wollten sich nach dem halben Jahr eine neue, schönere Wohnung mit Balkon suchen.

Zum Glück war ich willkommen bei meinem Zwischenstopp. Sie haben mir auch nicht zu verstehen gegeben, dass sie besorgt seien, ich würde nun vielleicht doch lieber zu Hause bleiben und ihnen auf den Zeiger gehen. Da die Freundin meines Sohnes einige Monate in Göttingen studieren wollte, passte mein Hausangebot ganz gut für die beiden. In Göttingen musste sie Miete bezahlen, und so sparten sie sich die Miete in Osnabrück.

Bevor die beiden einzogen, habe ich das halbe Haus ausgeräumt. Vor allem habe ich Ralfs Sachen weggegeben, verkauft und weggeschmissen. Ich bin regelrecht in einen Rausch des Wegwerfens gekommen und musste aufpassen, dass ich nicht Sachen wegwarf, die ich noch gebrauchen konnte. Vermutlich hatte ich den Eindruck, dass nichts mehr von Wert war ohne Ralf, dass ich nichts mehr bräuchte. Dieses Phänomen ist mir später auch noch ein paarmal bei anderen Campern begegnet, die auch ihren Partner verloren haben. Manche wohnen seitdem im Wohnmobil. Sie haben den ganzen Hausstand aufgelöst.

Beim Ausräumen der Sachen von Ralf kam es zu einem heftigen Konflikt zwischen seiner Tochter und mir. Seitdem haben wir keinen Kontakt mehr. Vorher hatten wir auch kaum Kontakt, doch dachten wir nach dem Unfall, dass sich das ändern würde. Wir haben eine Woche sehr verbunden in meinem Haus als eine Art Wohngemeinschaft gelebt. Und sind so offen und angenehm nah miteinander umgegangen wie selten. Aber auch das Phänomen der eskalierenden Familiengeschichten scheint nicht so selten zu sein. Der (plötzliche) Tod des Liebsten birgt so viel Stress und so wenig Frustrationstoleranz.

8.4.2021

Frau Bartsch hat Pause

Bei dem Wetter macht die Flucht vor der Wirklichkeit auch keinen Spaß. So nehme ich mir die Freiheit, eine kurze Pause von der Flucht einzulegen.

Heute Morgen kommt mir die Idee, den Erinnerungsdiamanten aus der Schweiz selbst abzuholen und direkt zum Goldschmied nach Pforzheim zu bringen. Der Schmuckdesigner hat damals unsere Eheringe gemacht. Er wird jetzt einen Ring für den Rohdiamanten machen.

Vor etwa fünf Jahren habe ich in der Zeitung einen Artikel über eine Firma gelesen, die aus der Asche eines Verstorbenen einen (oder mehrere) Diamanten herstellen kann. Ralf und ich waren sofort begeistert von der Idee. Für uns war es die beste Form, mit den Überresten eines geliebten Verstorbenen umzugehen. Wir informierten uns eingehend auf der Website und vergaßen den Plan dann wieder, weil er für uns ja noch sehr viele Jahre keine Rolle spielen sollte.

Zwei Wochen vor seinem Unfalltod, als die Corona-Fallzahlen rapide stiegen, sprach ich Ralf auf das Thema Beatmung an. Im Frühjahr 2020, als Corona Realität wurde, hatte er nämlich sehr deutlich zu verstehen gegeben, dass eine Beatmung für ihn eine lebensverlängernde Maßnahme sei und somit keine Option darstellen würde. Ich war anderer Meinung, dachte aber, dass ich diese Diskussion nicht ernsthaft würde führen müssen.

Ende November 2020 wollte ich bei der steigenden Zahl von Infektionen aber doch lieber eine klare Absprache treffen und überredete ihn, sich beatmen zu lassen, falls es nötig werden solle. In diesem Zusammenhang sprachen wir wieder einmal darüber, was der jeweils andere im Falle des Todes tun solle. Ralf erinnerte mich an unser Vorhaben, einen Diamanten aus der Asche machen zu lassen. Zwei Wochen bevor er starb. Nachdem wir fünf Jahre nicht darüber gesprochen hatten.

Das Bestattungshaus, das ich auswählte, hatte schon Erfahrung mit der Schweizer Firma, und die Bestatterin brachte eine Holzbox mit unterschiedlichen Diamant-Ausführungen zur Ansicht mit. Ich entschied mich für einen Rohdiamanten. Das passte! Den würde ich in meinen Ehering einarbeiten lassen. Wie, war mir noch nicht klar, denn der Rohdiamant würde einen Vier-Millimeter-Durchmesser haben. Es würde sich eine Lösung finden.

Glücklicherweise fand ich die Werbekarte des besagten Goldschmieds wieder und nahm Kontakt auf. Mein Auftrag hat ihn zunächst ziemlich überrumpelt. Ein Goldschmied hat vermutlich mehr mit den freudigen Ereignissen des Lebens zu tun. Man stelle sich das jetzt mal bildlich vor. Da ruft eine Frau an und sagt: »Hey, mein Mann ist letzte Woche bei einem Autounfall ums Leben gekommen, und ich möchte aus seiner Asche einen Diamanten pressen lassen. Können Sie den in meinen Ehering einarbeiten, den Sie vor 15 Jahren gemacht haben?«

Möglicherweise habe ich ihm diese Botschaft sogar auf den Anrufbeantworter gesprochen. Meine Erinnerung an diese Zeit ist nebulös.

Der Goldschmied hat mich in unserem folgenden Telefonat darauf gebracht, die Eheringe lieber unverändert zu lassen. Zur Erinnerung an diese Zeit. Das stimmt, ich bin jetzt nicht mehr Ralfs Frau. Jetzt entsteht etwas Neues. Die Metapher unserer Eheringe passt nicht mehr.

Unsere Ringe bestehen aus Gold und Stahl und zeigen von der Seite betrachtet eine Zackenlinie wie bei einem EKG. Sie sind mit einem Laser so gearbeitet, dass die Wellenlinien des Gold- und des Stahlrings exakt ineinanderpassen. Die beiden Teile haben etwas Spiel. Wie das funktioniert und all die Jahre stabil blieb, ist das Geheimnis des Juweliers.

Die Ringe passten sehr gut zu unserer Beziehung: Wir waren in unseren Macken genau passend für den jeweils anderen.

Verkläre ich jetzt die Wirklichkeit, weil Ralf tot ist?

Nein, das kann nicht sein. Die Ringe waren uns ja immer Zeugnis, und wir waren täglich dankbar für den anderen. Dass der andere es mit einem aushielt. Und mehr als das ...

Sizilien im April 2022

Da es kalt war und schneite, blieb ich doch noch ein paar Tage zu Hause. Ich musste sowieso noch einmal zum Arzt, um mich krankschreiben zu lassen. Meine Krankschreibung erhielt ich für jeweils einen Monat. Über Facebook lernte ich eine Frau aus Hamburg kennen, die sich zu der Zeit mit ihrem Wohnmobil allein in Spanien aufhielt, um eine Depression auszuheilen. Sie gab mir den Tipp, meinen Arzt anzusprechen, ob ich die Krankschreibung auch per Telefon verlängern könne. Sie machte mir Mut, auch nach Spanien zu kommen. Dort seien alle Campingplätze offen, und man könne auch an wunderbaren Orten am Wasser frei stehen. Sie erklärte mir, wie die Corona-Bestimmungen in Frankreich und Spanien waren, und ich beschloss, nach dem Arztbesuch nach Spanien zu starten.

10. 4. 2021

Frau Bartsch hat Besuch

Ich habe Besuch von einem Bekannten, Michael, den ich in einer Single-Wohnmobilgruppe auf Facebook kennengelernt habe. Er hat mir als Neuling alles über Wohnmobile und ihre Technik beigebracht, mir wochenlang Links gesendet von Nützlichem und Unnützem, und dank seines Perfektionismus bin ich mittlerweile sehr gut ausgestattet.

Heute stehen wir mit zwei Wohnmobilen auf einem Waldparkplatz in Lienen auf dem Kamm des Teutoburger Waldes. Ich erinnere noch mal: Touristisches Reisen ist zurzeit verboten. Hier zu stehen, ist nicht sehr unauffällig, aber unauffällig sind diese hässlichen Vögel ja generell nicht. Mein Besuch lebt im Wohnmobil. Er hat also keine Wahl, wo soll er hin? Genau genommen reist er ja nicht touristisch.

Michaels Frau ist gestorben. Daraufhin hat er sein Haus verkauft. Nun lebt er in dem Tiny House auf Rädern. Wenn man sich in den einschlägigen Facebook-Gruppen umsieht, kommt das relativ häufig vor: Partner tot oder weg und dann alles hinter sich lassen.

Ein Wohnmobil zu kaufen und darin zu leben, scheint Therapie für viele zu sein. Oder ist es lediglich eine Flucht und Ausdruck starken Angeschlagenseins? Das werde ich dann noch entdecken, ob ich mich zusammenreisen kann oder mir dummerweise noch mehr verloren gehe. Wenn ich im September dann wieder ganz beieinander sein sollte, kann das aber natürlich auch an der Zeit liegen, die vergangen ist.

Sizilien im April 2022

An irgendeinem der vielen Winterabende, die ich allein verbrachte, recherchierte ich im Netz über Singlereisen. Da gibt es ein breites Angebot, das einem den Mund wässrig macht. Damals hatte ich allerdings schon mein Wohnmobil vor der Tür stehen. Da ergaben diese angebotenen Reisen dann keinen Sinn. Mir kam der Gedanke, dass es vielleicht auch Single-Wohnmobilreisen gibt. Ich recherchierte in diese Richtung und fand bei Facebook eine entsprechende Gruppe. Sie machte einen sehr sympathischen Eindruck auf mich.

Ich las beispielsweise, wie jemand Kontakt auf Sizilien suchte. Man schrieb einfach, wo man war, und fragte, ob jemand in der Nähe sei, um abends ein Glas Wein zu trinken oder ein Spiel zu spielen. Ich fühlte mich sofort sicherer, denn die Gruppe hatte mehrere Tausend Mitglieder. Wenn mich unterwegs mal die Einsamkeit heimsuchen sollte, würde ich schnell für Gemeinschaft sorgen können.

Natürlich war die Gruppe auch dazu da, einen Partner zu finden, aber soweit ich das beobachten konnte, ist nur selten mal ein Paar daraus entstanden. Nach einigen Wochen ging mir die Gruppe aber so auf die Nerven, dass ich sie wieder verließ. Viele Frauen und auch Männer nutzten sie exzessiv, um zu jammern und viel Blödsinn zu posten. In der kurzen Zeit meiner Mitgliedschaft ist meine Bekanntschaft mit Michael entstanden. Da er auch recht frisch Witwer war, hatten wir ein Thema, das uns verband. Außerdem hatte Michael erst vor einem knappen Jahr sein Haus ver- und ein Wohnmobil gekauft. Er war deswegen noch sehr gut im Thema und konnte mich beraten, was man an Ausrüstung benötigt. Es war leider nicht damit getan, ein Wohnmobil zu besitzen, wie ich anfangs dachte. Man »braucht« unendlich viel Kram und technisches Know-how.

Michael stand mit seinem Wohnmobil während der anfänglichen Corona-Pandemie lange Phasen auf einem Platz in der Lüneburger Heide, wo Wohnmobile geduldet wurden. Auf dem Weg zu seinen Eltern nach Süddeutschland kam er damals bei mir vorbei.

11. 4. 2021

Frau Bartsch erlebt ein Wechselbad von Gefühlen

Auf Regen folgt Sonnenschein.
6.00 Uhr. Regen.
Warum weiß ich das?
Hast du schon mal bei Starkregen im Wohnwagen-Bett gelegen? Ich schaffe es, noch eine Stunde bewegungslos und schlafbereit liegen zu bleiben. Ab 9.00 Uhr rumpelt es im

Nachbarwohnmobil. Macht Michael Frühstück? Es klingt so. Oder stellt er sein Wohnmobil um? Nein! Frühstück zu zweit. So schön!

Dann kommt ein Herr vom Ordnungsamt:
»Sie wissen, dass touristisches Reisen untersagt ist?«
»Oh, ja. 'tschuldigung, wir sind gleich weg.«

Dann die Suche im Netz nach einer neuen Bleibe. Wenn man kein Zuhause hat, ist man dieser Tage illegal. Nach Stunden der unbefriedigenden Suche nach einem schönen Platz der rettende Einfall: Ich rufe eine Bekannte an und frage, ob wir an ihrem gepachteten See stehen dürfen.

Wir dürfen.

Sizilien im April 2022

Es war nicht sehr weit, doch eine abenteuerliche Zuwegung über einen Bauernhof und zwischen eng stehenden Bäumen hindurch mit vielen Baumwurzeln ließ mich damals sehr angespannt fahren. Mein neues Wohnmobil, frisch keramikversiegelt, und ich: Greenhorn im Einschätzen von Abmessungen. Das war schon aufregend. Niemals hätte ich das jedoch Michael gegenüber zugegeben.

Der See lag einsam und ruhig da. Ein Steg führte in den See. Weit und breit keine Straße. Neben dem See hing auf etwa drei Meter Höhe eine würfelförmige Sauna aus Holz zwischen drei alten hohen Bäumen. So ein schöner Platz! Wir hatten die Erlaubnis, das Brennholz und die Sauna zu nutzen. Ich traute mich sogar kurz in den See, der bei zwei Grad Lufttemperatur vermutlich nicht viel wärmer war. Als ich dann auf meinem Bett, quasi in meinem Ruheraum, lag, ein Butterbrot in der Hand, war ich glücklich.

Wirklich glücklich.

Es fehlte mir erstmals nichts. Ein kurzer Moment. Doch der hatte mir damals gezeigt: Es geht.

Für mich war das Erleben von Heimat- und Ausweglosigkeit, gefolgt von so etwas Schönem, eine Metapher für mein Leben nach dem Tod von Ralf.

Ich habe in meinem Blog eine Playlist angelegt. Zu meinen Stimmungen und Blog-Einträgen suchte ich nach passenden Liedern, und für diesen Tag habe ich den Song »Sowieso« von Mark Forster ausgewählt. Er passte.

Die komplette Playlist findet sich im Anhang des Buches.

14.4.2021

Frau Bartsch will sich nicht anmalen

Seit Ralfs Tod habe ich keine Lust mehr, mich zu schmücken und zu schminken: Kein Parfum, das ich vorher täglich nutzte. Keinen Nagellack. Ich habe es einmal probiert, und es wirkte obszön. Nach einem Tag blieb immer noch das Unbehagen. Ich befreite die Fußnägel von der Farbe. An die Hände brauchte ich nicht mal zu denken. Genauso undenkbar: Lippenstift. Ich trug ihn vorher sehr gern, auch um einen Gegenpunkt zu meinen kurzen Haaren zu setzen.

Mein Aussehen ist mir nicht egal geworden. Klar bin ich froh, durch den geringen Appetit wieder in sämtliche Kleidungsstücke zu passen. Aber ich habe keine Freude mehr daran, mehr als die tägliche Hygiene zu verrichten. Das ist nicht etwa einer Antriebslosigkeit geschuldet. Vermutlich auch keiner von außen erwarteten Trauerkultur. Mein Wunsch, allein zu reisen, ist ja auch nicht aus dieser Erwartung heraus entstanden. Ich lasse mich momentan von meinen Affekten leiten. Und da ist einfach gerade nicht der Wunsch, aus mir eine »Frau mit Chic« zu machen.

(Wo hat sie diesen Ausdruck nur her, fragt sich die Blogfee.)

Ich fühle mich gerade als Mensch, der getrennt wurde von dem Spaß, den die anderen haben. Wenn mir zum Beispiel jemand einen schönen Urlaub wünscht, zucke ich zusammen und will widersprechen. Ich bin doch nicht im Urlaub! Nur weil ich mit dem Wohnmobil zu schönen Plätzen fahre, bin ich doch nicht im Urlaub. Aber was denn sonst, fragte mich neulich meine Freundin. Ja, wenn ich das wüsste. Vermutlich passt der alte abgenutzte Ausdruck: Ich bin im Trauerjahr.

Das ist Arbeit. Dafür brauche ich einen großen Teil meiner Gehirnkapazität, das merke ich. Es ist, als wenn beim Computer im Hintergrund etwas lädt, ohne dass man es in seiner

Arbeit sieht. Aber die Kapazität ist geringer. Dann lässt man die Mühle mal in Ruhe. (Bei den Bildern ist noch Luft nach oben, findet die Blogfee.)

Nach kurzer Zeit mit Freunden bin ich zum Beispiel erschöpft und möchte allein sein. Oder ich vergesse, dass ich mein Handy ausgeschaltet habe, und denke, es ist schon wieder kaputt. Oder ich gehe im Wohnmobil von hinten nach vorn, um einen Stecker aus der Box zu holen, und unterwegs habe ich vergessen, was ich wollte. Auch Kochrezepte sind für mich eine Herausforderung. Ich muss mich sehr stark konzentrieren und lese ein Rezept während des Kochvorgangs etwa zehn Mal.

Das wird sich ändern, davon bin ich überzeugt, und vielleicht korreliert das dann auch mit einem Urlaubsgefühl oder Schmuck, Schminke und Parfumgebrauch.

15. 4. 2021

Frau Bartsch verzichtet auf den Rollstuhl und sieht durch Nebel das Glück – manchmal

Mein Arzt schreibt mich krank, weil es wohl normal ist, nicht arbeitsfähig zu sein nach so einem Schnitt im Leben. Es ist keine Gefälligkeit. Ich nehme mein Leben in die Hand und erspare der Krankenkasse hoffentlich und möglicherweise teure Rehabilitationsmaßnahmen.

Mein Gedächtnis ist schlecht, meine Belastbarkeit sehr gesunken, und mitten am Tag, ohne Vorwarnung, weine ich. So sieht es aus. Für meine Arbeit benötige ich Konzentrations- und Einfühlungsvermögen. Davon ist derzeit nicht viel übrig. Ich kann keine Prioritäten mehr erkennen und fange mehrere Handlungen gleichzeitig an. Da meine Arbeit zum großen Teil daraus besteht, Einzelpersonen und Gruppen zu coachen, ist das derzeit nicht denkbar.

Manche Hinterbliebenen sind nach dem Tod ihres Partners über ein Jahr raus aus der Arbeit. Wenn der Partner *plötzlich* verstirbt, soll es noch schwieriger sein, weil man so lange ungewollt verdrängt. Das kann hinkommen: Ein Teil von mir wartet noch darauf, dass Ralf jetzt mal langsam nach Hause kommt. Jedes Mal, wenn ich mit seinem Freund telefoniere, erzähle ich ihm, dass mein Unterbewusstsein tief in mir noch denkt: »So, das haben wir jetzt auch mal mitgemacht. Können wir jetzt bitte wieder zum richtigen Leben zurückkehren?«

Manche Leute kommen über Jahre nicht aus ihrer Trauer heraus. Bei mir bin ich jedoch optimistisch. Es wird nämlich langsam etwas besser.

Noch etwas anderes, völlig Unerwartetes, wird besser: Bis vor Kurzem habe ich nicht mehr als 1000 Meter schmerzfrei laufen können. Das war ein schleichender Prozess, der seit drei Jahren seine Kilometer eingefordert hat. Früher sind wir mit wachsender Begeisterung in mehreren Urlauben Langstrecken gewandert. Es war hart, immer weniger gehen zu können, und obwohl ich alle Therapiemethoden ausprobiert habe, hatte bisher nichts geholfen. Jahrelang habe ich außerdem dreimal in der Woche Sport gemacht und meine sozialen Kontakte dadurch stark eingeschränkt. Das hat die Verschlechterung jedoch auch nicht aufgehalten.

Im Herbst habe ich einen Physiotherapeuten in Bielefeld empfohlen bekommen, und zu ihm reise ich während der letzten Monate sechsmal zur Physiotherapie. Beim letzten Mal dann ein sagenhafter Durchbruch. Ich kann nun ohne nennenswerte Schmerzen 13 Kilometer laufen. Noch läuft es nicht ganz rund. Meine Hoffnung ist, dass er mit der Behandlung heute alles wieder ins Lot bringt und ich auf meiner Reise wieder richtig lange Wanderungen unternehmen kann.

Kurz bevor Ralf starb, haben wir uns gebrauchte Rollstühle angeschaut, weil ich schon ein halbes Jahr lang nicht mehr weit genug für einen Stadtbummel, einen Zoo- oder Museumsbesuch laufen konnte. So schlimm stand es. Aber das ist seltsamerweise vorbei. Durch meine Trauer ist dieses Glück nur durch Nebel zu spüren. Als wäre es zweitrangig. Dabei ist es für mein weiteres Leben absolut essenziell.

Sizilien im April 2022

Ich sitze vor dem Wohnmobil auf Sizilien. Ein Jahr ist vergangen, und leider haben meine unerklärlichen Muskelschmerzen seit Oktober 2021 ein Comeback gefeiert. Wieder ein schleichender Prozess. Die Schmerzen haben nun ihre Lokalität gewechselt. Sie sind nicht weiter auf meine rechte Hüfte beschränkt, sondern wandern willkürlich durch meinen Körper. Leider haben der Physiotherapeut aus Bielefeld und eine weitere Hoffnung in Hannover (Kinesiologie) keine Änderung bewirkt. Mittlerweile stehe ich auf der Warteliste für eine stationäre Schmerztherapie. Davon habe ich in der Zeitung gelesen. Es geht nun nicht mehr darum, etwas zu heilen, sondern den Umgang mit den Schmerzen derart zu gestalten, dass ich meine Lebensqualität so hoch wie möglich halten kann. Das wird mit Psychotherapie, Entspannungsmethoden, moderater Bewegung und Schmerzmitteln ausbalanciert.

Warum ich einige Monate fast schmerzfrei war, ist mir ein Rätsel. Aber auch die Ursache der Schmerzen ist nicht geklärt. Meine Aufgabe ist es nun einmal mehr, zu akzeptieren, dass nicht alles durch mich veränderbar und verstehbar ist. Wenn die Schmerzen zu stark sind, weil ich mich ein wenig mehr bewegt und meine Muskeln beansprucht habe, nehme ich eine Tablette und weine. Helfen tut beides nicht immer, aber so ist der Status quo. Was willste machen?

17.4.2021

Frau Bartsch stößt sich den Kopf und erinnert sich

Ich stehe auf einem Campingplatz in der Nähe von Saarbrücken und warte auf das PCR-Testergebnis, um nach Spanien weiterfahren zu können. Heute ist einer der schwereren Tage: Er beginnt schon scheiße. Beim Einladen der letzten Siebensachen und sechs Eier ins Wohnmobil vergesse ich, dass das Bett halb heruntergefahren ist. Mit großer Wucht schlage ich mir beim Einsteigen den Kopf an der Ecke des Bettes ein. Es blutet, und das ist wohl ein Trigger für mich: Bilder aus dem Dezember. Ralf hatte Kopfwunden, die halb mit »Leukoplast« bedeckt waren, als wir von ihm Abschied nehmen konnten.

In Panik wecke ich meinen Sohn, denn ich habe Sorge vor dem Blick in den Spiegel. Die Wunde ist letztendlich gar nicht so groß, und ich denke mir: Wenn du bei so einer Kleinigkeit schon Hilfe suchst, ist das denn jetzt eine gute Idee, weit wegzufahren?

Dennoch: Aufbruch. Zweifel fahren ja immer mit (und hoffentlich auch ein Erste-Hilfe-Kasten, denkt sich die Blogfee).

Unterwegs höre ich meinen Lieblingssender Deutschlandfunk Kultur. Es wird eine Rezension des Buches von Ralfs Schwiegersohn gesendet. Keine besonders schmeichelhafte Beurteilung, in meinen Augen ein ungerechter Verriss. Das würde ich gerne mit Ralf besprechen. Er wäre wütend.

Direkt im Anschluss eine Ankündigung eines Konzertfilms von Pink Floyd, *Delicate Sound of Thunder* in der Arte-Mediathek. Das würde ich Ralf gern erzählen. Er würde sich sehr darüber freuen.

Sie spielen ein neues (!) Stück von Mick Jagger mit einem Musiker von den Foo Fighters. Auch das würde Ralf eine wahre Freude sein.

Hätte, würde, wäre. Konjunktiv. Fuck.

Mann! Ich mach' das Radio an, und alles erinnert mich an Ralf.

Ich kann nicht mehr mit ihm sprechen. Wir haben beide am liebsten Deutschlandfunk Kultur gehört, wenn wir in der Republik unterwegs waren, und abends mit Vorliebe unsere Erkenntnisse ausgetauscht. Es war uns jedes Mal eine Freude, Neuigkeiten vor dem anderen zu wissen.

Sizilien im April 2022

Wir nannten das »Klugscheißen mit Steffi und Ralf« in Anlehnung an »Klugscheißen mit Shary und Ralf« aus *Wissen macht Ah*. Eine Kindersendung, die wir einige Jahre mit den Kindern gefeiert haben und aus der meine halbe Bildung kommt. Die andere Hälfte stammt aus der *Sendung mit der Maus*.

Bei einem Telefonat mit meiner Freundin Christine erste gut gemeinte Lösungsvorschläge von ihrer Seite: Eine Freundin anrufen und sie bitten, das Radio anzuschalten, und anschließend Gedanken auszutauschen.

Nein! Das geht nicht! Dann sagt sie die falschen Sachen!

Die Lücke ist auf diese Weise nicht zu schließen. Sie bleibt. Vielleicht verblasst die genaue Erinnerung, wie wir uns ausgetauscht haben, bald, und dann fehlt es mir nicht mehr so?

Das ist das Fatale: Für Trauer gibt es keine Lösungen. Trauer ist da und möchte irgendwie ihren Raum. Und dann darf sie da sein. Und dann darf sie wieder gehen. Sie kommt ja eigentlich gar nicht mal so oft. Aber heute schon.

Dann kommt mir der Gedanke, dass ich wie ein kleines Kind bin, das schreit: »Ich will aber meinen Ralf zurück!« Da gibt es eine Parallele zur Weltbevölkerung, die auch gerade aufstampft und schreit: »Ich will aber, dass die Pandemie jetzt vorbei ist!«

Mit Trauer umgehen zu lernen, sei eins von vier Lebensthemen, schreibt Jorge Bucay in seinem *Buch der Trauer. Wege aus Schmerz und Verlust*: Man müsse lernen, mit dem Verlust von Kontrolle umzugehen, mit unbeeinflussbarem Schicksal. Dieses Thema hat die ganze Welt derzeit zu verarbeiten, denn sie befindet sich doch irgendwie auch in einer Form von Trauer: Trauer um verlorene Freiheiten, um vermisste Verbindungen zu anderen Menschen, um finanzielle Sicherheiten, um Leichtigkeit.

Wir stampfen auf und können nichts machen. Wir wollen Schuldige, aber die gibt es nicht. Vermutlich auch bei Ralfs Unfall nicht. (Nach vier Monaten gibt es immer noch keinen abschließenden Bericht von der Staatsanwaltschaft, deshalb diese vorsichtige Formulierung.) Es gibt wohl nur eine Verkettung ungünstiger Zufälle und Entscheidungen. Es ist – einfach so.

@Blogfee: ... kann beruhigt sein: Frau Bartsch hat alles dabei.

Ein Leser lässt an die Blogfee ausrichten: »Frau mit Chic« käme vermutlich aus der Zeitschrift *Brigitte*.
Frau Bartsch hofft, dass sie den Ausdruck nicht daher hat.

18. 4. 2021

Frau Bartsch wandert und erhält am Ende das Testergebnis zur Weiterreise

Ganz kurz nach Ralfs Tod stand ich unter der Dusche und hatte das Bild von zwei kraftvollen Bäumen im Kopf, die deshalb so kraftvoll waren, weil sie sich gegenseitig Halt gaben. Nun war der eine Baum gefällt, und der andere würde aus der Schieflage heraus auch umfallen. Doch ich habe bei Gunther Schmidt gelernt: Gefühle entstehen aus der Geschichte, die wir uns über eine Situation erzählen. Welches Bild will ich mir nehmen, um nicht umfallen zu müssen?

Und ich habe mir die Geschichte anders erzählt: Wir haben uns nebeneinanderstehend genährt, und dadurch, dass der andere da war, konnten beide Stämme sehr stabil werden. Nun ist der eine Baum gefällt, aber der andere verliert nicht an Stabilität. Er steht da und bleibt ein stabiler Baum.

Heute habe ich nach Motiven für die beiden unterschiedlichen Bilder in meinem Kopf gesucht. Und gefunden.

Außerdem habe ich ein kleines Frau-Bartsch-Abenteuer auf einem Steig erlebt, das Ralf niemals mitgemacht hätte. Ich bin einen gesperrten Steig entlanggewandert und geklettert. Da war es schön, keine Kompromisse eingehen zu müssen. Solche Betrachtungsweisen gibt es auch. Auch wenn es Überwindung kostet, sie so deutlich zu benennen.

Telefonat heute Abend mit einer Freundin: »Wenn man bei einer Wanderung 95 Prozent der Zeit an den toten Mann denkt und sich zu 25 Prozent der Zeit des Lebens freut, passt das mathematisch zwar nicht, aber mental gibt es am ehesten die Wirklichkeit wieder.«

Die Bestatterin sprach von »himmelhoch jauchzend, zu Tode betrübt«. Es ist wie in der Pubertät, tatsächlich. Ich empfinde alle Gefühle viel stärker. Und ich bin noch berührbarer geworden. Und genauso egozentrisch unterwegs wie in der Pubertät. Hoffentlich werde ich irgendwann wieder ein normaler Mensch.

Meine Freundin hat eine Freundin, die schon lange Witwe ist. Sie erwartet allerdings noch immer, als Besonderheit behandelt zu werden. Hoffentlich verhätschelt Ihr mich nicht alle so sehr, dass ich auch so werde. Und andererseits: Bleibt ruhig noch einen Moment in Eurer Kritiklosigkeit, es tut gerade sehr gut. Aber spätestens nach dem Trauerjahr ist dann Schluss mit der Sonderbehandlung, okay?

Morgen um sechs starte ich nach Frankreich beziehungsweise Spanien.

NACH SPANIEN

19. 4. 2021

Frau Bartsch ist Vollprofi

Um halb sechs stehe ich auf, um möglichst weit zu kommen, womöglich bis nach Spanien. Das Navi stelle ich grob auf Barcelona ein, noch einmal vollgetankt und los! Aufregend. Mein Navi führt mich über die »grüne« Grenze in Niedwelling. Niemand möchte den PCR-Test sehen. Es dauert lange, bis ich auf der Autobahn ankomme. Dort erwartet mich sofort ein Zeichen für Péage: geradeaus für diejenigen, die online abrechnen, rechts ran auf einen Parkplatz mit zwei Automaten zum direkten Bezahlen.

Ich gebe mein Kennzeichen ein, und der Automat sagt mir, ich müsse 0,00 € bezahlen, da ich noch keine Strecke zurückgelegt habe. Das kommt mir seltsam vor. Google sagt mir, dass die Betreiberfirma 1743 Autobahnkilometer in Frankreich besitzt, und so nehme ich die Gelegenheit wahr und buche in dem Kassenautomaten digital lesbare Etiketten, mit denen ich durch die verschiedenen Kontrollpunkte fahren kann. Damit wähne ich mich auf der sicheren Seite. Ich werde gefragt, wie viele Etiketten ich haben möchte. – Drei … Wenn schon, denn schon … Und wie viel jeweils darauf gebucht werden soll – 20 Euro. Also zusammen 60 Euro. Warum nicht? Laut einer Facebook-Auskunft hat jemand 150 Euro an Maut bezahlt. Ich kann dann ja immer noch mal unterwegs nachlösen. Erst mal sehen, wie das jetzt funktioniert.

Es kommen drei Aufkleber heraus, und ich frage mich, wo ich die jetzt an der Scheibe befestigen soll: *Collez l'étiquette à l'intérieur de votre véhicule, sur votre pare-brise* (»Windschutzscheibe«), *au niveau du rétroviseur central* (»Rückspiegel«). So steht es auf der Rückseite. Da ich aber ein Wohnmobil habe, bin ich mir nicht sicher, ob der Aufkleber auf der entsprechenden Höhe gescannt werden kann. Eine Frau von der Firma kommt, um den Platz zu säubern. (Um sieben Uhr am Sonntagmorgen, sic!) Ich frage sie in spärlichem Französisch, und sie antwortet mir zum Glück in perfektem Deutsch, dass diese Etiketten für Einheimische sind und ich nur 1,80 Euro zu zahlen brauche. 60 Euro *perdu*? Sie ruft eine Kollegin an und fragt, ob ich die Etiketten zurückgeben kann. Ich könne am Montag die unten stehende Nummer anrufen und es mal versuchen.

Nun muss ich noch die 1,80 Euro bezahlen, denn das digitale Lesegerät ist an der Auffahrt installiert und liegt hinter mir. Die freundliche Frau gibt mein Autokennzeichen ein, und auf einmal erscheinen die 1,80 € im Display, wo vorher 0,00 € stand.

Etwas kleinlaut steige ich ein und fühle mich unfähig zu reisen, wenn ich selbst im Nachbarland schon nicht zurechtkomme. Danach muss ich erst einmal einen Tee einschenken. Ich stelle mir die Tasse zwischen die Beine auf den Sitz und schenke aus der Thermosflasche ein. Ein Drittel des fast noch kochenden Tees verschütte ich auf die Beine, weil die Kanne beim ersten Öffnen Druck loswerden muss. Danach bin ich dann kurz davor, umzudrehen und mich zu Hause im Keller zu verstecken. Frau Bartsch, Mann!

Auf dem Standstreifen liegt ein toter Dachs. Ich denke an das Kinderbuch *Leb wohl, lieber Dachs*, das ich im November gelesen habe, weil ich mich beruflich mit dem Thema Sterben beschäftigen musste. (Wegen Corona hatte ich meine Freiberuflichkeit aufgeben müssen und als Schulsozialarbeiterin in einer Grundschule eine Interimslösung gefunden.)

Einen Monat später sind das Kind, dessentwegen ich das Buch gelesen hatte, und ich in unserer Trauer um einen liebsten Menschen vereint.

Im Kollegenkreis hatten wir damals viel über Sterben, Beerdigungsrituale und Glauben gesprochen. Es gab sehr verschiedene Ansichten darüber, ob das Thema Tod und Sterben im Schulunterricht stärker behandelt werden solle oder ob das Sache des Elternhauses sei, weil es ja sehr unterschiedliche Konzepte dazu gäbe.

Später am Tag kommt dann der Spaß zurück. Es ist, als wäre ich in einem Zeitrafferfilm: Mit jedem Kilometer wird es grüner und bunter. Und wärmer. Es erscheinen blühende Rapsfelder, dann Mohnblumen, dann lila Flieder, und bei Lyon ist alles grün. Bis auf die Eichen.

Fast alle Autobahnraststätten bieten Möglichkeiten für Wohnmobile, das Abwasser abzulassen. Das wäre auch für Deutschland eine gute Idee. Gerade in diesen Tagen ist es in Deutschland schwierig, sein Abwasser zu entsorgen, weil alle Stellplätze gesperrt sind. Das hat zur Folge, dass viele ihr Schmutzwasser in der Natur ablassen. Zu Hause habe ich das Abwasser eimerweise zur Toilette gebracht. Das geht auch – wenn man eine Toilette im Erdgeschoss hat.

Lyon hat seine sechsspurige Autobahn dankenswerterweise mitten durch die Stadt gebaut – zwischen der Rhône und den Wohnhäusern entlang. Da bekommt man als Autofahrerin eine schöne Aussicht geboten. Außerdem befindet sich dort an der Rhône, man fährt direkt darauf zu, ein architektonisch höchst interessant wirkendes Museum: Musée des Confluences – globales Wissen mit Schwerpunkt Naturwissenschaften.

Gegen 17.00 Uhr möchte ich mir einen Platz suchen, weil ab 18.00 Uhr niemand mehr unterwegs sein darf. Corona-Ausgangssperre.

Ich bin in der Nähe der Ardèche, sagt mir die Karte, und freudig, weil ich an die Ardèche gute Ferienerinnerungen habe, suche ich mir einen Platz direkt am Fluss. Es ist dann doch die Rhône. Egal.

Ich warte auf die Ausgangssperre. Aber der Verkehr reißt nicht ab. Auch nicht um halb sieben. Sind die Franzosen solche Anarchisten?

Google verrät es mir: Die Sperre gilt jetzt erst ab 19.00 Uhr.

Danach wird es ruhig. Irgendwie hat das was. Ich habe dadurch überhaupt keine Angst, überfallen zu werden. Eher vor der Polizei. In meinem Campingführer steht, dass man auf Parkplätzen in den Ortschaften im Wohnmobil schlafen darf. Aber ich stehe außerhalb einer Ortschaft. Macht das jetzt etwas aus?

Doch es gibt keine Störung heute Nacht.

20.4.2021

Frau Bartsch ist weit gekommen

Kurz hinter Montpellier sehe ich schon von Weitem viele Rettungswagen auf der Gegenspur. Ich kann nirgendwohin, muss daran vorbei. Die Rettungskräfte haben keinen Sichtschutz aufgebaut. Ein Lieferwagen liegt umgedreht auf der Mittelleitplanke. Ich höre mich stöhnen und klopfe mir auf die Brust. Ich weine, und gleichzeitig denke ich: Was steigerst du dich da jetzt rein?! Was machst du hier für eine Show?

Ich traue meiner Reaktion nicht, kenne das nicht von mir, aber halte es für eine gute Idee, doch mal am nächsten Parkplatz rauszufahren und mich zu beruhigen. Beim Aufstehen stoße ich mir wieder den Kopf am Bett und tue mir auf die Knie sinkend leid. Dafür ist der Schreck mit dem Unfall jetzt nicht mehr im Körper. Das Bett hatte ich nicht ganz unter die Decke gefahren, weil das Bettzeug noch auslüften sollte. Das muss ich irgendwie anders lösen.

Heute Mittag fahre ich über die Grenze nach Spanien. Auf den hohen Bergen von Andorra kann man Schnee sehen, während die Mohnblumen neben der Autobahn blühen, und auf der linken Seite leuchtet das Mittelmeer. Ein Moment von Glück und lautem Singen. Himmelhoch jauchzend, zu Tode betrübt. Es wechselt sich wieder ab, wie das Aprilwetter der letzten Tage.

Es gibt keine Kontrollen an der Grenze. Den PCR-Test will niemand sehen. Wofür habe ich mich denn so beeilt, innerhalb von 72 Stunden nach Abstrich über beide Grenzen zu kommen?

Direkt hinter der Grenze gibt es eine Tankstelle mit günstigem Diesel. Ich hatte den Ehrgeiz, ganz Frankreich mit *einer* Tankfüllung zu passieren. In Spanien kostet Diesel 30 Cent weniger als in Frankreich, etwa 1,24 Euro pro Liter. Mit meinen letzten Litern komme ich bei der Tankstelle an. Direkt neben mir ein Auto aus Osnabrück. Der Mann bellt mich an: »Da fährt man extra so weit und muss dann doch wieder Osnabrücker treffen.«

Sind derartige Sprüche global ausgeprägt, oder sind sie eine lokale Besonderheit von Osnabrück? Ich stelle mir jemanden aus Vietnam vor, der das zu jemandem aus seiner Stadt sagt, den er irgendwo trifft.

An der Zapfsäule stellt sich die Frage, welche der beiden Diesel-Sorten ich tanken soll. Ich entscheide mich kurzerhand für die günstigere. Das muss ich noch mal recherchieren, was ich da in meinen Tank lasse.

Mittlerweile sind es satte 21 Grad geworden, und ich wechsele zu Kleid und Sommerschuhen. Beim Einfahren in einen Kreisverkehr nehme ich die Kurve etwas sportlich und rasiere den hinteren Reifen an der hohen Bordsteinkante glatt und glänzend.

Nachdem ich in respektlosem Ton mit mir geschimpft habe und das so nicht stehen lassen will, kommt mir eine Idee: Jeden Tag dürfen mir drei Missgeschicke passieren. Ich werde sie jeweils am Ende eines Eintrags auflisten. Dann hat es nicht jedes Mal die Folge des Zweifelns, ob ich in der Lage bin, allein auf Reisen mit dem Wohnmobil zu bestehen.

Nun bin ich in Spanien und habe mein Ziel erreicht. Und jetzt? Jetzt habe ich die Freiheit, alles zu tun, was ich will. Ich möchte ans Meer. Stelle mir vor, mich für ein paar Tage auf einem Campingplatz einzuquartieren. Einen kurzen Moment überlege ich, den legendären Campingplatz in Sitges zu wählen, auf dem Ralf und ich in unserem ersten Urlaub gezeltet hatten. Sofort wird mir das Herz so schwer wie selten. Das war also kein guter Gedanke. Insgesamt zieht Barcelona mich sehr runter heute, denn hier hat Ralf mir (im Park Güell) in besagtem Urlaub einen Heiratsantrag gemacht, und wir wollten zu unserer Silberhochzeit wieder an diesen Ort zurückkehren. Barcelona ist eigentlich meine Lieblingsstadt.

Also mache ich mich auf den Weg zu einem Ort südlich von Sitges. Dort soll es einen schönen Campingplatz am Meer geben. Er ist geschlossen. Darauf bin ich nicht vorbereitet. Dabei ist meine Missgeschick-Liste doch schon voll!

Auf Facebook posten die Leute, die in Spanien überwintern, von ihren schönen Campingplätzen, sodass ich davon ausgegangen war, alle seien geöffnet; so wie in den Niederlanden. Jetzt stellt sich heraus, dass das wohl nur in Südspanien der Fall ist.

Okay, denke ich mir, ich suche mir einfach einen schönen Fleck am Meer. Leider ist das Parken dort überall untersagt. Ich habe gerade nicht den Mut, etwas Verbotenes zu tun, und möchte auch keine Strafe zahlen.

Nach einem kurzen Imbiss mit schöner Aussicht, aber schlechten Gefühlen, fahre ich weiter. Ich beschließe, mir irgendwo im Hinterland einen Platz im Wald zu suchen. Mittlerweile ist es dunkel geworden. Es geht steil bergauf. Rechts und links stehen die geparkten Autos der Anwohner. Nach einer Kurve schafft es mein Wohnmobil mit Automatikgetriebe kaum noch, einen Moment bleibt es stehen, rollt rückwärts. Ich gebe Vollgas bei etwa 13 Prozent Steigung. Und dann schafft es der Motor doch, und auch die Reifen greifen.

Mein Fehler: Als ich sah, dass es hinter der Kurve so steil würde, habe ich zu viel Gas gegeben, und der Motor hat dadurch in den dritten Gang hochgeschaltet. Das muss ich auch noch lernen.

Schließlich finde ich einen Fleck, auf dem ich gerade stehen kann und nirgendwo Hunde anschlagen. Ab und an rast ein Motorrad oder Auto vorbei. Aber ich kann jetzt nicht mehr fahren. Das muss hier für heute reichen. Morgen mache ich es anders. In Spanien ist das Schlafen im Wohnmobil am Straßenrand verboten. Mal schauen, wie das derzeit gehandhabt wird.

Meine drei Missgeschicke des Tages:

1. Kopf gestoßen.
2. Hinterreifen malträtiert.
3. Schublade vor dem Losfahren nicht gesichert.

21.4.21

Frau Bartsch reist weiter in den Süden

Der Tag beginnt um 5.00 Uhr mit dem einsetzenden Berufsverkehr. Er gestaltet sich wie die vorangegangenen Tage: fahren. Mich zieht es weiter in die Wärme. Die 16 Grad von gestern Abend reichen mir nicht. Um 16.00 Uhr habe ich dann, dank eines Tipps aus einer Facebook-Gruppe, meinen Traumstellplatz gefunden. Und schlagartig geht es mir besser.

Hier stehen etwa zwölf Wohnmobile, hauptsächlich Deutsche. Man kann sehen, dass es ihr Zuhause ist, weil es riesige Geschosse sind. Im Gespräch mit einer Nachbarin erfahre ich, dass die meisten so lange bleiben, bis in Deutschland die Campingplätze wieder aufmachen, touristisches Reisen also wieder erlaubt ist. Sie haben in Spanien überwintert, und in den vorangegangenen Jahren waren sie um diese Zeit schon wieder in Deutschland. Ich erfahre, dass im Nachbarort Bars geöffnet haben, in denen man ein Tagesmenü essen könne. Und sie informiert mich darüber, dass die »rumlungernden Ausländer« im Ort keine »Flüchtlinge« seien »wie bei uns«, sondern Arbeiter in den Gewächshausstädten aus Plastik, an denen ich kilometerlang vorbeigefahren bin.

Rumlungernde Ausländer?!?

Wenn hier Ausländer rumlungern, dann doch wohl wir!

Sofort habe ich wieder Lust, allein zu sein.

Sizilien im April 2022

Die Äußerung der Camperin hat mich sehr schockiert. Sie saß da mit ihrem Sekt und einem Buch in der Hängematte und plapperte vor sich hin. Sie hatte in etwa mein Alter und war wegen psychischer Probleme vorzeitig in den Ruhestand getreten, wie ich später erfuhr. Nicht arbeitsfähig. Offenbar gibt es sehr viele Menschen, die aus psychischen Gründen das Leben im Wohnmobil wählen. Allerdings habe ich nur noch einmal jemanden abfällig über geflohene Menschen reden hören. Nach der kurzen Unterhaltung hatte ich große Angst, weil sie mein Vorurteil Wohnmobilfahrern gegenüber verstärkt hat.

Diese Frau war in der Facebook-Gruppe »Frau im Wohnmobil« und las über meinen Blog. Am nächsten Abend sprach sie mich darauf an, nicht aber auf ihre Äußerungen, durch die sie sich wiedererkannte. Ein paar Tage später hörte ich sie einer anderen Frau zuflüstern: »Pass auf, was du sagst, denn das kannst du direkt am nächsten Tag im Internet lesen.«

Zunächst war es mir unangenehm, aber da ich sie maximal

anonymisiert hatte, wusste nur sie, dass sie gemeint war. Dennoch nahm ich mir vor, möglichst nicht mehr über meine Mit-Camper zu schreiben. Ich wollte nicht als Spitzel in den eigenen Reihen gelten und mit den Leuten in Frieden leben. Heute hätte ich die Kraft, so einer beschämenden Aussage über geflohene Menschen meine eigene Meinung entgegenzustellen. Damals war ich zu geschwächt.

22. 4. 2021

Frau Bartsch im Paradies

Mir wird gesagt, die Schlangenbucht sei die schönste Bucht in ganz Spanien. Also möchte ich länger bleiben.

Weil es hier keinen Strom und kein Trinkwasser gibt, müssen Lösungen her. Nette Männer aus der Nachbarschaft holen ihren Lösungskoffer und bieten Frau Bartsch technische Unterstützung an. Welche Teile müssen bestellt werden für Solarstrom? Wo speist du den Solarstrom ein? Welchen Adapter brauchst du für die Mini-Zigarettenanzünder-Steckdosen? Oder ist Solar-Stefan, der den Spanien-Überwinterern eine gute Solarlösung aufs Dach baut, noch in Spanien? Morgen kommt Bäcker-Bärbel, zu der du dir die Amazon-Pakete liefern lassen kannst.

Tipps über Tipps. Ich bin dankbar für die steile Lernkurve und ein morgendliches Bad im Mittelmeer. Die verwöhnten Spanien-Überwinterer waren dieses Jahr noch nicht im Wasser. Zu kalt. »Letztes Jahr! Ja, letztes Jahr, da waren wir schon im März im Wasser!«

Ich war heute drin. Es ist wärmer als die Nordsee im Sommer. Es hat mich, wie erwartet, sehr, sehr happy gemacht. Danach habe ich ganz in Ruhe und allein im Sand gesessen und geweint – weil Ralf das nicht miterlebt, weil ich es nicht mit ihm teilen kann.

Aber selbst wenn er noch leben würde: Diese Tour wäre nichts für ihn gewesen. Mit ihm wäre ich hier nicht. Wir wären in einem Luxushotel, nicht an einem Strand ohne Strom und Trinkwasser, dafür mit Schlangen, Skorpionen und jeder Menge Ameisen. So habe ich nun die Chance auf ein anderes Leben, das mit Ralf nicht möglich gewesen wäre. Denke ich mir und muss schon wieder weinen. Ich bin nicht danach gefragt worden.

Ich will das nicht, aber so ist es: Ein großer Greifer hat mich genommen, aus meiner heilen Welt herausgezogen und in eine andere gestellt. Die ist auch schön. Und warum fehlt er mir nur so wahnsinnig? Trauer ist Liebe.

Glückserfahrung heute:
Zum ersten Mal seit Ralfs Tod konnte ich wieder ein Coaching anbieten.

Lernerfahrungen/Missgeschicke heute:
Ich mache aus Defiziten etwas Konstruktives, nach vorn Gerichtetes, indem ich meine Missgeschicke als »Lernerfah-

rungen« umbewerte. Das ist mir heute eingefallen. So habe ich es in meiner Coaching-Ausbildung gelernt.

23.4.2021

Frau Bartsch tankt auf

Heute soll es regnen. Also ist dies der ideale Tag, um nach Mazarrón zu fahren und die Ressourcen aufzutanken: Strom, Trinkwasser, Essen. Vorher treffe ich mich mit der deutschen Bäckerin, die den Spanien-Überwinterern jeden Donnerstag ihr geliebtes Vollkornbrot und acht verschiedene frisch aufgebackene Kuchen auf die Stellplätze bringt. Wir vereinbaren, dass ich mein bestelltes 100-Watt-Solarpanel zu ihr liefern lassen darf. Das klappt ja heute alles reibungslos!

Dann krabbele ich hinten in meinen Kofferraum (die Garage), um die Stühle festzubinden. Der Wind weht die Tür zu. Es gibt keine Möglichkeit, sie von innen zu öffnen. Ich wäre gefangen, doch zum Glück habe ich die Tür auf der anderen Seite auch geöffnet. Nur jetzt keine Panik aufkommen lassen, dass diese Tür ebenfalls zuweht! Um auf der Seite rauskrabbeln zu können, muss ich den Gepäckberg umstapeln. Am Ende gelingt es, und ich kann mich selbst befreien. Was, wenn ich die andere Seite nicht offen gelassen hätte?

Der Stellplatz in Mazarrón, mitten im Nirgendwo, bietet alles, was das Camperherz begehrt. Es gibt WLAN, sauberes Trinkwasser an jeder Parzelle. Strom sowieso. Schotterparzellen, auf denen man sofort in Waage steht, auf denen das Regenwasser sofort versickert.

An einem Extraplatz kann man sein Fahrzeug waschen und sein Grauwasser, also das Abwasser, auf riesigen Rosten bequem entleeren. Für die Entleerung der Toilettenkassette gibt es ebenfalls eine sehr komfortable Lösung, und große Badezimmer für diejenigen, die kein eigenes Bad mitgebracht haben, laden zum exzessiven Duschvergnügen mit der ganzen Familie ein. Alles ist großzügig und luxuriös. An jedem Schotterplatz stehen ein Zaun in Weiß und eine kleine Palme im Topf. Die Plätze sind etwa 3,5 Meter breit und 10 Meter lang. Man kann dem Nachbarmobil ins Wohnzimmer schauen – was ich auch zwangsläufig tue, weil es wie aus Eimern schüttet.

Ich sitze einsam in meinem Schneckenhaus, und als ich herausschaue, sehe ich, dass die Nachbarn fernsehen. Sie wirken ähnlich unglücklich, wie ich es bin. Vermutlich ist das nur meine Übertragung, und es geht ihnen gut. Auf dem Platz stehen riesige Wohnmobile für mehrere Hunderttausend Euro. Bei einem dieser luxuriösen Häuser auf Rädern hat der Sturm die komplette zehn Meter lange Markise abgebrochen. So leben Menschen auch. Für mich wäre das kein Vergnügen.

Dieser Platz ist quasi der »Puff« für den Camper: Alle Bedürfnisse werden hochelegant befriedigt, aber die Seele bleibt doch irgendwie unbefriedigt, oder?

Lernerfahrungen heute:

1. Schubladen vor der Fahrt schließen! (Ernsthaft! Schon wieder!)
2. Nie allein in die Garage krabbeln.
3. Viel Druck auf dem Wasserhahn beim Toilettenkassetten-Spülen ist nicht nur positiv.

24.4.2021

Frau Bartsch rüstet auf

Ich bekomme Solar aufs Dach und habe ein neues Paradies entdeckt.

Lernerfahrungen:

1. Nimm die Fußmatte mit, wenn du losfährst!
2. Nimm den Vierkantschlüssel raus, wenn du das Grauwasser entleert hast und losfahren willst.
3. Trink nicht so viel Alkohol. Oder lass dann wenigstens den Abwasch stehen!!!

25.4.2021

Frau Bartsch ärgert sich über sich selbst

Zu viel Sonne ohne Sonnenschutz am Vortag, Alkohol am Abend, beim Abwasch ein teures Glas zerdeppert. Am Morgen wieder den Kopf am Bett angehauen, als ich ins Wohnmobil zurückkomme. Den ganzen Tag habe ich Kopfweh. Kater, Beule, Sonnenbrand: Ärger. Da nützt der schönste Platz nichts.

Am Nachmittag schaffe ich es, eine Wanderung an der Küste entlang zu unternehmen. Das hilft. Viele schöne Blüten und eine verlassene Villa an einem wunderschönen Fleckchen. Fantasien blühen in mir, von Hauskauf und Renovierung. Von Herberge und Camperplatz, Restaurant und Biogarten. Nicht ernsthaft, aber einfach mal träumen …

Beim Abstieg rutsche ich aus und falle auf den Hintern. Sofort fällt mir auf, dass ich allein bin. Ich muss viel besser auf mich aufpassen. Auch später bei der Brandung im Meer. Sie ist stark, wie am Atlantik. Ich gehe lieber wieder raus und setze mich in das seichtere Wasser. Dabei sammelt mein Badeanzug jede Menge Sand, den ich dann später in der Duschwanne wiederfinde. Besser, wenn der nicht in den Abwassertank gerät. Oder macht das nichts?

Abends möchte ich fernsehen, doch der Fernseher funktioniert nicht mehr. Vielleicht kann der Elektriker, der hier am Strand mit seiner Familie wohnt und mir nächste Woche eine Solaranlage aufs Dach montiert, das reparieren. Letzte Woche ging der Fernseher noch.

Morgen ist ein neuer Tag.

Sizilien im April 2022

Die Frau, die an der Schlangenbucht über »herumlungernde Flüchtlinge« in Deutschland gesprochen hatte, lebte in einer Gruppe von Spanien-Überwinterern, die sich alle intensiv um meinen Strommangel kümmerten. In meiner Abwesenheit hatten sie Schweizer getroffen, die von einem Mario, zwei Buchten weiter, berichteten. Mario würde Solarpanels auf dem Dach verbauen. Zu ihm solle ich doch mal fahren und mich beraten lassen. Es hieß, ich solle nach Cañada de Gallego fahren, an der Tankstelle links und immer geradeaus an den Gewächshäusern vorbei ans Meer. Dort solle ich nach einem Deutschen fragen.

Dort angekommen, sah ich tatsächlich zwei deutsche Wohnmobile. Zwei deutsche Familien lebten darin, mit Kindern im schulpflichtigen Alter. Sie gingen nicht zur Schule, sagten sie mir. Nein, sie würden kein Online-Lernen machen, Schule sei doof. Der Vater bot mir an, Solar zu verbauen, er hätte jahrelang in einer Wohnmobilfirma gearbeitet. Nur hätte er keine Bohrmaschine. Vermutlich würde ich den Hippie aus der Wohnmobilcommunity zwei Hügel weiter suchen, aber er könne das auch machen. Sie hätten auch eine Zeit bei den Hippies gestanden, aber die frei laufenden Hunde, die überall hinkackten, wären ihnen auf die Nerven gegangen. Ich sollte da mal selbst hingehen und mir ein Bild machen und dann entscheiden. Als er mir dann allerdings von seinen Verschwörungstheorien über Corona erzählte, hatte ich mehr Lust auf Hippies mit Hunden als auf ihn ohne Bohrmaschine. Trotz meiner Angst vor Hunden.

All meinen Mut zusammennehmend, ging ich zu Fuß über die beiden Hügel den steinigen und ausgefahrenen Weg zu den Hippies mit den frei laufenden Hunden. Eine Gruppe von Leuten saß um einen Tisch vor einem großen Lkw mit einer Piraten- und einer Super-Mario-Flagge. Überall lag Kinderspielzeug herum, und ein paar Beete waren zu erkennen. Es sah aus wie bei mir zu einer Zeit, als meine Kinder noch klein waren.

Ich fragte nach dem deutschen Mario, und ein Mann in roter Latzhose, mit sonnengegerbter Haut und Glatzkopf meldete sich in tiefstem Ruhrpottdeutsch. Gern wolle er auch mir Solar aufs Dach bauen, doch momentan würden die Aufträge alle etwas geballt kommen. Ich müsse ein paar Tage warten. Auch sei nicht sicher, wann er die Solarpanels geliefert bekäme. In Spanien gab es, wie auch in Deutschland, wegen Corona Lieferengpässe.

Mario machte auf mich den Eindruck, als verstünde er wirklich etwas von seinem Fach. Ich machte das daran fest, dass er es nicht nötig hatte, auf eine bestimmte Art hektisch mit Fachjargon um sich zu werfen. Ich selbst bin vor vielen, vielen Jahren Tischlerin gewesen und bilde mir daher ein, einschätzen zu können, wer auf dicke Hose macht und wer das nicht nötig hat. Er bat mich, den Wagen zu holen, damit er ihn vermessen könne.

Eigentlich hatte ich sehr schön einsam am Strand geparkt. Jetzt in einer Community zu stehen, war so gar nicht nach meinem Geschmack. Aber ich wusste ja, wofür ich es tat, und ging, um den Camper zu holen. Ich hatte ziemliche Angst, die beiden steilen Hügel mit dem Wagen zu nehmen, denn die Erinnerung an mein Rückwärtsrollen in den Bergen ein paar Tage zuvor war noch frisch. Jetzt hatte ich aber verstanden, dass ich auch mit der Hand schalten konnte, und langsam und kraftvoll zog ich das Gefährt den ausgefahrenen Weg hoch. Schlagloch um Schlagloch, eines größer als das andere. Teilweise ausgewaschene Rinnen von den Sturzbächen des Vortags, aber ich habe es geschafft.

Direkt am Strand stand ich nun, und ich breitete mich aus. Wegen der spitzen Steine und des Sandes legte ich einen Teppich vor den Wagen, stellte Stuhl und Hocker raus, baute den Grill auf und den Tisch. Dann habe ich es mir gut gehen lassen. Wie die anderen mir später gestanden, waren sie sehr befremdet von meinem perfekten neuen Wohnmobil, dem perfekten Sessel mit zugehörigem Hocker, dem neuen Grill. All das passte überhaupt nicht zu der Gruppe von hauptsächlich jungen Leuten mit Kindern. Und auch nicht zu den Besuchern, die sich sonst an diesen Teil des Weges wagten.

Falls Ihr Euch fragt, warum die Blogfee verstummt ist: Ich hatte den Eindruck, dass ich sicher genug bin und keine Hilfe mehr benötige. Manchmal dauerte es nämlich ein paar Tage, bis die Blogfee meine Artikel redigiert hatte. Nun kann ich unmittelbar von meinen Erlebnissen berichten. So manches Mal habe ich im Nachhinein bereits veröffentlichte Blogartikel geändert oder gar gelöscht.

26. 4. 2021

Frau Bartsch ändert die Wahrgebung

Als ich am Freitag zu diesem Strand wollte, fuhr ich wieder durch das beängstigende Szenario der Gewächshauszeltstädte. Angekommen am Strand, sah ich, die Gewächshäuser im Rücken, das türkisfarbene Wasser. Und sehr schöne grüne Berge und rote Klippen. Es geht wieder einmal darum, wo ich meine Aufmerksamkeit hinlenken möchte. Danke, Gunther Schmidt (Entwickler der Hypnosystemik), irgendwie reist du immer mit, auch wenn ich dich manchmal aus den Augen verliere. Darum werde ich heute noch einmal einen Eintrag über vorgestern und gestern schreiben. Beide Einträge entsprechen meiner Wahrnehmung/Wahrgebung.

Total glücklich und aufgekratzt, an diesem wundervollen Ort zu sein, an einem Ort meiner Träume, baue ich meinen nagelneuen Grill auf und grille mir *Chorizo picante*, und da ich richtig hungrig bin, schmeckt es noch mal so gut. Dann sehe ich aus der Ferne ein Paar aus der Schlangenbucht nahen und freue mich sehr: So kurz, wie ich erst hier bin, habe ich schon Kontakte, von denen ich wichtiges Wissen und Unterstützung bekomme. Und Besuch! Ich bin froh, dass sie meine Einladung zum Rosé angenommen haben, und als ich erfahre, dass die Frau gern Grappa mag, freue ich mich, den guten Grappa anbieten zu dürfen. Wir werden immer alberner, und kurz bevor es dunkel wird, verabschieden wir uns fröhlich. Ich werde demnächst auch wieder in die Schlangenbucht reisen.

Zufrieden liege ich am Ende des Tages in meinem Bett und lausche der kräftigen Brandung. In dieser Gemeinschaft der Wohnmobile fühle ich mich sicher und brauche das Auto weder abzuschließen noch zu verdunkeln.

Am nächsten Morgen backe ich mir Brötchen in meinem Omnia-Backofenersatz auf und bin froh, dass es etwas regnet, sodass ich gemütlich drinnen frühstücken kann. Ich chatte ein bisschen mit einem Freund. Der Mann, der mir das Solar aufs Dach bauen wird, klettert auf dem Dach rum, nimmt Maß und rechnet. Hinterher zeigt er mir seinen Kostenvoranschlag. Drei Panels mit insgesamt 480 Watt und einem Wechselrichter für 1000 Watt baut er mir nächste Woche ein. Für 1200 Euro werde ich vermutlich eine hohe Qualität bekommen. Bei dem Wohnmobilhändler in Osnabrück hätte ich für viel weniger Watt 2000 Euro bezahlt. Ich freue mich auf den Luxus, nun bald keine Stellplätze mehr anfahren zu müssen. Denn Trinkwasser bekommt man hier an der Tankstelle, und auch die Toilettenkassette kann man dort leeren.

Als das Wetter aufklart, beginne ich, gut eingecremt, meine Erkundungstour an der Küste entlang. Auch wenn mein Körper nicht so viele Kilometer schaffen wird, bin ich froh, mich überhaupt zu Fuß vom Fleck bewegen zu können. Oft bleibe ich stehen, um die vielen Blüten fotografieren zu können. Ich habe noch nie so viele Fotos von Blumen gemacht wie gestern. Ralf fand das ewige Anhalten auf Wanderungen lästig, und Blumen interessierten ihn nicht. So sind wir immer zügig gewandert. Ich bummle heute so vor mich hin. So was kann man gut machen, wenn man allein ist. Nach ein paar Kilometern lege ich mich an den Strand, ziehe die Schuhe aus und genieße die Ruhe.

Auf dem Rückweg ruft eine Freundin an, mit der ich schon lange nicht mehr gesprochen habe. Mein Sohn meldet sich auch, um mir mitzuteilen, dass die Garage nun leer und bereit zum Abriss sei. Dort wird in meiner Abwesenheit der Stellplatz für mein Wohnmobil gebaut. Hab ich ein Glück. Abends versuche ich ein Bad im Meer, doch die Brandung ist zu stark, zu gefährlich. Ich bin dankbar für eine warme Dusche im Wohnmobil. Den Sand, den ich dort verliere, wische ich mit Klopapier zusammen und entsorge ihn im Mülleimer. Direkt neben meinem Wohnmobil steht ein Müllcontainer, der wöchentlich geleert wird. (Diese Container stehen die ganze Küste entlang.) Die Spanier fahren auch gern an den Strand, und so bleibt er sauber.

Als der Fernseher nicht funktioniert, streame ich einen interessanten Film und bin froh, genug Datenkapazität zu haben und dass ich bald in mein gemütliches Bett kann. Starke Windböen schaukeln mich leicht, und ich fühle mich warm und sicher. Mein Rücken dankt mir die gute Matratze und den Lattenrost, die ich mir gegönnt habe.

27. 4. 2021

Frau Bartsch hat Urlaub

Seit gestern geht es mir durchgehend gut. Am Vormittag habe ich noch mal geweint, als ich Freunden am Telefon davon erzählte, wie ich mir nachts im Bett körperlich spürbar vorstellen kann, wie Ralf sich im Bett von hinten an mich kuschelt und ich meine Füße auf seiner glatten Haut am Schienbein fühle. Ich erfuhr vom nahenden Tod einer ihnen wichtigen und vertrauten Person. Auch andere erleben Krankheit, Sorgen, Tod. Ich kann da jetzt wieder zuhören, bei ihnen sein und mich einfühlen. Das ist für mich ein Zeichen meiner schrittweisen Gesundung. Die Welt dreht sich in meinem Kopf nicht mehr nur um Ralf und damit auch nicht mehr nur um mich.

Seit gestern Morgen bis jetzt habe ich keine Trauer gespürt. Ich spüre Urlaub mit Sonne und Meer. Ich habe nette Menschen um mich, Campingküche, mache *Tinto de verano* selber und nehme am Abend via Zoom an meiner Osnabrücker Pilatesgruppe teil. Der Empfang auf diesem Platz ist hervorragend, besser als auf dem bezahlten Stellplatz an der Schlangenbucht. Zu Beginn der Pilatesstunde schalte ich Bild und

Ton ein, und alle bekommen einen Eindruck von meinem Paradieschen. Danach stelle ich mich stumm und beende die Bildübertragung. Unsere Pilateslehrerin sendet aus ihrem Garten bei strahlendem Sonnenschein, hier beginnt es zu regnen. Ich versuche, die Übungen im engen Wohnmobil mitzumachen, während die Trainerin immer wieder betont: »Stellt euch vor, ihr seid jetzt am Meer, wie Steffi. Ihr hört das Meeresrauschen.« Innerlich muss ich kichern. Wenn die wüssten, unter welchen Bedingungen ich versuche, mitzuturnen.

Kurz vor dem Ende ist der Regen vorbei und ich wieder draußen, sodass ich zum Ende die Kamera noch einmal anschalten und die geneigte Zuschauerin wieder neidvoll auf mein Panorama schauen kann.

Am Abend sitze ich mit einer ebenfalls allein reisenden und gleichaltrigen Frau (ebenfalls von Beruf Coach) in meinem Wohnzimmer, und wir trinken (maßvoll!) mit Blick auf den wunderbaren Vollmond, der sich im Meer spiegelt, selbst gemixten *Tinto de verano*. Nach einem Spaziergang am Meer, wo wir noch mehr Leute treffen, die Blödsinn reden und irgendwie so riechen, als wurde die Feuchtigkeit schon etwas länger in ihrer Kleidung gefangen gehalten, verabschieden wir uns zufrieden und erfüllt von Begegnung, Tiefgang und Albernheit. Im Bett genieße ich den Vollmond und schreibe noch ein paar SMS. Ich bin eingebunden-ungebunden. Ein zutiefst wohltuendes Gefühl.

Heute Morgen ist das Mittelmeer so, wie es zu sein hat: ruhig und einladend. Mein Bett kann nicht mehr dagegen anstinken: Das Meer gewinnt, und ich ziehe meine Bahnen. Zum ersten Mal ist es danach warm genug, um im nassen Badeanzug ein spontanes Schwätzchen mit den Nachbarn zu halten und nicht zu frieren. Es ist 8.00 Uhr morgens.

Dann kommt die Polizei. Sofort verschwinden wir wie die Kakerlaken in unseren Wohnmobilen, denn niemand hat eine

Maske auf. In Spanien ist das Maske-Tragen draußen Pflicht. Doch die Polizisten suchen nach schulpflichtigen Kindern, fragen überall, wie lange die Leute hier schon stehen. Ich finde das gut. Denn hier an den Stränden wohnen Verschwörungstheoretiker, die ihre Kinder der staatlichen Bildung entzogen haben.

Der deutsche Vater von neulich hatte mir mit Ernsthaftigkeit erzählt, dass Mel Gibson Kinder esse und das auch twittere, aber niemand eingreife. Außerdem würde die Impfung alle töten, in etwa zwei Jahren. Das hätten sich die oberen Weltmächte wegen der Überbevölkerung so ausgedacht. Nun denn, jedem seine eigene Wahrgebung. Ich gehöre einer anderen Glaubensgemeinschaft an. Man muss sich ja letzten Endes immer entscheiden, wessen Geschichten man glauben will. Da es mir plausibler erscheint, entscheide ich mich für die Wahrgebung der größeren Zahl der Wissenschaftler in der Welt.

Während ich abwasche, bekomme ich überraschend Besuch von einem Mann aus der Schlangenbucht. Das freut mich sehr. Später kommt eine Frau, die auch hier wohnt und mich fragt, ob ich ihr am Donnerstag ein Öl von Bäcker-Bärbel mitbringen könne. Wir leben hier in einem Dorf. Ich bin nun genau eine Woche hier. Die Netzwerke stehen. Mir gefällt es. Aber ich weiß jetzt schon, dass mich die Oberflächlichkeit, die taufrische neue Beziehungen beinhalten und die Reisende sehr gut beherrschen, irgendwann nerven wird. Dann wird es Zeit, zurückzukehren zu meinen treuen Freunden, und dann beginnt eine neue Zeitrechnung. Am 1. September werde ich eine neue Stelle antreten und die »Augenhöhe-Wegbegleiterausbildung« in Siedelsbrunn beginnen. Dass ich daran jetzt denken und mich darauf freuen kann, ist ein weiteres Indiz für die Heilung, die ich erlebe.

Seit vielen Jahren habe ich freiberuflich mit Lehrkräften und Schulleitungen gearbeitet. Durch Corona und den Lockdown war ich im März 2020 arbeitslos geworden und habe eine Stelle in Minden als Schulsozialarbeiterin angenommen, was nicht meiner Ausbildung entsprach. Eigentlich unterstütze ich Pädagogen, einen guten Weg mit sich und mit Kindern zu finden. Darum habe ich mir eine Stelle gesucht, die besser zu meinen Fähigkeiten passt. Demnächst werde ich also auf halber Stelle in einem sozialwirtschaftlichen Konzern Führungskräfte coachen.

Nachdem ich in den letzten Tagen so viel Fleisch gegessen habe wie der gemeine Schrebergarten-Deutschländer-Brutzler zur WM-Zeit, habe ich mir nun vorgenommen: Je mehr Heilung, desto weniger Fleisch. Vor Ralfs Tod war ich schon fast Vegetarierin geworden (aus Klimaschutzgründen). Nach seinem Tod packte mich eine unbändige Fleisch-ess-Lust, der ich schlichtweg nichts entgegenzusetzen hatte. Nun esse ich noch auf, was ich habe. Und das ist noch einiges! Ich habe noch einige Konserven von Beuchis Bauernhof.

Missgeschicke des gestrigen Tages:
Wenn die Wohnmobile am Meer stehen, leiden sie sehr. Ich habe total verrostete Ketten von Fahrrädern gesehen, die seit November hinten auf dem Gepäckträger standen. Um mein schönes neues Wohnmobil etwas zu schützen, möchte ich den Salzfilm entfernen und fahre zur Tankstelle, wo ich mit dem Hochdruckreiniger einmal unter den Boden und über die Räder gehen will. Der Aufbau darf nicht mit dem Hochdruckreiniger gewaschen werden. Er würde das Sikaflex (Dichtmittel für die Scheiben, das cremig, also flexibel bleibt) rauswaschen. Leider drücke ich den falschen Knopf, und es kommt statt Wasser Schaum. Ebenfalls leider ist der Zuleitungsschlauch undicht, und der Schaum sprüht mich und meine Brille voll. Ich komme mir langsam vor wie bei *Dick & Doof*.
Mir wurde gesagt, dass man an einer Tankstelle in Mazarrón für einen Euro fünf Minuten Trinkwasser zapfen könne.

Leider gibt es kein Gewinde, um meinen Wasserfilter, der das Chlor rausfiltert, dazwischenzuschalten. Also betanke ich ohne Filter. Als ich schon fast vollgetankt habe, entdecke ich an der Zapfsäule das Schild: *no potable*. Seit fast fünf Monaten trainiere ich das Loslassen, und auch hier bietet sich wieder eine fantastische Gelegenheit, meine diesbezüglichen Kompetenzen zu erweitern: Einatmen, ausatmen. Loslassen.

Also werde ich es so machen wie alle hier: Es gibt Dusch- und Abwaschwasser aus dem Tank, und es gibt Trinkwasser aus Plastikkanistern.

Heute kann ich über kein Missgeschick, somit auch über keinerlei Lernerfahrungen berichten. Auch wenn ich den Wert der Bildung nicht hoch genug preisen kann: Ich bin froh, heute nichts gelernt zu haben. Und ich bin froh, heute keine Trauer erlebt zu haben.

30. 4. 2021

Frau Bartsch und ihr Kopf

Vorgestern habe ich eine »Strandparty« organisiert. Es gab Stockbrot für die Kinder und Cocktails für die Erwachsenen: selbst gemachten *Tinto de verano* und Aperol Spritz. Etwa zehn Erwachsene und genauso viele Kinder waren da. Da der Wind ziemlich frisch war, bin ich um 22.00 Uhr völlig durchgefroren mit Wärmflasche ins Bett geschlüpft. Bilde ich mir das ein, oder riecht mein Bettzeug langsam auch schon so muffig wie ein Teil der Camper hier?

Gestern Morgen hatte ich wieder einen Kater. Frau Bartsch leistet hier feierlich den Schwur, auf dieser Reise keine Kater mehr zu produzieren. Manchmal komme ich mir derzeit vor wie ein losgelassener Teenager, der sich das Leben mit einem großen Löffel einverleiben möchte.

Gestern musste ich früh aufstehen, um pünktlich um 10.00 Uhr an der Schlangenbucht zu sein. Vorher musste ich noch abwaschen und alles, was lose stand und lag, verstauen. Bäcker-Bärbel brachte mir mein mobiles Solarpanel. Das hatte ich bestellt, bevor ich von dem Elektriker Mario erfahren hatte. Der wird mir, vermutlich am Wochenende, das Dach mit Solar pflastern.

Bei der Gelegenheit habe ich auch noch einen viertel Pflaumenkuchen mitgenommen und das Olivenöl für meine Nachbarin, die auch Bärbel heißt. Den Nachmittag verbrachte ich kopfwehbedingt unbeweglich am Strand. Ab und zu wurde ich von den Kindern geweckt, die mich fragten, ob ich mit schwimmen gehe, oder mir von einem Sturz auf den Kopf vor dem Waschsalon erzählen mussten. Der Junge, der mir das erzählte, hatte meine volle Empathie.

Heute ist das Meer wieder sehr ruhig, wie ein See. Um 8.00 Uhr bin ich losgeschwommen. Es geht schon wieder ganz gut, obwohl ich so lange nicht geschwommen bin.

Heute muss ich mal waschen. Ich habe holländisches Enzymwaschmittel, in dem man seine Wäsche nur 24 Stunden in einem Eimer einzuweichen braucht. Die Enzyme leisten dann die Arbeit. Beim Aufspannen der Wäscheleine flutscht mir das gespannte Gummiseil gegen den Kopf. Das erinnert mich daran, dass ich länger keinen Beitrag mehr im Blog veröffentlicht habe.

Die Hauptmeldung von meiner Seite ist: Seit fast fünf Tagen habe ich keine Trauer gespürt. Vielleicht kommt sie wieder, vielleicht habe ich den großen Eimer der Tränen weggeweint. Ein Eimer, der bei jedem unterschiedlich groß ist. Von meinem Sohn weiß ich, es werden Spitzen der Trauer wiederkehren. Darauf bin ich gefasst. Aber das Grundgefühl des Lebens ist derzeit wieder so wie vor Ralfs Tod.

Mein Sohn Béla hat vor einigen Jahren seinen besten

Freund durch einen typischen Scheiß-Lkw-Rechtsabbieger-Unfall verloren und somit trotz seiner Jugend schon Erfahrung mit Trauer und Wellen des Vermissens gemacht.

4.5.2021

Frau Bartsch verliert ihre Angst vor Hunden und befreit sich von Unrat

Weil das Wetter gut ist, kommen viele Spanier mit ihrem Wohnmobil über das Wochenende an den Strand. Seltsam, es ist ihr Land, und dennoch erscheinen sie hier für einen Augenblick fremd. Dazu kommen ab 7.00 Uhr wieder die Angler, die den Strand besetzt haben. Ich traue mich nicht, schwimmen zu gehen, sehe vor meinem inneren Auge die Angelhaken in meiner Haut stecken. Die Männer werfen die Angel ziemlich weit aus. Es dünkt mich, dass sie auch nicht direkt »Hurra« schreien würden über mich schwimmenden Fischschreck.

Überall wird Musik gespielt. Irgendwie bin ich ein bisschen froh, als am Sonntagabend die Wochenendgäste wieder abfahren und es ruhiger wird.

Als Camper weißt du: Alles dreht sich um drei Dinge: »Wasser, Gas und Strom«. Da ich nicht mehr genügend Strom habe (denn das Solardach lässt auf sich warten), lädt mich der Nachbar zum Fernsehen ein – *Catch Me If You Can*. Es ist der erste Film seit Monaten, dem ich wirklich konzentriert folgen will und auch kann. Geht es bergauf?

Gestern habe ich wieder meine Bahn gezogen. Schwimmen ist ein Elixier für mich: einmal zum Felsen und zurück. Das ist Glück – mit einer Einschränkung: Die ganze Zeit habe ich Angst, dass mich eine Feuerqualle erwischt. Schwimmbäder sind fader, haben dafür aber deutlich weniger Risiko.

Der Untergrund ist interessant, eine eigene Landschaft. An meiner Einstiegsstelle finden sich runder Kies und Sand. Schwimme ich weiter, kommen kantige Felsbrocken. Dort gibt es auch jede Menge Seeigel und Fischchen. Weiter hinten bildet nur feinster Sand in seinem typischen Muster den Boden. So habe ich beim Schwimmen meine wechselnde Unterwasserlandschaft und Wegmarkierungen. Insgesamt schätze ich die Strecke, die ich hin und zurück schwimme, auf 500 Meter. Danach koche ich mir einen Tee, setze mich im Bademantel vor die Tür und genieße die Ruhe und den Blick auf das Meer. Das Meer gibt mir Frieden und Ruhe.

Harter Schnitt.

Ich muss entsorgen. Das bedeutet konkret: Meine Toilettenkassette und mein Abwassertank müssen geleert werden. Zu Hause drückt man die Spülung und geht. Campen verdeutlicht das Maß der Verschmutzung, die wir Menschen tagtäglich verursachen. Ich fahre zur Tankstelle in Cañada de Gallego und ziehe in einer abgelegenen Ecke einen Metalldeckel vom Gully. Es geht etwa fünf Meter in die Tiefe. Eine Scheißtiefe, im wahrsten Sinne des Wortes. Dahinein entleere ich die Kassette. Und schon kommt wieder der große Hund angerannt, vor dem ich neulich bereits panisch geflohen bin. Da ich mich mit dem Nachbarn, der mich begleitet, irgendwie mutiger fühle und mir auch nicht die Blöße geben möchte, zu fliehen (und überhaupt: Was passiert dann mit der Kassette?), bleibe ich cool. Freundlich spreche ich den Hund an. Ein Schwanzwedeln, und wir werden schnell Freunde. Ein Glück! Unfassbar. Ein Leben lang hatte ich Angst vor Hunden. Jetzt streichle ich hier in Spanien ziemlich viele Hunde!

Anschließend stelle ich das Wohnmobil so, dass ich mit dem Abwasserrohr exakt über dem Loch stehe, und öffne den Hahn. Ich bin ein bisschen stolz auf mich, dass ich so genau rangieren und zielen kann. Beim letzten Mal hat das noch nicht so gut geklappt, und die Suppe lief zum Teil daneben. Peinlich. Fühle mich wie eine Truckerlady mit schwerem Gefährt und hab, so denke ich, alles unter Kontrolle.

Die nächste Station ist eine weitere Tankstelle auf dem Weg nach Puerto de Mazarrón. Endlich habe ich die richtige Tankstelle für Frischwasser gefunden, bei der ich auch meinen Gartenschlauch und den Wasserfilter anschließen kann. Schon drei verschiedene Leute haben versucht, mir den Ort zu beschreiben. Endlich wieder leckeres Trinkwasser in meinem Tank!

Später stellt sich heraus, dass mein Filter doch nicht den Chlorgeschmack aus dem Wasser filtert. Warum habe ich denn auf dem Stellplatz (der Puff, wisst Ihr noch?) keinen Chlorgeschmack im Wasser gehabt? Gibt es hier verschiedene Wasserleitungen? Oder hat der Stellplatz am Ende einen riesengroßen Filter für sein Wasser? Das muss ich mal erkunden. Wo kommt das Wasser her, bei dem *agua no potable* steht?

Mit dieser Erfahrung, dass der Filter nicht hält, was er verspricht, habe ich mich nun endgültig in das hiesige System ergeben, Trinkwasser in Plastikkanistern zu kaufen. Die Investition von 250 Euro in den Wasserfilter war überflüssig. Der Nachbar, der vorher neben mir stand, würde mir eine Osmose-Umkehr-Filteranlage für 400 Euro einbauen. Er ist zwar jetzt in Portugal, aber da will ich ja auch bald hin. Dann hätte ich angeblich immer einwandfreies Wasser. Ich habe aber keine Ahnung, ob dieses Osmose-Umkehr-Gedöns nicht nur eine Spinnerei ist und im Grunde auch wieder nichts taugt.

Dann geht die Fahrt weiter nach Puerto de Mazarrón. Ein offenes Garagentor und ein Mann bilden die Verkaufsstelle für die Gasflaschen, die ich von nun an überall an den Repsol-Tankstellen tauschen kann. To-do-Liste für heute erledigt.

Nachmittags gehe ich mit dem Nachbarn zur Schlangenbucht. Ich komme an der »Ziegenwiese« vorbei. Das sind hier feste Begriffe. Nur für meinen Stellplatz, meinen Strand, gibt es keine Bezeichnung. In der Schlangenbucht gibt es nicht außerordentlich viele Schlangen, und auf der Ziegenwiese gibt es keine Ziegen. Es sind die deutschen Ortsbezeichnungen für die Ansammlungen von Wohnmobilen. Man besucht sich untereinander. Hier laufen seit einigen Tagen zwei Welpen herum. Ein Schäferhund und ein weißer, der aussieht wie ein Schäferhund, nur in Weiß. Sie haben Hunger. Für einen Augenblick trage ich mich ernsthaft mit dem Gedanken, einen Hund mitzunehmen. Aber die beiden sind echte Kumpel, man kann sie nicht trennen, und was soll ich mit zwei Hunden in meinem Wohnmobil?

Was soll ich mit *einem* Hund im Wohnmobil? Ich kenne mich auch nicht mit Hunden aus. Auf unserem Platz gibt es schon etwa zwanzig Tiere in Groß und Klein. Meist groß. Bei zwanzig Erwachsenen kein schlechter Schnitt. Es ist nett mit den Leuten in der Schlangenbucht, und ich lasse mutwillig meinen Online-Pilateskurs sausen. Mit der Zeit wird mir hier jeder kleine Termin zu viel. Loslassen geht irgendwie nur »ganz«.

Vor etwas mehr als einem Monat sind geflüchtete Menschen in der Schlangenbucht angelandet, erfahre ich. Es wurden dort auch Tote gefunden. Mir wird bewusst, dass das Thema »Flucht« hier zurzeit eine größere Realität hat als Corona. Und wie verhält sich meine Reise, meine »Flucht«, dazu?

Mit meinem Nachbarn überlege ich, was wir tun würden, wenn ein Mensch um Asyl in unserem Wohnmobil bäte. Auf einmal ist das politische Thema ein privates. Auf einmal muss man Farbe bekennen. Auf einmal zeigt sich dann, wie ernst es einem ist mit »Willkommen« und so. Man nimmt lieber einen gestrandeten Hund als einen gestrandeten Menschen auf. Ich schäme mich für meinen Luxus. Dabei stellt sich die Frage ja gar nicht in der Praxis. Ich stelle sie nur in der Theorie. Aber der Gedanke, was die Menschen in einigen Kilometern Entfernung erleiden müssen, beschämt mich.

Okay, denke ich, sei nicht so hart zu dir selbst. Lass los. Es sind nur Gedanken. Lass sie ziehen, lass los. Ich atme ein, ich atme aus.

Sizilien im April 2022

Spoiler: Um die Ehre der Wasserfilter zu retten: Es lag natürlich an mir, dass der Filter nicht funktionierte. Ich hatte ihn einmal richtig herum angeschlossen und einmal falsch herum. Also hatte ich einmal gut schmeckendes Wasser und einmal chlorhaltiges. Das stellte sich aber erst später auf meiner Reise heraus, als sich Michael, mein »reisender Wohnmobilberater«, des Themas einmal genauer annahm. Seitdem filtert der Filter wunderbar das Chlor aus dem Wasser, und ich kann das Wasser aus meinem Wohnmobil trinken.

6.5.2021

Frau Bartsch schläft heute Nacht allein

Nachdem ich an mehreren Morgen bei der ersten Dämmerung von meinen lästigen Mitbewohnern geweckt wurde, habe ich heute mal dafür gesorgt, dass ich allein schlafe. Die anderen Camper ziehen ihre Fliegengittertür hinter sich zu, wenn sie rein- oder rausgehen, aber mir ist das zu lästig. Ich freue mich, dass ich nun mit einem quaderförmigen Moskitonetz die Fliegen von mir fernhalte.

Das Dach ist mittlerweile mit Solarpanels gedeckt, die mir schon bei einer halben Stunde Sonnenschein die Batterien komplett aufladen.

Mario hat sehr sauber gearbeitet und mit viel Liebe zur Ästhetik den Wechselrichter und den ganzen anderen Kram versteckt. Jetzt kann ich all meine Geräte laden, die einen normalen Stecker haben: Laptop, Staubsauger, elektrische Zahnbürste, Haarschneidemaschine, Epiliergerät und Womanizer (braucht jede Frau – unbezahlte Werbung). Frau Bartsch hat 'ne Menge Gerätschaften. Jetzt auch funktionstüchtig.

Hier hat sich herumgesprochen, dass ich Haare schneide. Das werde ich jetzt nicht mehr los. Morgen werde ich mal losziehen und eine gute Haarschneideschere kaufen. Außerdem möchte ich mir ein SUP-Board kaufen (Stand-up-Paddling). Das will ich schon seit einem Jahr, und hier bietet es sich an. Das ist für meinen inneren Muskelapparat genau das richtige Training. Erst recht, wenn ich den Pilateskurs schwänze.

Heute Morgen bin ich, da das Meer ruhig war wie ein See, viel, viel weiter geschwommen als bisher. Ich habe einen extrem bunten großen Fisch gesehen. Zunächst dachte ich, dass da eine bunte Plastiktüte schwimmt. Er hatte die Farben eines blauen Aras. Wunderschön und überraschend. Bislang waren die Fische eher kleiner und nicht spektakulär.

Als ich wieder am Strand bin, freuen sich die Kinder über meine Erzählungen vom Fisch, und ich freue mich über die sehr interessierte Zuhörerschaft. Die Erwachsenen berichten von ihrer Sorge um mich, weil sie mich irgendwann nicht mehr sehen konnten und das Fernglas holen mussten, um mich zu orten. Das war ein schönes Gefühl, dass die Menschen sich kümmern und aufmerksam sind. Es ist das Gefühl, wahrgenommen zu werden. Allerdings nicht, was die Fliegen angeht. Da bin ich wählerisch.

7. 5. 2021

Frau Bartsch gibt Geld aus

Heute reise ich mit meinem Nachbarn nach Águilas, um ein Stand-up-Paddling-Board zu kaufen. Von der Berufsgenossenschaft bekomme ich eine Witwenrente und habe gerade eine Nachzahlung erhalten. Jetzt gönne ich mir davon das SUP-Board.

In den letzten Tagen geht es mir so saugut, dass ich fast ein schlechtes Gewissen bekomme. Ich habe jetzt so oft von dem »Trauerjahr« gehört, dass sich das festgesetzt hat. Aber was, wenn ich jetzt schon nicht mehr trauere? Habe ich Ralf nicht genug geliebt?

Solche Gedanken habe ich und schäme mich vor mir und der Welt. Ich ahne, dass es mir zurzeit vermutlich besser geht als den meisten von Euch. Ein seltsames Dilemma. Hält die Gesellschaft das aus, wenn die Witwe glücklich ist? In zwei

Tagen ist es fünf Monate her. Meine Tochter macht mir Mut: »Ja, es kann doch tatsächlich sein, dass es nun schon vorbei ist mit dem Trauerjahr.«

Ich wäre so froh und habe gleichzeitig Angst vor den Bewertungen von außen. Als hätte ich folgendes Drehbuch zugewiesen bekommen: Wir sind mit dir in Liebe und Zuneigung verbunden und gönnen dir die Reise und alles, weil du in Trauer bist. Wenn du das nicht mehr bist, ist das zu früh, und wir werden dich ächten und ausstoßen.

Es ist, wie es ist. Ich atme ein.

Ich atme aus.

Das sind alles nur Gedanken.

Ich lasse los.

Bei der Fahrt nach Águilas überschreiten wir heute mindestens vier Mal die Landesgrenze zwischen Murcia und Andalusien. Das ist derzeit eigentlich verboten und wird an den Kreiseln hin und wieder von der Guardia Civil kontrolliert und ist mit hoher Geldstrafe belegt. Die ausländischen Wohnmobile sind hier jedoch willkommen, und die werden nicht aufgehalten. Viele der Spanier sind wütend darüber. Nachvollziehbar. Doch die wenigen Touristen bringen wenigstens etwas Geld in die Kassen. Eigentlich bleibt ja auch jeder in seinem Wohnmobil, und daher droht wenig Gefahr. Eigentlich …

Uneigentlich besucht man sich ja doch auf den Stellplätzen, um sich die Einrichtung der anderen anzusehen, zu fachsimpeln, Tipps zu geben, zu erfragen und anzugeben. Und um die kaputte Technik zu reparieren. Bei irgendjemandem ist immer etwas kaputt. Nicht nur bei den alten Wohnmobilen. In Wirklichkeit und der realen Umsetzung ist das kein pandemiekonformes Reisen, das muss ich zugeben. Hoffentlich kommen wir dennoch alle gesund durch die Zeit.

10.5.2021

Frau Bartsch reist wieder

Heute geht es weiter. Ich reise mit meinem Nachbarn und seinen Nachbarn. Unser Ziel ist eine halbe Autostunde entfernt. Zwei weitere Familien denken darüber nach, zumindest für kurze Zeit, auch in die Carolinenbucht zu kommen. Mein Gedanke: Das »Dorf« fährt gemeinsam in den Urlaub.

Bevor alle wegfahren, müssen wir noch das kaputte Wohnmobil einer jungen Familie aus seinem angestammten Platz herausschieben, um es für den Abschlepper, der Mittwoch kommt, in Position zu bringen. Dafür sind wir um halb zehn verabredet. Als wir kommen, liegt die Familie noch gesammelt im Bett und schaut aus dem Fenster. Das erinnert mich an Umzüge in früheren Zeiten. Man wurde zu 9.00 Uhr einbestellt, und wenn man dann kam, um mit anzupacken, war nicht eine Kiste gepackt. Kisten waren auch nur drei da, und überhaupt: Zunächst musste erst mal in Ruhe ein Kaffee gekocht werden. Da ich keine Eile habe, finde ich den gechillten Zustand der Familie im Bett einfach nur süß. Sie laufen keine Gefahr, an einem Burn-out zu erkranken.

Erstaunlicherweise steht das Wohnmobil dennoch um halb elf an seiner Abholstelle. Trotz des unwegsamen Geländes, regennassem Boden und 3,5 Tonnen (vermutlich mehr) haben alle zusammen das Ding geschoben und gezogen bekommen.

Weiterreisen bedeutet, seinen »Hausstand« zusammenzuräumen. Seit ich hier bin, hat sich meine Ausstattung vermehrt. Eine weitere Gasflasche, ein mobiles Solarpanel und ein Stand-up-Paddleboard suchen einen Platz im Kofferraum.

Als wir in der Playa Carolina ankommen, ist es Nachmittag. Ein wunderschöner paradiesischer Ort, aber ich fühle mich gar nicht so wohl: Ein geschotterter Parkplatz ist unser Stellplatz. Wir campen auch hier wild, was in Spanien generell verboten ist. (Nur im »Dorf« wird das toleriert.) Daher darf man keine Markise rausfahren, keinen Teppich vor das Fahrzeug legen und keinen Tisch rausstellen. Ich stelle dennoch Tisch und Stuhl raus. Anders ist es nicht gemütlich. Finde ich.

Die Orte, an denen man wild campend zeitweise geduldet wird, sprechen sich unter den Reisenden herum. Auch wenn ein Platz durch die Polizei geräumt wurde. Kurz danach rücken neue Camper nach und haben nun freie Stellplatzwahl. Einer sagte mal zu mir: »Die Polizei geht so freundlich mit uns um. Auch wenn sie einen Platz räumen lässt. Ich habe eher den Eindruck, dass die Guardia Civil uns beschützt.«

Zur Carolinenbucht heißt es, dass die Polizei vor dem Wochenende käme und die Camper auffordere, wieder abzufahren. Von Montag bis Freitag könne man hier unbehelligt stehen. Außer uns stehen hier acht weitere Wohnmobile. Die Leute grüßen kaum, und jeder ist für sich. Meine Nachbarn aus der vorigen Bucht stehen auch hier. Das sind die, die nach Portugal gereist sind und von denen ich eventuell die Osmose-Umkehr-Wasseranlage installieren lassen wollte. Sie waren recht schnell wieder zurück. Die Kinder konnten dort nicht so gut baden gehen.

Wir wollen die Gegend erwandern. Mein Nachbar war hier schon oft, will mir alles zeigen: vor allem die benachbarte Palmenbucht, wo bis vor einer Woche die »Hippies« campten, die jetzt aber gesperrt ist. Als wir gerade loswollen, kommt ein Radfahrer auf mich zu, begrüßt mich mit »Hallo, Frau Bartsch!« und strahlt mich an.

Ich muss ziemlich doof aus der Wäsche geschaut haben. Nach einigen Sekunden beginne ich zu begreifen, dass er meinen Blog liest und mich daher kennt. Das ist ja ein Zufall!

In Wirklichkeit sind derzeit aber die wenigen deutschen Reisenden in Spanien auf wenige Orte verteilt und über die sozialen Medien gut vernetzt. Die Welt ist noch kleiner geworden. Das ist manchmal wunderbar, manchmal etwas eng für mich.

11. 5. 2021

Frau Bartsch trägt keine Ringe mehr

Mein Nachbar kommt an mein Bett, in dem ich sitze und den Blogartikel über den gestrigen Tag schreibe. Er will mich zu einem morgendlichen Strandspaziergang abholen. Ich möchte jedoch lieber noch ein bisschen schreiben. Wir fangen trotzdem ein langes Gespräch an. Mein Nachbar möchte wissen, was ich am meisten an Ralf vermisse. Prompt antworte ich: »Die Gespräche!« Ich weine. So sehr pikst mich gerade der Schmerz, das alles nicht mit ihm durchsprechen zu können. Was haben wir geredet! Das werde ich in der Art und Weise, wie wir uns bereichern konnten, nie wieder haben. Das fehlt mir unendlich. Mir fällt auf, dass ich nun komplett akzeptiert habe, dass Ralf nicht zurückkommen wird. Alle Teile meines Körpers und meines Geistes haben aufgegeben, auf eine Änderung des Schicksals zu hoffen.

Seit einigen Tagen habe ich unsere beiden Eheringe abgelegt. Es war intuitiv. Auf einmal haben sie mich am Finger gestört. Schon vor einigen Wochen hatte ich sie einmal abgenommen und ein paar Tage später dann wieder getragen. Es ist für mich nicht erklärbar, warum ich solche Eingebungen habe, aber ich folge ihnen, ohne es verstehen zu müssen.

12. 5. 2021

Frau Bartsch muss weg

Die Polizei kommt am frühen Dienstagabend. Sie entschuldigt sich vielmals, aber wir müssten den Parkplatz bitte verlassen. Wir stehen auf einem Platz, auf dem nur Fahrzeuge bis 5,2 Meter stehen dürfen, und unsere Plastikbomber sind sieben Meter lang. Eine Spanierin diskutiert eine Viertelstunde. Wir deutschen Touristen sind einfach nur froh, keine Buße bezahlen zu müssen, und packen schnell alles zusammen. Einer der Polizisten gibt einigen von uns den Tipp, auf den unteren Parkplatz zu fahren. Dort befinde man sich in Andalusien, und außerdem sei dort das Parken von großen Fahrzeugen erlaubt. Zwischen den beiden Parkplätzen verläuft die Landesgrenze zwischen Murcia und Andalusien. Zur Erinnerung: In Spanien ist der Übertritt der Landesgrenzen coronabedingt derzeit verboten.

Nach kurzer Diskussion entscheiden wir uns, weiterzuziehen. Wir finden einen Platz in der Nähe. Mitten im Nirgendwo auf einer sehr großen Brachfläche. Das erste Mal stehe ich ohne Meerblick. Wir stellen unsere drei Wohnmobile im Halbkreis auf, und es fühlt sich ein bisschen dorfmäßig an. Es tut gut, nicht allein zu sein.

Einer in unserer Gruppe ist Moslem. Es ist Ramadan, und in etwa einer Stunde geht die Sonne unter. Dann darf endlich gegessen und getrunken werden. Wir verschwinden alle in unseren Fahrzeugen und bereiten Unmengen von Leckereien zu, über die wir uns nach Sonnenuntergang hermachen. Völlig überfressen suchen wir den Himmel nach dem Sichelmond ab. Wenn der Mond nach Neumond wieder zu sehen ist, endet der Ramadan. Leider finden wir ihn nicht, und das Fasten geht für unseren Freund noch einen Tag weiter.

Jeden Abend, wenn ich ins Bett sinke, feiere ich meine

Weitsicht, ein Moskitonetz mit auf die Reise genommen zu haben. Die Fliegen nerven tagsüber schon genug.

Sizilien im April 2022

Wir blieben zwei Nächte dort stehen, und dann fuhr ich allein zurück an den Strand von Cañada de Gallego, den ich »das Dorf« nenne. Es gab Streit mit dem Nachbarn wegen zwei Euro, die ich einer Frau gab, weil sie mich um Geld bat, als wir auf einer Terrasse Eis aßen.

Ich habe es mir vor einiger Zeit aufgrund eines Artikels in einer Wohnungslosenzeitschrift zur Regel gemacht, jedem Menschen etwas zu geben, der mich darum bittet. In der Zeitung las ich die Überlegungen einer Frau bezüglich der Glaubenssätze, die wir über bettelnde Menschen hegen, und der Frage, ob sie wirklich stimmten. Glaubenssätze wie: »Sie sollen lieber arbeiten gehen«, »Sie kaufen nur Alkohol«, »Man kann nicht jedem etwas geben«. Sie schrieb, dass das Leben in Armut hart sei und Alkohol das Leben erträglicher mache; dass wir alle Alkohol nutzen, um das Leben manchmal besser aushalten zu können; dass jeder Mensch selbst entscheiden solle, was er mit dem Geld macht; dass Betteln harte Arbeit sei. Es sei erniedrigend und häufig kalt. Lieber würden Menschen anderer Arbeit nachgehen, als zu betteln – wenn sie psychisch dazu in der Lage wären. Manche könnten das nicht. Es ginge nicht um Freiwilligkeit.

Dann hat die Frau bei sich selbst getestet, ob sie jedem etwas geben könne, ohne arm zu werden, und auch der Glaubenssatz »Du kannst nicht jedem etwas geben« traf nicht zu.

Seit diesem Artikel habe ich mich entschieden, jedem etwas zu geben. Das hat auch mit meiner Vergangenheit zu tun. Ich selbst habe als Schülerin einige Zeit wohnungslos gelebt und jeden Mittag vor der Osnabrücker Mensa die Studenten um Geld gebeten, um mir ein Mittagessen kaufen zu können. In Spanien ist die Armut groß. Wir Reisenden sind in meinen Augen moralisch noch mehr als zu Hause verpflichtet, den Menschen etwas zu geben.

Der Nachbar regte sich auf, dass sie stinke und lieber putzen gehen solle. Sie solle mit ihrer Bettelei auch nicht unser Eisessen stören. Wenn ich ihr etwas gäbe, würde sie nie lernen, die Leute nicht am Tisch anzusprechen. Er aber lebt auch nicht von seiner Arbeit. Er lebt von einer Frührente wegen einer beruflichen Traumatisierung. Aufgrund der Solidargemeinschaft in Deutschland ist so etwas möglich. Zu Recht. Ich argumentierte, dass wir auch eine Solidarität andersgearteten Traumatisierten gegenüber zu zeigen haben. Doch unsere Meinungen gingen in der Hitze des Gefechts so weit auseinander, dass wir keine gemeinsame Zeit mehr verbringen wollten. Der Urlaub war vorbei.

15. 5. 2021

Frau Bartsch übt das Loslassen

Heute beginnt der Tag mit Sorge: Gestern Abend schon blinkte das Licht vom Kühlschrank verdächtig, aber ich war zu müde, um mich zu kümmern. Als ich nun das Wasser für meinen Tee kochen will, funktioniert die Flamme nicht. Irgendwas ist also mit dem Gas los (der Kühlschrank läuft auch über Gas). Die Flasche kann doch nicht schon leer sein? Außerdem habe ich ja noch eine zweite volle, und normalerweise müsste der Nehmer automatisch umspringen und sich dann an der bedienen. Zum Glück hat Mario drei kleine Kinder und ist darum um 8.00 Uhr schon wach und putzmunter. Gerade ist er dabei, seinen Dreijährigen aus dem Auto zu holen, wo er sich eingesperrt hat und die Hupe ausprobiert.

Relativ schnell findet Mario das Problem: Die spanische volle Flasche war nicht richtig aufgedreht, und somit hat sich die Automatik weiterhin an meiner deutschen Flasche bedient. Die deutschen Flaschen haben einen anderen Anschluss, und man kann sie im Ausland nicht tauschen. Jedes Land hat sein eigenes Gasflaschensystem. Europa hin oder her. Die deutsche Flasche ist jetzt leer. Nicht gut. Ich habe dann jetzt in Spanien nur eine Flasche. Ich übe mich im Einatmen, Ausatmen ... Loslassen. Es funktioniert: »Ist doch nicht so schlimm, solange ich nicht heizen muss. Dann habe ich halt mal für einen kurzen Zeitraum kein Gas, wenn die spanische Flasche leer ist. Außerdem lässt sich, dank meines Messgerätes, der Füllstand der spanischen Flasche überprüfen. So kann ich schon kurz vor dem Ende losfahren und sie vorher auswechseln.«

In den letzten Tagen habe ich das Ein- und Ausatmen und damit das Loslassen meiner Gedanken wieder verstärkt üben dürfen. Mir sind die Nachbarn, mit denen ich unterwegs war, mittlerweile ans Herz gewachsen. Jetzt sind sie mir abhandengekommen – in alle Himmelsrichtungen. Das löst bei mir Trauer aus. Wieder einmal loslassen. Ich bin müde davon. Die anderen sind Profis darin, machen das seit Monaten: anfreunden, loslassen ... Ich habe keine rechte Lust, mich schon wieder auf neue Leute einzulassen. Ganz schön anstrengend! Im Gespräch mit Nicole, einer anderen »Reisefreundin«, die auch schon weitergezogen ist, bekomme ich die Rückmeldung, ich ließe mich sehr intensiv ein auf die Menschen. Das sei eine Qualität, würde aber eben auch Trauer nach sich ziehen.

Ich weiß gar nicht, wie das geht, sich nicht intensiv auf Menschen einzulassen, und werde das jetzt mal etwas beobachten, ob das willentlich steuerbar ist; und ob ich dabei auch noch Freude am Gespräch empfinde. Eine junge Frau, die seit zwei Jahren hier im »Dorf«, also am »Hippiestrand«, wohnt, erzählt mir, dass gerade ältere Kinder und Jugendliche, die dauerhaft mit ihren Eltern reisen, mit diesem Umstand große Probleme hätten. Sie selbst ist mit ihrer Familie hier sesshaft geworden, weil es der beste Fleck zum Leben sei, wie sie sagt.

Allerdings fühle sie sich etwas gefangen im Paradies. Sie würde gern auch wieder reisen, die Neugierde stillen. Abenteuer erleben.

Doch das große Wohnmobil steht nun schon zu lange am Meer. Man vermutet, dass es nicht mehr fahrtüchtig ist. Der große Sohn geht hier in den Kindergarten. Ehe man sich's versehen hat, ist man mit einem mobilen Heim sesshaft geworden. Sie bekommen regelmäßig vom Trinkwassertankwagen ihre 3×1000-Liter-Zisternen gefüllt. Die Müllabfuhr kommt donnerstags und leert die Container, die entlang der gesamten Küste im 100-Meter-Abstand stehen. Infrastruktur für Aussteiger am Strand.

Während ich das schreibe, sitze ich im Badeanzug schwitzend in der Sonne und trinke meinen Tee, den ich, dank Mario, kochen konnte. Gleich gehe ich schwimmen.

17. 5. 2021

Frau Bartsch hat Sturm und trifft auf zwei Powerfrauen

Um halb sieben werde ich wach, weil ich mich an meinem Bett festhalte. Es droht davonzufliegen. Das Mittelmeer liegt ruhig da. Der Sand peitscht über den Strand. Seltsam. Da Sturm in meiner früheren Welt Kälte bedeutet hat, ziehe ich ein warmes Kleid an. Als ich vor die Tür trete, hat gleichzeitig jemand die Tür eines Backofens aufgezogen: viel zu warm, mein Kleid! So stelle ich mir einen Sandsturm in der Sahara vor. Der Wind weht vom Landesinneren her. Nach zwei Stunden ist es wieder vorbei.

In aller Ruhe packe ich meinen Hausstand, verabschiede mich für zwei Wochen von meinem »Dorf«, meiner »Homebase«, und starte meinen nächsten Urlaub vom Dorf mit einer langen To-do-Liste: Dringend muss ich mir eine SIM-Karte für meinen mobilen Router kaufen. Ich habe 10 GB pro Monat auf meiner Router-SIM-Card. Für jedes weitere Gigabyte zahle ich zehn Euro! Das meiste verbrauche ich durch Videotelefonate. Aber heute Morgen streame ich einen Arte-Film über die Geschichte Spaniens, und das verbraucht Unmengen an Datenvolumen. Ehe ich mich's versehe, ist alles verbraucht und der Monat noch so lang.

Ich finde einen Anbieter, bei dem 35 GB 20 Euro kosten. Danach kann ich die Karte im Tabakladen und an Tankstellen wieder mit 15 Euro aufladen. Diese Info langweilt Euch in Deutschland, ist aber von großem Interesse für Reisende in Spanien. Der Mann im Telefonshop in Mazarrón ist so freundlich und baut mir die Karte in meinen Router und meldet sie an. Wir verständigen uns über Google-Translate: Er spricht auf Spanisch, und meine App übersetzt es auf Deutsch. Und andersherum. Das funktioniert fantastisch, und nun weiß ich, dass ich beim Kauf von neuem Datenvolumen im Tabakladen die Telefonnummer angeben muss. Kompliziert. Ich bin mal wieder stolz, diese Aufgabe gelöst zu haben. Als ich zum zweiten Mal am geöffneten Schuhladen vorbeikomme, kann ich nicht widerstehen und unterstütze die hiesige Wirtschaft, indem ich zwei Paar Slippers kaufe. Weiße und schwarze. Das erste Mal, dass ich hier unterwegs »shoppe«.

Als ich den Laden wieder verlasse, befinden sich etwa zwanzig Frauen in einem 25 Quadratmeter großen Verkaufsraum. Sehr ungewohnt und unangenehm. Ob sie eine gut gefilterte Lüftung haben? Die Tür steht offen, die Aircondition läuft auf Hochtouren. Der frische Wind tut gut. Hoffentlich.

Für meine leere deutsche Gasflasche habe ich eine Lösung gefunden: Bei einer Tankstelle in Águilas füllen sie die Flaschen verbotenerweise mit LPG. 20 Liter. Zum Glück wird das genau gemessen, denn wenn sich bei der Hitze das Gas ausweitet, möchte ich nicht in der Nähe sein. In einem Sportgeschäft kaufe ich mir eine Schwimmboje. Jetzt, wo ich so viel schwimme, möchte ich mich vor den Jetskis absichern. So können sie mich sehen, und ich kann Schlüssel und Handy in der Boje mitnehmen. Es ist ja nur in meinem »Dorf« so, dass ich Tür und Tor offen lassen kann. Woanders schließt man sein Wohnmobil besser ab. Obwohl ich, nach den ganzen Storys, eher überlege, den Wagen offen zu lassen, damit man nicht mein Fenster zerstört, wenn man mich berauben will.

Ich bin verabredet mit Sybille. Sie schreibt derzeit an ihrem zweiten Roman und lebt seit drei Jahren im Wohnmobil. Unser Kontakt ist über eine Leserin meines Blogs entstanden, die mich an Sybille empfohlen hat. Seit einiger Zeit versuchen wir, uns auf einen Kaffee zu verabreden. Jetzt fahre ich zu ihr auf den Stellplatz »Pilar de Jaravía« bei Pulpi. Die Platzbesitzerin Beata wird abends Paella mit Kaninchen für ihre

Familie, Sybille und mich machen. Wir zahlen zehn Euro und bekommen drei Gänge und Wein.

Allein für das göttliche Essen muss ich schon hierher zurückkehren. So etwas gibt es sonst bestimmt nirgends: Allein ihr Tomatensalat ist zum Reinknien. Sie verrät später das Geheimnis: etwas Erdbeersaft. Die selbst gemachte Aioli ist aus selbst gemachtem Olivenöl. Dieses wiederum besteht aus selbst gepflückten Oliven. Nicht geschüttelt. Das scheint wichtig zu sein. Man sagt es mir zweimal mit Nachdruck. Sybille hat damals im Oktober mitgeholfen.

Beata ist Polin, spricht perfekt Deutsch und kocht perfekt spanisch. Sie ist auch Witwe und alleinerziehende Mutter einer achtjährigen Tochter. Die Schulen sind alle geöffnet, und das bekomme beiden Beteiligten sehr gut, wie sie sagt. Sybille stammt aus der Nähe von Scharbeutz, und mit ihrem norddeutschen Akzent hat sie gleich mein Herz erobert. Wie sich herausstellt, ist sie pensionierte Förderschullehrerin. Doch weise umschiffen wir unsere berufliche Verbindung mit viel Interesse für andere Themen. Zum Beispiel: die Natur.

Sybille zeigt mir alles in der Gegend. Zunächst habe ich die Landschaft als langweilig und nichtssagend empfunden. Wer campt hier freiwillig, wenn es zur Küste nur sechs Kilometer sind? Aber bei einem Spaziergang entpuppen sich die wahre Pracht und Schönheit. In Sichtweite gibt es eine Bergkristallhöhle, die größte, die man besichtigen kann. Außerdem zeigt mir Sybille wilde Kapern, Lavendel, Rosmarin, Thymian und – Bergkristalle. Frau Bartsch kriegt die Sammelwut. Und wieder eine neue Erkenntnis: Schau genauer hin, bevor du dir ein Urteil erlaubst. Die wahre Schönheit entsteht erst mit der Nahaufnahme. So ist es mit den Orten hier, und so ist es mit den Menschen. Nimm dir die Zeit, einzutauchen.

18.5.2021

Frau Bartsch wird schwergewichtig

Um halb neun bin ich die Erste an der Bergkristallhöhle. Leider gibt es heute keinen Platz mehr für eine Führung. Ich kaufe mir ein Ticket für den 27. Mai. Dann komme ich zurück und kann Sybille wiedersehen und bei Beata essen. Es passt terminlich gut, weil meine Tochter am 29. Mai in Alicante landet und ich sie abhole. Alicante ist nicht allzu weit von Jaravía de Pulpí.

Ich habe einen großen Sack mit Bergkristallen gesammelt und glaube, dass ich jetzt mein 3,5-Tonnen-Limit in meinem »Mini-Cooper«, wie eine Bekannte jüngst mein Wohnmobil nannte, erreicht habe.

19.5.2021

Frau Bartsch zieht es wieder ans Meer

Die Sonne scheint, und Frau Bartsch braucht das Meer. Also geht es wieder an die Küste. Warum zieht mich dieses große Wasser nur so an? Als ich das Wohnmobil kaufte, sah ich mich vor meinem inneren Auge am Meer stehen und Sonne tanken. Nicht im Traum hätte ich mir vorstellen können, dass es in Europa noch Plätze gibt, an denen man so nah und romantisch am Wasser stehen kann. Kostenfrei. Meine Vernunft hatte mir eingeredet, dass ich vermutlich auf parzellierten Stellplätzen würde stehen müssen, die sich jenseits der Uferstraße wie eine Perlenkette an der Küste aneinanderreihen – unterbrochen von Souvenirläden mit Plastik-Strandspielzeug und Pizzerien, vor denen ein Lockvogel steht und einen Tag und Nacht zum Essen überreden will.

Doch die Realität sieht erfreulicher und ausnahmsweise mal ganz anders aus. Die ganze südliche Küste von Spaniens Mittelmeer bietet Parkplätze direkt am Meer, auf denen man geduldet wird. Am Wochenende nicht überall und zur Hauptsaison wohl auch weniger. In dieser Hinsicht habe ich allerdings noch keine Erfahrung. Meine kühnsten Romantikvorstellungen gehen hier in Erfüllung. Dank meiner Solaranlage auf dem Dach kann ich ohne Unterbrechung frei in der Natur oder einer Stadt stehen. Um die Toilettenkassette und den Grauwassertank zu leeren und Trinkwasser zu laden, fahre ich zu Ver- und Entsorgungsstationen, die ich in meiner App finde. Oder ich bekomme sie von anderen Campern gezeigt.

Ich bin nicht mehr traurig, weine nicht mehr. Ich kann Sybille von Ralf erzählen, und mir kommt es vor, als wäre unser gemeinsames Leben zehn Jahre her. Mir kommt es auch so vor, als wäre mein Aufenthalt an der holländischen Küste ein Jahr her. Der Ausdruck »Abstand gewinnen« könnte zu meiner Situation nicht treffender passen. Das zieht neue negative Gedanken über mich nach sich: »Aha, so eine bist du! Wusste ich es doch! Bist nicht zu echter Liebe fähig. Aus den Augen, aus dem Sinn, was? Andere trauern anständig um ihren Mann! Du hast den Tod schon nach fünf Monaten verwunden? Schaust dich gar nach einem neuen Mann um! Dir sollte man nicht über den Weg trauen!«

Doch es gibt eine starke Gegenstimme in mir, die spricht so: »Du hast das Leben bislang immer so akzeptiert, wie es kam. Stets war nach kurzer Zeit der Orientierung alles zu deiner Zufriedenheit, und du warst schon immer dankbar für all das Wunderbare, was das Leben dir bot. Du hast nie lange gehadert mit den Dingen, die verbesserungswürdig waren, hast immer den Augenblick schöner gefunden als die Vergangenheit; hast nie Träume für die Zukunft entwickelt, die irgendwann Glück bringen könnten, hast immer hedonistisch und dankbar nach dem Leben gegriffen. Als du wohnungsloser Punk warst, als du arbeitslose Tischlerin warst, als du und dein Mann arbeitslos eine Familie zu versorgen hattet, als du dann den Mann deines Lebens trafst: Egal, was war, du hast es immer gut gefunden, als gerade richtig empfunden. Wenn es lange nicht gut war, hast du es geändert. Aber zu jedem Zeitpunkt deines Lebens hast du die Gegenwart mehr gefeiert als die Vergangenheit oder die Zukunft. Jetzt bist du mit einem großen Greifer in ein anderes Leben gesetzt worden. Jetzt brauchte es fünf Monate, damit du dich orientieren konntest, und jetzt weinst du nicht mehr über deinen Verlust, sondern machst das Beste aus dem, was das Leben dir jetzt halt noch zu bieten hat.« Und das ist so viel! Und ich bin mal wieder so privilegiert. Und habe im Unglück mal wieder so viel Glück.

Auf mich warten im September eine wunderbare Arbeit und eine tolle und interessante Ausbildung. Eine Herausforderung und eine sinnhafte und dankbare Tätigkeit. Meine Eltern leben und sind gesund, und so ist es auch mit meinen Kindern. Ich habe ein schuldenfreies Haus und erhalte Witwenrente. Ich habe einen stabilen und treuen Freundeskreis und kann mein Leben als Frau leben, wie ich es will. Ich gehöre zu den glücklichsten Menschen dieser Erde.

Gestern sendete mir eine Bekannte aus meinem »Dorf« ihre Sorgen als Sprachnachricht und schloss mit den Worten: »Jetzt jammere ich dich voll mit meinen Problemchen. Dabei bist du diejenige, die echte Probleme hat.«

Darf ich öffentlich zugeben, dass ich keine Probleme habe?

Heute in meiner Reiseplaylist: »Rückspiegel« von Maxim.

22.5.2021

Frau Bartsch hat Begleitung und reist als Touristin

Seit Mittwoch reise ich mit Helmut (Name geändert). Helmut ist der Mann, der mich an der Carolinenbucht mit »Hallo, Frau Bartsch!« begrüßte. Seitdem sind wir in losem Kontakt über die sozialen Medien. Helmut hat einen Roller. Das erweist sich als praktisch. Wir beschließen, ohne uns zu kennen, ein paar Tage gemeinsam auf Sightseeingtour zu gehen. Helmut hat zu Hause eine Partnerin und ist nicht interessiert an mir. Das erweist sich zusätzlich als praktisch. Somit ist diese Frage geklärt. Es fühlt sich sicher an. Außerdem kann er Italienisch und Portugiesisch und bastelt daraus ein scheinbar verständliches »Spanisch«. Das ist vielleicht mal praktisch! Nur Hochdeutsch kann er nicht. Ich frage ihn, ob er Englisch mit mir sprechen könne, dann könne ich ihn besser verstehen. Wer mein Englisch kennt, weiß Bescheid. Helmut ist ansonsten ein netter Kerl mit viel Bildung und Interessen, und politisch passt es auch ganz gut. Seine Macho-Sprüche, die er als Möchtegern-Brasilianer von sich gibt, bringen mich derzeit noch eher zum Lachen.

Ein paar Tage zusammen zu reisen, ist eine schöne Abwechslung. Am Mittwoch fährt Helmut mich mit seinem Roller nach Mojácar, eines von vielen weißen Bergdörfern. Es ist hübsch, aber etwas zu hübsch und aufgeräumt, auf Touristen ausgerichtet.

Donnerstag erklimmt sein Roller mit uns einen etwa 1200 Meter hohen Berg, auf dem ein Kloster steht. Atemberaubende Aussicht! Ohne Helmut wäre ich hier nicht hochgekommen.

Freitag sehen wir uns unter anderem die Kulisse mehrerer Westernfilme mit Clint Eastwood in Tabernas in der Wüste an und suchen den Witz an der Sache.

Heute: weiter nach Guadix. Hier wohnen etwa 4500 Menschen in Höhlen. Die meisten Höhlen haben an der Front eine weiß getünchte Hausfassade. Man erkennt die vielen Höhlen an den weißen Schornsteinen, die aus der Landschaft ragen.

Am Abend treffen wir meine ehemaligen Reisenachbarn wieder, eine junge Familie. Der Mann ist der Moslem, für den wir den Sichelmond gesucht hatten. Ihnen habe ich etwas länger hinterhergetrauert. Wir stellen unsere Tische in den Staub eines riesigen Parkplatzes, wo wir die Nacht verbringen werden, und essen zusammen. Mal wieder. Wie schön! Darum stelle ich heute das Lied *Una festa sui prati* von Adriano Celentano in meine Reiseplaylist. Es ist nicht so unwahrscheinlich, sich immer mal wieder zu treffen, denn es gibt bestimmte Sehenswürdigkeiten, die locken, und es gibt die App »Park4night«, mit der man kostenfreie Stellplätze finden kann. Da das sehr angenehm einfach ist, nutzt diese App fast jeder, und auf diese Weise trifft man sich immer mal wieder.

Der Mann ist YouTuber und in der arabischen Welt sehr bekannt. Da Reisen und Vanlife dort noch überhaupt nicht verbreitet sind, ist er der einzige Blogger und für viele junge Leute wirklich interessant. Er kommt aus Ägypten und hatte einen gut bezahlten Buchhalterjob in Katar. Vor vier Jahren hat er befunden, dass er reisen will, und mittlerweile verdient er mit seinem Blog so viel Geld, dass die junge Familie davon leben kann. Sein Vater ist nicht einverstanden. Zum Glück müssen wir Eltern nicht einverstanden sein mit dem, was unsere Kinder tun. Der Wille der Jugend ist so viel stärker, als unsere Glaubenssätze es je sein könnten.

23. 5. 2021

Frau Bartsch genießt den Regen und kommt zur Ruhe in ihrer Tupperware

Heute stehen wir auf einem Campingplatz bei Granada. Die Fahrt hierher dauerte nur eine Stunde, doch hat sich die Landschaft während dieser Zeit von einer Wüste in saftige Wälder verwandelt. Die Flora ist der von zu Hause nicht unähnlich. Das Wetter auch. 13 Grad und Regen. Endlich mal im Wohnmobil abhängen und lesen! Auf den letzten 50 Kilometern sind die Autobahnen von gelb blühendem Winter-Jasmin (vermutlich) gesäumt gewesen. Wenn es nicht regnet, duftet das Ganze wie in einem chinesischen Teehaus.

Wir befinden uns am Fuße der Sierra Nevada in der einstigen maurischen Hauptstadt. Fast alle sind wegen der Alhambra hier. Wir auch. Vermutlich lohnt es sich aber, etwas länger zu bleiben. Ich glaube, dass ich mich derzeit gerade in Spanien verliebe. Bis vor Kurzem dachte ich, dass Spanien außer Kargheit, Strand, Meer und Chorizo nicht viel zu bieten hätte. Das ist ja so was von falsch gewesen! Unfassbar falsch!

Ich muss dringend einen Telefonladen aufsuchen. Von den 35 GB sind nach nicht einmal einer Woche nur noch 15 übrig. Wenn man jetzt die SIM-Karte vor Ablauf des Monats mit neuem Guthaben auflädt, kostet jedes Gigabyte ein Vermögen. Das ist doch alles furchtbar kompliziert! Wer hat die Welt in den letzten 30 Jahren nur so kompliziert gemacht? Ich werde mir also einen neuen Vertrag mit einer neuen SIM-Karte besorgen und die Karten im Zwei-Wochen-Rhythmus wechseln. Ich habe einfach keine Lust, an dieser Stelle zu sparen.

Datenvolumen ist neben Gas, Wasser, Scheiße und natürlich Solar (!) eines der wichtigeren Themen in der Wohnmobilreisewelt. All die Zahlen werden einem wie beim Quartettspiel um die Ohren gehauen oder aus der Nase gezogen. »Wie viel Watt hat dein Wechselrichter?«, »Von welcher Firma?«, »Wie viele Platten hast du obendrauf?«, »Hast du eine Lithiumbatterie?«, »Von wem?«, »Was hat die gekostet?«, »Hast du eine Trenntoilette?«, »Was wirfst du ins Klo, um den Gestank zu verhindern, Katzen- oder Hamsterstreu? Oder Rindenmulch?«, »Wie viel fasst dein Dieseltank, wie viel dein Frischwassertank?«, »Hast du eine Dieselheizung?«.

Ich muss Euch noch aufklären über ein immens wichtiges Thema unter Campern, in das ich jüngst eingeweiht wurde: »Weißware« oder auch »Tupperware« genannt. Das ist die Bezeichnung derer, die sich besser fühlen, weil sie 30 Jahre alte Wohnmobile oder farbige selbst ausgebaute Vans durch die Lande fahren. Es gibt da eine regelrechte Trennung auf Plätzen, wird mir gesagt.

Ich bin mal wieder in der Gruppe der Uncoolen, weil mein Fahrzeug funktioniert und die Augen blendet. Trotzdem darf ich bei den Coolen »mitspielen«, weil ich offenbar noch nicht zu alt oder auch etwas anders geartet irgendwie okay für sie bin. Interessant, wie einfach die Welt immer wieder in *us and them* unterteilt werden kann.

Ach so, ich möchte noch melden, dass es mir nach wie vor sehr gut geht. Gesellschaft ist eine gute Ablenkung. Vermute ich.

24.5.2021

Frau Bartsch und die Schönheit

Frau Bartsch besucht die Alhambra und ist überwältigt von der Pracht, der Schönheit und der Atmosphäre des Nasridenpalastes und der Paradiesgärten. Abends finden wir einen großen Platz, um bei Livemusik der Alhambra, der schneebedeckten Sierra Nevada und dem fast vollen Mond zu huldigen.

Die Inzidenz in Granada liegt bei 160 auf 100 000 Menschen, Tendenz stark sinkend. Diese Zahlen suche ich auf Nachfrage einer Bekannten heraus, als sie über den WhatsApp-Status das enge Zusammenstehen der jungen Menschen auf dem Platz sieht. Ich kannte den Wert vorher nicht, war mir egal. Ich merke, dass ich Corona vergesse. Zwischendurch, seit ich hier bin. Wenn ich mal ein wenig huste, mache ich schnell einen Test. Ansonsten halte ich meist nicht mehr den gebotenen Abstand ein.

Mir ist alles gleichgültiger geworden, seit ich hier bin. Ich stürze mich ins Leben, umarme die Menschen, fahre beispielsweise im T-Shirt mit dem Roller über die Autobahn und finde das toll, wie damals, als ich 19 war. Ich mache alles mit und nehme alles mit, was geht. Mein erwachsener 50-jähriger Verstand ist einer milden Form von Leichtsinn gewichen. Und ich genieße es. Und denke: Mein Mann ist gestorben. Was soll mir denn noch passieren? Aber aus einem Lebenshunger heraus. Nicht aus Müdigkeit oder Verzagtheit.

Sizilien im April 2022

Neulich fragte mich eine Psychologin, die mich wegen der anstehenden stationären Schmerztherapie im Klinikum untersuchte, ob ich jemals selbstschädigendes Verhalten gezeigt habe. Ich zuckte kurz und bejahte das. Was ich in dem halben Jahr tat, war zumindest teilweise selbstgefährdend. Aus meiner heutigen Sicht war ich überdreht, und meine Angstfreiheit war sicherlich kein gesunder Mut. Zum Glück aber ist mir nichts passiert. Der Leichtsinn, der mich immer wieder überkam, machte mir viel Spaß und Freude. Ich fühlte mich so lebendig wie seit der Pubertät nicht mehr. Vielleicht war es auf die eine Art doch eine manische Reaktion. Aber wenn, dann nur eine kleine. Der Begriff für diese Trauer- oder Traumareaktion, den die Psychologin fallen ließ, lautet *sensation seeking*. Damit kann ich etwas anfangen.

25. 5. 2021

Frau Bartsch fährt in den Schnee

Heute ruft der Berg. Frau Bartsch liebt den Schnee. Es soll »naufi« gehen auf einen Gipfel der Sierra Nevada. Am Sonntag hat es Neuschnee gegeben. Mit Helmuts Roller geht es die 2700 Meter hoch. Der Schnee ist nur noch fleckenweise vorhanden, kaum der Rede wert. Auch wenn man die Berggipfel von Granada aus weiß schimmern sieht.

Sterben die Toten in uns hinein? Als wir die Serpentinen hochfahren, begegnen wir etwa fünf »Erlkönigen« von BMW. Ich freue mich, obwohl mich Autos langweilen. Ist es so, dass Ralf in mich hineingestorben ist? Am liebsten möchte ich Bilder von den Autos machen, obwohl mich Autos nicht interessieren! Sagte ich das schon? Wem soll ich sie zeigen? Wer wird die gleiche Begeisterung aufbringen?

Ich gehe zu einem der beklebten Wagen und schaue mir die Karosse an. Für mich sehen Autos heutzutage alle gleich aus. Warum gehe ich dennoch hin? Warum schaue ich mir das Auto aus der Nähe an? Es hat etwas mit Ralf zu tun, als wollte ich ihm das Auto zeigen. Er hat sich für jedes neue Auto auf dem Markt interessiert. Alle zwei Jahre spätestens durfte er über die Firma ein neues bestellen. Wenn es da war, ging die Diskussion los, welcher Wagen als Nächstes bestellt wird. Bis ich irgendwann gebeten habe, die Diskussion erst ab 100 000 Kilometer Fahrleistung des »alten« zu beginnen. Das dauerte meist ein Jahr.

Für ihn ist es ein guter Tod gewesen. »Begrabt mein Herz

an der Biegung der Autobahn.« Ein Spontispruch aus den 1980er-Jahren, als Trampen noch ein Hobby war. Er passt für Ralf. Wie gerne ist er Auto gefahren! Wie sehr hat er das Homeoffice in der Coronazeit gehasst. Sein Büro zu Hause nannte er seine »Galeere«. Am 9. Dezember durfte er wieder los. Bischofswiesen, auf dem Weg nach Salzburg, war sein Ziel. Vorher wollte er noch einen Kollegen aus München abholen, der geflogen war.

Er ist in einer langen Linkskurve 1000 Meter vor der Autobahnabfahrt Fulda-Nord gestorben. In der Nähe habe ich seinen schwarzen Schal an eine Leitplanke gebunden, denn ich kam nicht bis zur Unfallstelle. Es lag knietief Schnee, als ich mit meinem Wohnmobil dort war, und auf der Standspur wollte ich nun nicht unbedingt weiterlaufen. Die Böschung dahinter wurde irgendwann zu steil. Da habe ich aufgegeben und den Schal dort festgebunden. Ob er dort noch hängt?

Ralf war sofort tot, sagte der Polizist. Man weiß das, weil der Arzt die Temperatur misst, und aufgrund der Außentemperatur lässt sich dann der Todeszeitpunkt exakt bestimmen. Ralf wusste nicht, dass er sterben wird. Das ist der größte Trost. Das sage ich immer wieder: »Du weißt nicht, dass du tot bist!«

Genau so hat er sterben sollen. Nur noch nicht jetzt. Aber: Er ist glücklich gestorben. Vermutlich bei lauter Musik und bester Laune. Wir hatten einen schönen Abend vorher. Ein Kochevent mit Philosophie und Rechtskunde via Zoom-Video-Konferenz. Ralf war der Gastgeber. Als er zu mir ins Bett kam, nahm er mich von hinten in den Arm und sagte: »Ich liebe dich so!« Und ich erwiderte: »Ich liebe dich auch so sehr!«

Das waren unsere letzten gesprochenen Worte. Was für ein kitschiges Drehbuch!

Drei Wochen vorher hätte das Drehbuch nicht so harmonisch ausgesehen. Da war ich wegen irgendetwas richtig sauer. Wirklich sauer. Wegen was? Ich kann mich nicht erinnern.

Bevor er am nächsten Morgen losfuhr, schrieb er mir, dass er noch viele solcher schönen Abende mit mir verbringen möchte. Als ich ihm um Viertel vor acht antwortete, war er schon eine Stunde tot.

Gegen zehn kam die Polizei. Ein Lkw-Fahrer war auf den linken Fahrstreifen gewechselt und hatte einen herannahenden Mercedes übersehen. Es kam zu einem Unfall. Der Mercedes blieb fahruntüchtig links an der Mittelleitplanke stehen, und der Lkw-Fahrer hielt auf der Standspur. Leider mit wenig Abstand zu dem Mercedes. Die Lichtleiste am Lkw war kaputt, darum war er unbeleuchtet. Der Beifahrer des Mercedes winkte Ralf mit dem Warndreieck zu, als er es vor der Unfallstelle aufstellen wollte. Ralf, der auf der Überholspur fuhr, muss gebremst haben und auf die Standspur gewechselt sein. So hatte er es beim Fahrsicherheitstraining gelernt: Wenn du nicht mehr rechtzeitig bremsen kannst bei einem kürzlich geschehenen Unfall, dann ist der beste Umgehungsweg ganz weit außen auf der Standspur, weil auf der Fahrbahn häufig Fahrzeugteile herumliegen.

Niemand ist schuld. Es war eine Verkettung von sehr ungünstigen Umständen. So wie es bisher eine Verkettung von günstigen Umständen war, dass Ralf bislang keinen Unfall erlebt hatte. Ich habe keine schlechten Gefühle gegenüber dem Lkw-Fahrer, der den vorherigen Unfall verursacht hatte. Menschen machen Fehler. Jedem passiert es mal, dass er ein Auto übersieht. Ralf ist ganz rechts außen unter den Lkw geknallt. Hätte er den Lkw noch gesehen, hätte er ausweichen können. In der Mitte der Fahrbahn war alles frei. Er hat es nicht kommen sehen. Es war dunkel um Viertel vor sieben am 9. Dezember 2020.

Wenn mein Reisebegleiter am Abend seine Freundin anrufen will, zucke ich kurz. Ganz kurz ist da so ein Gefühl, dass ich mich auch langsam mal melden muss. Es dauert nicht mal eine Sekunde lang. Wenn mir dann klar wird, dass da niemand auf meinen Anruf wartet, tut es kurz weh. Das dauert zwei Sekunden lang. Vielleicht auch vier. Aber länger nicht. Dann ist es okay.

Als ich das am Telefon einer Bekannten aus dem »Dorf« erzähle, ist sie erstaunt: »Ja, aber das ist dann doch noch Trauer!«

Das erstaunt mich wiederum. Ja, natürlich! Das ist Trauer. Es ist eine Trauer, wie wenn ich im November traurig bin, dass ich mit den Kindern nicht mehr Laterne gehen kann, weil sie nun groß sind. Diese Trauer bleibt. Bestimmt bleibt sie. Sie schmerzt etwa doppelt so stark, manchmal dreimal so stark wie die Laternenmelancholie.

Wenn ich Pink Floyd im Radio höre, wenn ich einen Camper mit Pink-Floyd-Motiv sehe, wenn ich einen Hessen sprechen höre, wenn ich Livemusik höre, wenn ich bemerke, dass die Leute bei der Zubereitung von Speisen nicht die HACCP-Hygieneregeln einhalten, wenn ich die Fußballergebnisse verfolge, wenn ich den Taunus oder die Skyline von Frankfurt sehe und mich freue: Dann bin ich Ralf. Dann ist er in mich hineingestorben.[1]

Sizilien im April 2022

Nach der Bergtour und der Besichtigung der Alhambra war ich sehr froh, Helmut verlassen zu können und für ein paar Tage meine Ruhe zu haben. Eine Woche lang mit einem fremden Menschen zu reisen, ist abwechslungsreich, aber auch anstrengend.

Das Alleinsein sollte ja nicht für lange sein, denn ich war auf dem Weg nach Alicante, um meine Tochter vom Flughafen abzuholen. Unterwegs hatte ich noch eine Verabredung mit den beiden Powerfrauen aus Jaravía de Pulpí und der Höhle mit den Bergkristallen.

28.5.2021

Frau Bartsch trifft einen Spanier auf Brautschau

So, wie ein Freund der Biologie mich aufklärt, dem ich meine Filmaufnahme eines bunten, etwa 20 Zentimeter langen Tieres sende, handelt es sich hier um ein spanisches Chamäleon auf Brautschau. Das könne man an seinem Gewand erkennen. Mich will es nicht. Nachdem es mich gesehen hat, flieht es. Verstehe ich nicht.

Heute bin ich in der Höhle Geoda von Pulpí. Dort kann man vermeintliche Bergkristalle sehen, doch ist das Gestein Gips, wie ich heute lerne. Das macht sofort einen Unterschied in meiner Bewertung. Der Anblick ist aber nicht weniger imposant. Das Chamäleon draußen fasziniert mich jedoch mindestens genauso. Und nach der Reaktion meiner spanischen Gruppe zu urteilen, ist das auch für die Landsleute hier eine Besonderheit.

Sizilien im April 2022

Wie sich Tage später herausstellte, war das gar kein Chamäleon auf Brautschau. Der Biologie-Experte ist auch nur dann ein Experte, wenn er eine Brille auf der Nase hat. Er dachte bei der ersten flüchtigen Betrachtung, ich hätte einen Gecko gefilmt. Es lag außerhalb seiner Vorstellungskraft, dass ich tatsächlich ein Chamäleon aufgenommen hatte.

Wir sehen nur, was wir erwarten.

1.6.2021

Frau Bartsch bekommt Besuch von der Tochter und schläft heute Nacht nicht allein

Die Tochter ist da. Ich freue mich sehr. Eben abgeholt vom Flughafen Alicante. Gerade noch in Amsterdam, jetzt in meiner unwirklichen Wirklichkeit. Eine weißhäutige Besucherin aus meinem wirklichen Leben. Dem mit Ralf. Wenn ich ihr gegenüber von Ralf erzähle, weiß sie, wovon ich spreche.

Und dann ist sie plötzlich wieder da, die Trauer. Mir schwant, ich weiß, warum ich das Weite suchte, warum so viele mit ähnlichem Schicksal das Weite suchen und ihr Haus verkaufen. Das Weite für immer suchen. Und neue Nähe woanders finden. Nähe, die nicht verbunden ist mit dem Leben vorher. Sodass man sich eben doch nicht permanent zu erinnern braucht. Weil das Erinnern auf Dauer zu schmerzhaft ist. Oder glücksverhindernd. Verbunden mit der Vergangenheit, die so schön war. Aber eben jetzt nicht mehr zu haben ist.

Mein Leben hier ist komplett losgelöst von Ralf. Ein anderes Leben. Nun ist mein »wirkliches Leben« zu Besuch. Das ist zu schaffen, aber da vermischt sich etwas.

Plötzlich stellt sich mir die Frage, was ich hier eigentlich gerade tue. Ich bin wohl doch noch nicht so zusammengereist wie gedacht. Aber insgesamt bin ich schon auf einem sehr guten Weg: Ich lerne Spanisch, lese konzentriert meine Heimatzeitung, erinnere mich an alles, was wichtig ist, und habe Interesse an den Schicksalen von anderen Menschen. Ich kann wieder Gastgeberin sein und nehme wieder zu. Das ist der einzige Nachteil an den Fortschritten. Irgendwas ist ja immer.

In elf Tagen feiere ich meinen 51. Geburtstag. Der fünfzigste?

Coronabedingt fand er nur im Familienkreis statt. Es war ein toller runder Geburtstag, den Ralf für mich organisiert hat. Er hatte einen Koch eingeladen, mit dem wir nicht nur die Molekularküche kennenlernten. Den ganzen Tag kochten, aßen und spielten wir. In der Woche davor hatten wir eine Weser-Radtour gemacht, bis rauf nach Verden. Auch das war eine Überraschung für mich. Wir hatten Glück, dass kurz vorher die gastronomischen Betriebe in allen Bundesländern wieder geöffnet wurden.

Nun wird der 51. Geburtstag komplett anders. Wenn ich das geahnt hätte ... Aber wie gut, dass ich es nicht geahnt habe. Ich habe mir Gäste eingeladen, zu Beata. Das ist die tolle Köchin aus Jaravía bei Pulpí. »Mein Dorf« kommt zu Besuch, und Sybille kommt auch. Sie steht ja sowieso immer bei Beata. Außerdem erwarte ich Michael aus Deutschland, der, wie Sybille auch, im Wohnmobil lebt und mit dem ich »damals« bei den Bekannten am See (der Platz mit der Baumsauna) gestanden habe, als wir nirgendwo geduldet wurden. Nachmittags können meine Gäste die Höhle besuchen, und wir werden Edelsteine sammeln. Abends kocht Beata für uns.

Das Dorf macht Urlaub. Etwa 50 Kilometer weiter. Es ist beruhigend, zu wissen, dass ich nicht allein feiern muss. Ich darf mir selbst eingestehen, dass ich kein *lonesome wolf* bin und Gesellschaft brauche. Die Tatsache, dass ich an dem Punkt gut für mich sorge, beruhigt mich auch. Seelenwohl geht vor Coolness. Das war mal anders.

Als ich mit meinem Sohn telefoniere und er mir erzählt, wie einsam es manchmal allein in meinem Haus werden kann, da ist mir klar: Da werde ich nicht lange so leben wollen. Freundinnen, die schon länger ohne Partner leben, versichern mir zwar, dass es jede Menge Vorteile birgt, ich bin jedoch nicht dafür gemacht, allein zu leben.

2.6.2021

Frau Bartsch reist gerade nicht

Sesshaft im Dorf. Hier ist alles Gute auf einem Platz: Mein SUP-Board kann am Strand liegen bleiben. Vom Bett aus schaue ich auf das Meer, sechs Meter entfernt, und kann den Sonnenaufgang beobachten. Das Meeresrauschen tröstet mich. Jeden Morgen schwimme ich meine Strecke. Hier kenne ich das Wasser und die Untergründe und brauche nicht vorsichtig zu sein. Hier passen die anderen auch ein bisschen auf mich auf. Zumindest bilde ich mir das ein, und das gibt mir Sicherheit. Ich kann Tisch und Stühle draußen stehen lassen, obwohl ich frei campe. Es wird nicht eingebrochen, was sonst gelegentlich vorkommt, und meine Tür steht offen.

Wir tragen hier am Strand keine Maske, obwohl man in Spanien draußen Maske zu tragen hat. (Neulich in der Sierra Nevada kam uns sogar auf 2700 Meter Höhe beim Wandern jemand mit Maske entgegen.) Ich habe hier Kontakte mit freundlichen Menschen, und mein Herz quillt über vor Freude an all den süßen Kindern, die sich über ein Glas Sprudelwasser freuen wie andere Kinder über Bonbons; die so gerne all das Essen probieren, das ich produziere. Besonders, wenn ich grille; die mir Pfannkuchen aus ihrem Wohnmobil mitbringen und mich zum Schwimmen abholen kommen. Meine Tochter kann sich auch nicht sattsehen und -fotografieren.

Außerdem gibt es hier Mario. Gestern am späten Abend wieder so ein Vorfall: Der Gasherd geht nicht an. Kann es denn sein, dass ich in 18 Tagen zwei Flaschen verbraucht habe?!? Mit meinem teuren Gasmessgerät überprüfe ich beide Flaschen. Leer. Was ist denn nun schon wieder verkehrt gelaufen?

Schockiert ziehe ich mich in den Wagen zurück und denke nach. Was habe ich falsch gemacht, dass es beide Flaschen leer gesaugt hat, ohne dass ich den Wechsel am Panel angezeigt bekommen habe? In der Diskussion mit meiner Tochter zum Thema fällt auf, dass der gasbetriebene Kühlschrank aber funktioniert. Das ist wieder mal ein Fall für Mario. Also allen Mut zusammengenommen und leise geklopft, um die drei Jungs nicht zu wecken. Mario überprüft die zweite Flasche, und Gas entströmt. Also doch nicht leer? Er zündet die Flamme am Herd. Es funktioniert. *What the fuck?!?* Versteckte Kamera?

Mario freut sich: »Haste wieder was für deinen Blog!«

Ich schätze, dass es beim Camping mit Wohnmobil noch

ziemlich lange dauern wird, bis ich ohne die Marios dieser Welt halbwegs zurechtkomme. Dabei hat er sein Know-how gar nicht anwenden müssen. Ich werde nie erfahren, was das Problem war.

7.6.2021

Frau Bartsch probiert vorsichtig eine Definition von Liebe

Michael ist da. Gestern Abend nach zwei Tagen Fahrt angekommen. Der, der im Wohnmobil lebt und mir bei allen technischen Fragen hilft, wenn Mario nicht zugegen ist. Was ja in letzter Zeit selten der Fall war. Der Freund ist also quasi Mario 1 in meiner jungen »Wohnmobilkarriere«.

Michael hat vor knapp zwei Jahren seine Frau verloren. Wir reden viel über Trauer und Liebe, wenn wir nicht über Wohnmobiltechnik reden. Beim ersten der beiden Themen liegt unser Redeanteil 70 (ich) zu 30, beim zweiten 10 zu 90 Prozent.

Gestern Abend fragte Michael die Welt aus einem aktuellen Anlass in seinem Leben (der nicht ich bin), was denn Liebe eigentlich sei.

Das ist ja wirklich eine schwierige Frage, an der sich schon die großen Philosophen die Finger wund geschrieben haben. Aber ich habe bereits ein Glas Wein getrunken und traue mich darum an das Thema heran: »Liebe«, sage ich, »entsteht durch die Zeit und das gegenseitige Zugewandtsein. Liebe entsteht, und du spürst sie, wenn du dich bei jemandem wohlfühlst. Wenn du dich sicher fühlst, wenn du gemeinsam aneinander wächst. Dass es Liebe ist, spürst du, wenn du jemandem Gutes gönnst.«

Ich komme in Fahrt: »Ralf war ja meist nur am Wochenende da. Wir verbrachten schöne freie Tage zusammen, an deren Ende der ›Tatort‹ ein festes Ritual war. Ralf schob beim Fernsehen immer seine Hand unter meinen Po – mit dem Handrücken nach oben und mit einem ordentlichen Schwung. Seit Jahren. Als wäre es sehr bequem, sie dort abzulegen. So saßen wir da, schauten auf den überdimensionierten Fernseher, und Glückseligkeit und tiefe Liebe durchströmten meinen Körper.

Irgendwann fiel mir eine Regelmäßigkeit auf: Ich spürte diese überbordende Liebe immer beim »Tatort«. Wir nannten es in den letzten Jahren die »Tatortliebe«. Vermutlich überkam mich das Gefühl, weil wir so viel Zeit zusammen verbracht hatten, über das Wochenende wieder zusammengewachsen waren. Alles war gesagt, sodass wir in die gleiche Richtung schauen und unwichtigen Krimis Raum geben konnten – bevor die Arbeitswoche begann, in der wir wieder getrennt voneinander waren. Lieber rechne ich nicht aus, wie viele Tage ich mit Ralf tatsächlich zusammen war. Es wird zu wenig sein. Wenn ich Ralf außerhalb der »Tatortzeit« meine Liebe gestehen wollte, begann ich meist so: »Es ist zwar noch nicht Sonntag, aber weißt du was?«

Als das Homeoffice im März 2020 durch den Lockdown zum dauerhaften Arbeitsplatz meines Mannes wurde, würfelte das die Liebesbekundungen etwas durcheinander. Wir konnten uns nicht mehr darauf verlassen, was für ein Wochentag gerade war, wenn mich mein Liebesgefühl überkam. Es gibt schlimmere Dramen.

»So«, schließe ich, »das ist meine Definition von Liebe.«

Heute geht es zurück in »mein Dorf«, obwohl mittlerweile fast alle »Dorfbewohner«, die ich kenne, den Platz verlassen haben. Michael möchte von Mario Solar auf das Dach verbaut bekommen. Das ist die einzige technische Errungenschaft, die ihm noch fehlt. – »Und Gastanks!«, kommt der Kommentar von der Seite.

Gerade beobachte ich eine Szenerie am Wasser: Ein alter

Mann will mit einem großen Fotoapparat einen Fischreiher fotografieren, der auf den Ufersteinen steht. Beim Versuch, möglichst nah heranzukommen, fällt er mit dem Hintern auf die Steine. Seine Frau, die etwas abseits steht, zückt ihren Apparat und fotografiert die Situation. Sie fragt nicht nach, ob er sich wehgetan hat.

Zusammenzuleben, heißt nicht zwingend, dass Liebe entsteht, bleibt und permanent zu fühlen ist. Vermutlich verhält es sich mit der Liebe wie mit der Trauer: Sie kommt in Wellen.

8.6.2021

Frau Bartsch interpretiert falsch und schämt sich

Als ich in Spanien ankam, war ich müde und einsam und ziellos. Ich fuhr auf der Autobahn gen Süden und hatte schlechte Laune. Wie hässlich alles aussah! Auf den Olivenbaumplantagen verbrannten Männer feuchtes Geäst. Es stank. Es stank auf verschiedene Weisen. Als ich mit meiner Tochter telefonierte, beschwerte ich mich, dass Spanien stinken würde. Wenn gerade mal nicht nach verbranntem Grünabfall, dann entsetzlich nach Zwiebeln. Warum noch mal wollte ich nach Spanien reisen?!?

Sobald ich jedoch die Schlangenbucht erreicht hatte, war ich mit einem Schlag versöhnt. Spanien schien doch nicht so verkehrt zu sein. Einen Tag später entdeckte ich zwei vergammelte Zwiebeln in meinem Schrank.

Als letzte Woche meine Tochter hier war, erzählte ich ihr von der Chemie, die die Obst- und Gemüsebauern täglich auf die Rabatten sprühten. Jedes Mal, wenn ich das »Dorf« verließ, fuhr mir eine derart schreckliche Chemiekeule in die Nase, dass ich schwor, nie wieder etwas anderes als Bio kaufen zu wollen. Egal, wohin ich fuhr, der Gestank war immer wieder in meiner Nase.

Vor drei Tagen hatte ich das Problem, dass der Abwassertank voll war, eine Nacht bevor ich Lotta zum Flughafen nach Alicante fahren wollte. Ich ließ etwas Wasser in einen Eimer ab und schüttete es in die Pflanzen. Dabei schlug mir exakt die beschriebene Duftnote entgegen.

Ach, der Gestank kommt in Wahrheit vom Abwasser? Schon wieder reingefallen auf mein Gehirn?

Da fällt mir der Postkartenspruch wieder ein: »Glaube nicht alles, was du denkst!«

Wie oft habe ich das schon trainiert, demütig gegenüber den eigenen Interpretationen zu sein. Ich glaube, ich trainiere das seit 14 Jahren. Dinge wahrzunehmen, ohne zu bewerten, sei die höchste Form der Intelligenz, sagte der indische Philosoph Krishnamurti.

Na, dann weiß ich ja wieder, wo ich stehe.

Meine Tochter geht, und Michael kommt. Fliegender Wechsel. Ein bisschen allein zu sein, wäre jetzt auch nicht so schlecht. Aber es fällt mir schwer, mich abzugrenzen. Wenn irgendwo die Chance auf Gesellschaft besteht, bin ich mit dabei. Auch wenn ich eigentlich ein Ruhebedürfnis habe.

Gestern sind wir von Santa Pola ins »Dorf« zurückgefahren. Die Landstraße führt durch die Salzwiesen bei Elche. Hunderte Flamingos stehen im Wasser und tun so, als wäre das das Normalste der Welt. Leider konnte ich das Schauspiel nicht gut fotografieren. Sie waren zu weit weg.

Heute fliegt aus dem Gebüsch eine Sonnenanbeterin. Ich wusste bislang nicht, dass sie fliegen können. Aber ich hatte auch keine Idee, welches Rieseninsekt es ansonsten gewesen sein könnte. Google erzählt es mir: Die männlichen Tiere können fliegen, aber sie machen es nicht gerne. »Der Gottesanbeter« (gendergerechte Sprache) fühlte sich wohl extrem gestört, als ich ihm mein SUP-Board auf sein Zuhause warf. Sorry dafür.

Sizilien im April 2022

Meine Überlegung, jedem Geld zu geben, der mich darum bittet, hat einen Haken. Diesen so offensichtlichen Haken erlebe ich erstmals hier in Syrakus, als mir in einem Straßencafé eine freundliche ältere Frau mit dunkler Hautfarbe und buntem Gewand ein paar Armbänder und Ketten zum Verkauf anbietet. Ich möchte diese Ketten und Armbänder nicht kaufen und sage »*No, thanks*«.

Sie versucht es mit Schmeicheleien zu meiner Frisur und bietet mir ein weiteres Mal ihre Waren an. Ich bleibe ruhig und freundlich, lächle sie an und sage weiterhin »*No*«, während ich ihr in die Augen sehe. Ich möchte klar sein und gleichzeitig Respekt zollen. Dann bittet sie mich um Geld.

Da hätte sie mich doch eigentlich an dem Punkt, wo ich normalerweise Geld geben würde. Doch ich sage wieder »*No*«. Drei Mal, dann geht sie, und ich frage mich, was für einen Unterschied das denn jetzt für mich gemacht hat. Später, beim Bummel durch die engen schönen Gassen, sehe ich viele kleine Stände mit Schmuck und allerlei selbst gemachtem Tand, den mir Menschen anbieten, um zu überleben. Dann müsste ich doch auch den Menschen etwas abkaufen, um ihnen Geld zu geben. Warum gebe ich Menschen Geld, die Musik auf der Straße machen oder mich um Geld bitten, aber Menschen, die Waren verkaufen, nicht?

Da fehlt eine Logik. Ohne Logik fühlt es sich nicht gut an. Muss ich etwas verändern?

Eine Logik muss her. Ich brauche einen Wertekompass. Ich versuche es mal so: Die Leute, die etwas verkaufen, haben psychisch die Kraft, einen Handel zu betreiben. Sie sind also in der Lage, für sich zu sorgen. Für sie gelten die allgemeinen Regeln des Kapitalismus. Die Menschen, die mich um Geld fragen, fühlen sich, so wie ich mir die Geschichte erzähle, nicht in der Lage, bei diesem Spiel mitzuspielen. Sie brauchen nach meiner Auffassung besonderen Support. Aber was ist mit den Straßenmusikern und Straßenmalern? Sie handeln mit der Momentkunst. Warum ist mir das eine Spende wert, obwohl ich meist weder die Musik noch die Malkunst bewundere? Verstehe ich nicht.

Einige Tage später lese ich einen Post auf Facebook. Es geht darum, dass ein Mann beim Eierkauf den Preis heruntergehandelt, obwohl der Eierverkäufer sagt, dass er an dem Tag noch kein Ei verkauft hat. Der Mann freut sich anschließend über den guten Deal, den er gemacht hat, und geht abends mit seiner Frau fein essen. Sie geben üppiges Trinkgeld, um zu zeigen, dass sie nicht nur fein essen gehen können, sondern dass sie auch spendable Reiche sind. Die Person, die die Geschichte erzählt, fragt sich, warum wir uns freuen, zu feilschen, aber dann anderen, die das Geld weniger nötig brauchen, so üppig zu geben. Deshalb nahm sich die erzählende Person vor, es ihrem Vater gleichzutun und armen Menschen auch Waren abzukaufen, die sie gar nicht benötigte. Der letzte Satz gefiel mir am besten: »Es ist Wohltätigkeit, verpackt in Würde, mein Kind.«

9.6.2021

Frau Bartsch ist ein halbes Jahr Witwe und die »Anfängerin« im »Dorf«

Heute ist Ralf ein halbes Jahr tot.

Am Nachmittag kommt meine Nachbarin auf einen Plausch vorbei. Sie hat, laut ihrer Aussage, drei Männer in ihrem Leben »beerdigen« müssen und eine Ausbildung zur Sterbebegleitung gemacht. Heute sitzt sie mit einer Nasennebenhöhlenentzündung bei mir und spricht mich auf meinen toten Mann an. Ich bin ihr dankbar. Sie bietet sich an, in den Dialog zu treten. Sie ist sozusagen eine »Profiwitwe«.

Sie kann darüber berichten, was sie jedes Mal erlebte und wo es Unterschiede gab. Auch sie hat einen Erinnerungsdiamanten von einem ihrer Männer. Auch sie fragt diesen Mann, der in sie hineingestorben ist, wie er entscheiden würde.

Wenn ich meinen Ralf im Innern frage und mir nicht sicher bin, wie er antworten würde, dann frage ich auch noch, was Ralfs bester Freund Ralf raten würde. So entsteht ein klares Bild. Und genau wie Gabriele von Arnim in dem Interview sagte, muss ich dem Rat dann ja nicht folgen. Wir sind eigenständig denkende und handelnde Frauen.

Es tut so gut, mich auszutauschen. Ich zeige ihr die Eheringe und erzähle von dem Vorhaben, den Diamanten in einen Ring arbeiten zu lassen – von dem Ringdesigner, der auch unsere Eheringe gemacht hat. Dann setzt sich Michael dazu. Für ihn ist es angenehmer, sich seinen Trauer-Empfindungen nicht zu sehr hinzugeben. Er ignoriert es, wenn die Trauer ihn anfliegt. So wie mich gestern Abend nach dem Einkauf, als ich den Einkaufswagen zurückbrachte und kurz dachte, dass ich mit den Autos aufpassen muss, die über den Parkplatz fahren. Dieser Gedanke führte unmittelbar und überraschend zu dem Bild, das ich vor meinem inneren Auge habe: Ralf donnert in den Lkw. Der nächste Gedanke: Er ist wirklich tot!

Ich bin überrascht von meiner Überraschung. Heute erzähle ich der Nachbarin davon. Sie kann ein Lied davon singen. Es tut so gut, mit ihr zu sprechen. Später sitzen wir zu viert um den Tisch unter meiner Markise. Alle haben mindestens einen Partner zu früh durch den Tod verloren. Zum Teil viel zu früh.

Alle leben schon länger mit dem toten Partner als ich. Ich bin das »Küken« unter den Trauernden. Der Tod gehört zum Leben dazu. Keine große Erkenntnis in der Theorie, aber wenn man sie in der Praxis zu spüren bekommt, ist es sehr tröstlich, dass man nicht allein auf der Welt so etwas Trauriges aushalten muss. Ich denke: Was habe ich für ein Glück, dass ich so lange davon verschont geblieben bin!

Ist es Zufall, dass ich mit so vielen Verwitweten am Tisch sitze? Es ist egal. Vermutlich ist es Zufall. Es tröstet mich. Andere leiden auch. Die Nachbarin nennt mir eine Website, auf der sich Trauernde anonym austauschen können. Auf der Plattform würde ich feststellen können, dass all mein Erleben völlig »normal« sei. Auch die eigene Abwertung und die Zweifel, ob man der Liebe überhaupt fähig sei, wenn man zwischendurch mal keine Trauer verspürt. Alles normal.

Ich ahnte es, aber es tut gut, es zu hören: Ich bin ein durchschnittlicher Mensch.

Heute in der Reiseplaylist: »Sein« von Andreas Bourani.

13. 6. 2021

Trauer kommt in Wellen

Dass ich meinen Geburtstag nur mit Menschen feiere, die Ralf nicht kennen, ist ein geschickter Schachzug von mir gewesen, im Spiel des Vergessens und Verdrängens. Es ist ein rundum gelungenes Fest geworden. Meine Gäste und Beata, die Stellplatzbesitzerin, haben sich liebevoll Überraschungen und Geschenke für mich ausgedacht, um mir den Tag zu versüßen.

Das war überraschend und sehr anrührend für mich. Die Kinder haben mich außerdem den ganzen Tag beschäftigt. Es blieb keine Minute zum Vermissen übrig. Doch Wasser findet seinen Weg.

Einen Tag später stehe ich in der tosenden Brandung am Strand von Carboneras. Die Wellen sind etwa eineinhalb Meter hoch. Niemand badet. Vorsichtig ausprobierend, gehe ich nur bis zu den Knien rein, sodass ich die Brandung halten kann. Ich fühle mich glücklich in diesen nassen Naturgewalten und wende mich Michael zu: »Bin glücklich, weiß auch nicht, warum.«

Als Michael weggeht, bleibe ich noch eine halbe Stunde im Wasser stehen und denke an nichts, beobachte das Schauspiel, will noch nicht gehen. Und da schluchzt es, langsam ansteigend, aus mir heraus. Der Satz »Trauer kommt in Wellen« bekommt in diesem Moment eine ganz neue Bedeutung. Ich weine und weiß nicht, warum. Dann beruhige ich mich wieder. Und noch mal durchschüttelt es meinen Körper. Die Naturgewalt löst etwas in mir.

Als wir zum Leuchtturm des Mesa Roldán hochfahren, wo wir die Nacht verbringen wollen, singe ich wieder lauthals bei der alten Platte von Buena Vista Social Club mit.

Hin- und hergeworfen wie von Wellen. Sie sind zu stark, als dass ich mich dagegenstemmen könnte. Ich will das auch gar nicht.

Ich spüre Aggressionen in mir. Leichte Aggressionen. Ich lebe sie an Männern aus, die nicht so sind wie Ralf. Also an allen. Weil sie nicht so sind wie Ralf. Vermutlich liegt es gar nicht daran. Es ist nur ein billiger Erklärungsversuch. Möglich ist auch, dass ich einfach aggressiv bin. Ein bisschen so wie die zwei pubertierenden Mädchen, die die letzten beiden Tage zu meinen Gästen zählten.

Ich bin verändert; bin ungeduldig, sage mitunter, was ich denke, und es ist mir egal, ob ich jemanden damit verletze. Fast egal. Die alte Frau Bartsch regt sich dann schon mal im Hintergrund ein bisschen auf, dass ich mich unmöglich verhalte, und fragt sich, wo dieses Verhalten denn plötzlich herkommt. Die alte Frau Bartsch und die neue Frau Bartsch wollen beide, dass sich das wieder ändert, weil sie Angst haben, eine Meckerziege zu werden, die kein Mensch mag.

Eine Kostprobe:

Michael fragt mich auf dem Parkplatz des Strandes, ob ich mein Wohnmobil abgeschlossen habe. Meine Reaktion auf seine Bevormundung kommt direkt: Das brauche er mich nicht zu fragen, ich könne allein auf mich aufpassen. Ich bin schon groß. Wenn er nicht da sei, schlösse ich mein Wohnmobil ja auch ab. Männer!

Am nächsten Morgen, noch im Bett liegend, fällt mir eine Situation etwa eine halbe Stunde vor diesem kurzen freundlichen Wortwechsel ein:

Auf einem Supermarktparkplatz habe ich Michael nach dem Einkauf gesagt, dass ich beide Garagentüren des Wagens nicht abgeschlossen hatte. Heute Morgen fällt mir das plötzlich wieder ein. Die Türen sind noch immer nicht verschlossen. Ich schäme mich und entschuldige mich später beim Frühstück eingehend.

Die Nacht ist kurz gewesen. Der Sturm rüttelt am Wagen. Das Frühstück ist üppig, ich esse mit solchem Appetit, als hätte ich die ganze Nacht mein Wohnmobil festgehalten.

Und was ist, wenn ich statt Alkoholismus das Reisen als Flucht nutze und genauso kaputt wieder zu Hause ankomme, wie ich losgefahren bin? Was ist, wenn ich eine der traurigen Gestalten werde, die nie wieder ankommen können, die immer auf der Flucht vor zu viel Erinnerung bleiben?

Eine Verlockung ist das, nie wieder an den Ort der Erinnerung zurückzukehren, das muss ich zugeben. Reisesucht. Fluchtsucht. Diejenigen, die dauerhaft reisen, unken immer wieder: »Du kehrst nicht mehr zurück nach Osnabrück!«

Doch: Was wisst ihr denn schon! Das hättet ihr wohl gerne! Ihr kennt mich ja gar nicht!

Sie wissen nicht, wie gerne ich arbeite und wie wichtig die Arbeit für meine seelische Stabilität ist. Sage ich mir.

Es gibt wieder einen Abschied. Den Abschied von »meinem Dorf und seinen Bewohnern«. Das fällt mir sehr schwer, so sehr sind wir zusammengewachsen. Jetzt reiße (und reise) ich die beginnende Freundschaft auseinander. Das will ich nicht dauerhaft immer wieder erleben müssen.

Meine Trauer reist mit mir. Ich kann nicht fliehen. Die Wellen zeigen mir das. Neben der Trauer trage ich außerdem ja auch noch Ralf in mir. Was manchmal aber regelrecht lustig ist.

Habe ich schon erzählt, dass ich neuerdings meine Armaturen mit einem »Läppsche« (hessisch für »Tuch«) putze? Als ich Ralf kennenlernte, machte ich mich darüber lustig, dass er die roten Ampelphasen dazu nutzte, seine Armaturen vom Staub zu befreien. Er sagte damals: »Ich bin 48, lass mich doch Spießer sein.«

»Läppsche« ist nach und nach ein fester Begriff in unserer Beziehung geworden. Ein humorvoller Ausdruck meines Verständnisses dafür, dass Ralf sein Auto gerne sauber hatte. Sein Auto war sein Wohnzimmer und sein Büro in einem. Klar, dass es darin sauber sein sollte.

Jetzt bin ich 51, und Ralf reist mit: Ich wische mein Armaturenbrett ab und freue mich, wenn es sauber ist. Das bin doch nicht ich, die das macht!

Mit Michael reise ich weiter. Ich fahre langsam in Richtung Süden, um demnächst meine Freundin Renate vom Bahnhof in Sevilla abzuholen. Wir suchen Plätze über die Park4night-App und werden fündig. Sonntags ist das nicht so einfach, denn die Spanier fahren am Wochenende auch gerne an den Strand.

Playa los Escullos. Wieder ein Plätzchen am Meer gefunden! Ob mir das wohl irgendwann mal zu langweilig wird?

Sizilien im April 2021

In der *Süddeutschen Zeitung* veröffentlichen die Rezensenten eine gemeinsam erarbeitete Liste von Büchern, die man in einem bestimmten Jahr seines Lebens unbedingt lesen sollte. Es gibt 100 Buchtipps für das Lesealter zwischen einem und 100 Jahren. Ein Buch interessiert mich besonders: *Das Jahr magischen Denkens* von Joan Didion, und ich lade es mir hoch. Sie schreibt autobiografisch über den plötzlichen Tod ihres Mannes. Allein der Titel ist schon der Knaller, denn im letzten Jahr habe ich auch einige »magische« Erlebnisse oder Interpretationen gehabt. Wenn mein Kater mir auf einmal minutenlang in die Augen sah, bildete ich mir ein, dass Ralf mich ansah. Das hatte er doch früher noch nie so gemacht?!

All die Tiere, die ich unterwegs sah: Warum begegneten mir so viele wilde Tiere so nah? Zwischendurch glaubte ich auch, dass ich von Ralf beschützt wurde.

In dem Buch schildert Joan Didion unter anderem, wie sie das Phänomen der Trauer in Wellen erlebte. Sie führt unter anderem eine Studie von 1944 an, in der Eric Lindemann dieses Phänomen so beschreibt: »Gefühle körperlichen Leidens, die in Wellen auftreten, die jeweils zwanzig Minuten bis zu einer Stunde dauern, das Gefühl einer zugeschnürten Kehle, Erstickungsanfälle mit Atemnot, das Bedürfnis zu seufzen und ein leeres Gefühl im Unterleib.«[2]

Didion schreibt auch über ihre vermeintliche Stärke, die andere als »Sie ist hart im Nehmen« kommentieren.[3] Durch ihr Buch wird mir noch einmal die Bandbreite bewusst, auf der sich Trauererleben abspielen kann. Keine Trauer ist gleich. Und sie ist nie selbst gewählt. Es passiert einfach so mit einem. Heute würde ich einige meiner Erlebnisse des letzten Jahres unter »Trauerreaktionen« verbuchen, die ich damals als mein »normales« Empfinden und Erleben bewertet hätte. Das Buch lege ich dennoch bald zur Seite, habe nicht die nötige Geduld, die der Lektüre vermutlich zustünde.

15. 6. 2021

Frau Bartsch ist irgendwo hinter den Plastikzelten

In der Nacht beruhigt sich der schlimme Sturm langsam wieder. Wir stehen am Strand von Los Escullos, immer noch am Cabo de Gata. Es ist hier mittlerweile so warm geworden, dass ich nackt ohne Decke mit offenen Fenstern schlafe. Auch bei Starkwind. Im Morgengrauen ziehe ich mir dann meist noch für ein paar Stunden die dünne Seidendecke über. Als ich Ende April hier ankam, habe ich abends noch die Heizung angeschaltet und eine Wärmflasche mit unter meine dicke Daunendecke genommen. Zwei Wochen später konnte ich sie gegen eine dünnere tauschen, und seit ein paar Tagen nutze ich nur noch die löchrige Seidendecke. Wenn überhaupt.

Ich wusste beim Start nicht, wohin mich die Reifen tragen würden. Wegen der Pandemie war nicht klar, wohin ich bis September würde reisen können. Daher habe ich ein regelrechtes Deckenmenü mitgenommen.

Das Schwimmen am Morgen ist heute kein Vergnügen: Durch den Sturm ist der ganze Müll zur Küste geschwemmt worden. Ich bade in Plastiktüten und Pflanzenresten. Aber ich sehe auch einen Schwarm Fischlein vor mir wegspringen. Ein lustiger Anblick. Wie Delfine in Miniatur fliegen sie über das Wasser.

Das nächste Ziel ist Roquetas de Mar. Mir wurde gesagt, dass es dort sehr schön sei. Michael und ich finden keine Ecke, die dieser Bewertung gerecht wird. Alles verbaut, alles touristisch, alles unattraktiv für uns. Das Schöne sind die langen breiten Sandstrände. Doch wir sind nicht überzeugt von den Stellplätzen. Müde von der Hitze fahren wir weiter. Park-4night ist unsere Quelle für Möglichkeiten, frei zu stehen. Es geht zehn Kilometer mitten durch Foliengewächshäuser, ein

Labyrinth. Nicht vorstellbar, dass es am Ende eine schöne Aussicht geben kann.

»Mar de plástico«, so wird das hier genannt – schlimm hässlich. Das Gemüse und Obst, das hier angebaut wird, braucht Massen an Grundwasser. Diese Gegend um Almeria ist Nahrungsquelle für ganz Europa.

Und wieder einmal lohnt sich die Fahrt: Wir stehen zwischen Balerma und Almerimar. Als wir ankommen, sind die Tagesgäste noch da. Buntes Treiben mit Jetskis, Quads und Reitern. Kurz vor dem Einbruch der Nacht bleiben nur noch wir übrig ... und die Mücken.

Irgendwas ist ja immer.

17. 6. 2021

Frau Bartsch wandert im Garten Eden und wagt eine Rangliste des Leidens in ihrer Biografie ... außerdem kommt Sex vor

Sierra Nevada, dieses Mal die Meerseite, Alpujarra.

Wir stehen auf einem Campingplatz, etwas unterhalb von Órgiva. Die Vegetation ist wieder die saftig-satte, die ich schon beim letzten Besuch der Sierra Nevada auf der Seite von Granada kennenlernen durfte. Hier wächst uns das Essen quasi in den Mund. Für mich, die ich das Essen liebe, ein Paradies.

Auf der Wanderung durch die Berge nötige ich Michael, alle zehn Meter stehen zu bleiben, um weitere, an Baum und Strauch wachsende Fressalien zu fotografieren. Ich will den reich gedeckten Tisch der Sierra Nevada dokumentieren. Vermutlich nerve ich Michael durch meine begeisterten Rufe, was ich nun schon wieder Tolles entdeckt habe: Avocado, Granatapfel, Walnuss, Esskastanie, Feige, Nisperos, Kiwi, wilder Fenchel, Olive, Kirsche, Quitte, Mandel und Pflaume. Wir sind die einzigen Wandersleute auf der wirklich abwechslungsreichen und quellwasserreichen Route, die wir auf unserer Komoot-App gefunden haben: Mecina-Ferreirola, Runde von Pitres.

Die Blogfee ruft an. Wir hatten länger keinen Kontakt. Seit einigen Wochen hat es mir kaum noch Angst gemacht, meine Befindlichkeiten direkt zu veröffentlichen und mich zu zeigen. So wie ich bin. So wie es ist. Mit allem, was dazugehört. Nackt. Mensch.

Meinen Klienten habe ich immer gesagt: »Ich bin ein Mensch – nichts Menschliches ist mir fremd.« (Ein Zitat aus dem Altertum, wie mir Google jetzt verrät: Publius Terentius Afer, 2. Jahrhundert v. Chr.) Ich unterstelle meiner Leserschaft eine ähnliche Empathiefähigkeit und Selbstkritik und werde durch die vielen Rückmeldungen darin bestärkt. Daher reden die Blogfee und ich über anderes.

Die Blogfee fragt mich, ob ich in den vergangenen Monaten einen Augenblick daran gedacht hätte, Ralf zu folgen.

Nein, nicht eine Sekunde.

1. Weil ich nicht an das Konstrukt glaube, ihn jemals wiedersehen zu können.

2. Weil ich das Leben liebe.

Wenn ich keine Depressionen habe.

Noch am Tag, als Ralf gestorben war, sagte ich meinem Sohn, dass er sich keine Sorgen um mich zu machen brauche, dass ich stark sei und das aushalten könne. Einige in meinem engsten Umkreis hatten extreme Sorge um mich, auch weil Ralf und ich eine so außergewöhnlich enge Bindung hatten.

In meinem Umfeld gibt es viele Menschen, die meine leidvollen Erfahrungen in einer Art Rangliste über ihr eigenes Leiden stellen und sich dann selbst abwerten, weil ich doch viel mehr Ballast auferlegt bekommen habe und mich dennoch so konstruktiv halte. Sie nehmen meine Geschichte, um ihr Leid in Relation zu setzen. Das kann helfen, kann aber auch wieder Anlass zur Selbstabwertung sein.

Diese Gedanken kenne ich auch aus meiner frühen Jugend, als ich in stationärer Therapie war: »Die anderen haben echte Probleme. Du stellst dich einfach nur an und machst dich wichtig.«

Zur Einordnung meines persönlichen Leidempfindens möchte ich mal meine »Leid-Rangliste« aufstellen: Die Monate, in denen ich mehr gelitten habe als im letzten halben Jahr, waren die, in denen ich an Depressionen und Esssucht erkrankt war. Das ist lange her, aber jede Faser meines Körpers kennt diesen Schmerz noch.

Wenn du Depressionen hast, hast du nichts mehr: keinen Sinn, keinen Antrieb, keine Entwicklung, keine Hoffnung, keine Freude, keine Freunde. (Keine Freunde, weil dein inneres Erleben dir einredet, dass deine Freunde dich nicht mögen. Und wenn sie dich mögen, dann nur, weil sie dein wahres Ich nicht kennen. Du bist eben nicht liebenswert. Wenn dann doch jemand irgendwie beweist, dass er dich mag, dann tut er das nur, weil er eben selbst ein Volldepp ist, dich nicht richtig kennt oder irgendeine Berechnung dahintersteckt. Auf keinen Fall, weil du liebenswert bist. Denn das bist du auf keinen Fall!)

Wenn du Depressionen hast, hast du sie 24/7. Wenn du Trauer hast, gibt es viele Phasen, in denen du lachen kannst. Und du hast Freunde. Viele. Alle halten dich.

Es fällt mir schwer, diese »Rangliste« zu schreiben, denn gesellschaftlicher Konsens scheint zu sein, dass der Tod des Partners oder der Partnerin das Schlimmste sei, was einem widerfahren kann. Nach dem Tod der eigenen Kinder.

Wie ich gelesen habe, gibt es noch Feinabstufungen der »Rangliste«. Stirbt der Partner an einer langen schweren Krankheit, sei es weniger schlimm zu verkraften als nach einem Unfall. Am schlimmsten sei der Tod durch Gewalteinwirkung. *On the top*: der Tod durch eigene Gewaltanwendung, sprich Suizid.

Ich befinde mich also auf Platz 2c der zu bedauernden Menschen. Das ist doch schon mal ein guter Ausgangspunkt für Mitgefühl und eine Freikarte für so vieles. Zum Beispiel traut sich im Augenblick niemand, neidisch auf meine Situation zu sein. Ich brauche nur anzudeuten, dass man damit dann auch das »Gesamtpaket« erhalten würde, und schon geht der andere wieder gern zur Arbeit und lässt sich klaglos auf nervige Kompromisse mit dem Partner ein.

Durch meine Offenheit riskiere ich die Herabstufung auf der »Rangliste«. Ich verliere dadurch möglicherweise die Sympathiepunkte, die gar nichts mit mir zu tun haben, sondern nur mit meinem erlebten Schicksal.

Natürlich spielt sich das Geschilderte ausschließlich in meinem Kopf ab und spiegelt meine inneren Dialoge und Ängste wider.

Es gibt Menschen, die eine Trennung vom Partner durchmachen und sagen: »Natürlich ist das, was du erlebst, schlimmer!«

Ich bin mir da nicht so sicher, denn im Gegensatz zu ihnen habe ich keine persönliche Kränkung erlitten.

Mir ist jedoch klar geworden, dass ich deswegen weit wegwollte, weil ich mit meiner Erwartungshaltung an die Erwartungshaltung der Menschen um mich herum nicht zurechtkam. Ich hatte den Eindruck, dass alle wollten, dass es mir gut geht, aber nicht zu gut. Dann wäre möglicherweise das Bild der heiligen traurigen Witwe ins Wanken geraten.

Kann ich zum Beispiel laut gackernd Federball auf der Straße spielen? Ich denke, ja, stelle mir aber vor dem inneren Auge die Gespräche hinter den Scheiben vor: »Schau mal, das ist die, der der Mann im Dezember gestorben ist. Na, sie trägt das ja mit Fassung! Am Ende ist sie noch froh, ihn los zu sein?«

Die unbegründeten Heiligkeitszuschreibungen durch andere könnten durch zu viel gelebte Freude meinerseits ins Wanken geraten und ins Gegenteil umschlagen.

Drei Wochen nach Ralfs Tod hatte ich Besuch. Wir sprachen über eine Frau, die ihren Mann ebenfalls durch Unfalltod verloren hatte. Ein halbes Jahr später hatte sie einen neuen Partner. Das war dem einen Freund, der zu Besuch war, zu früh. Der andere Freund fand das nicht. Man hat eine Meinung dazu. Das habe ich mir gemerkt. Vor meiner eigenen Erfahrung hatte ich ja ebenfalls eine Meinung zu solchen Geschehnissen.

In Telefonaten mit Freunden erfahre ich, was zwischen den Zeilen meiner Blogartikel herausgelesen und hineininterpretiert wird. Daher hier nun eine klare Aussage, die keine versteckte Botschaft enthält:

Ich habe keinen neuen Partner. Ich habe mich bisher auf drei sexuelle Abenteuer eingelassen, um meine körperlichen und seelischen Bedürfnisse zu befriedigen. So etwas klappt manchmal gut und manchmal nicht so gut. Ich wusste zum Beispiel nicht, dass es 2021 noch Männer gibt, die keine Ahnung von der weiblichen Anatomie haben.

Außerdem dürstet es mich, nachts ganz eng gehalten zu werden. Wie ich das vermisse! Löffelstellung. Das ist leider nicht jedermanns Sache. Bislang war niemand bereit, mich eine Zeit zu halten.

Nach 30 Jahren Partnerschaft ist das plötzliche Fehlen von körperlicher Nähe dermaßen eklatant, wie ich es mir nicht habe vorstellen können. Mein Nachbar zu Hause erzählte mir vor einigen Jahren davon, als er Witwer wurde. Er war mehr als 60 Jahre verheiratet gewesen und vermisste am meisten den körperlichen Kontakt. Ich dachte damals nicht, dass es mir auch einmal so gehen würde. Eine Witwe, die ich auf der Reise kennenlernte, meldete sich für Massagen an, nur um Berührung zu erleben. Freundinnen haben sich bereits angeboten, mich zu umarmen, aber es muss schon ein Mann sein.

Seltsam.

Sizilien im April 2022

Als Ralf starb, war ich mir sicher, dass ich frühestens nach einem halben Jahr wieder Interesse an Sex bekommen würde, denn ich bin eigentlich mit weniger sexuellem Trieb ausgestattet. Dachte ich.

Schon im Januar hatte ich eine so unbändige Lust, die ich von mir gar nicht kannte, dass ich mich bei Tinder anmeldete. Ich traf mich zwei Mal mit einem Mann zum Sex. Danach war es dann aber nicht vorbei. Ich fühlte mich enthemmt lustvoll und kaufte mir einen Womanizer; tauschte schriftlich sexuelle Fantasien mit einem Mann. Unfassbar, wie viel sexuelles Verlangen ich in der Zeit hatte. Einmal wachte ich sogar hocherotisiert auf.

An einem anderen Tag trank ich abends eine Flasche Sekt aus und tanzte völlig enthemmt in der Küche. Vorher zog ich die Jalousien herunter. Kann man doch keinem erklären, was da mit mir los war!

Mir selbst konnte ich meine Lust auch nicht erklären. Auf der einen Seite fühlte es sich gut und richtig an und auf der anderen erstaunlich und völlig unwürdig. Im letzten Jahr habe ich das nicht als Trauerreaktion einstufen können. Doch solche seltsamen Auswüchse kann ein Trauma anscheinend mit sich bringen, kann Trauer mit sich bringen. Wie viele Menschen außer mir plagen sich auch mit schwersten selbstabwertenden Gedanken, wenn sie sich so erleben, nachdem ihr Partner gestorben ist?

Bei Instagram gibt es einen Kanal, der sich auf eine frische Art mit Trauer und Sterben beschäftigt. Er heißt »21 Gramm«, weil es einmal die angeblich wissenschaftliche Erkenntnis gab, dass der Mensch vor seinem Tod 21 Gramm mehr wiegt als unmittelbar danach. Das sei der Beweis dafür, dass die Seele ein Gewicht habe, hieß es damals. Leider ist das mittlerweile widerlegt.

Irgendwann hat »21 Gramm« über die Libido in der Trauer berichtet. Sie wurde als Diagramm dargestellt, das zeigte, dass es sowohl zu totaler Unlust als auch zu erhöhter Lust kommen kann und zu allem, was dazwischenliegt. Es ist immer wieder so tröstlich, normal zu sein.

19. 6. 2021

Frau Bartsch weint in der Kirche und fordert sich heraus

Michael hat den falschen Stuhl gekauft: Der hat Magnete eingebaut und hält ihn böswillig fest. So fahre ich allein mit dem Fahrrad nach Órgiva, um den Ort zu besichtigen und eine neue Messingschraube für die Finne meines SUP-Boards zu kaufen. *Un tornillo de latón*, wie es im Google-Übersetzer heißt. Hat die Ferretería aber nicht. Der junge Mann lacht sich inmitten seiner Motorsägen kaputt. Eine Messingschraube! Nun gut, dann suche ich demnächst mal eine Eisenwarenhandlung am Meer auf.

Danach ist die To-do List für heute abgehakt. Eine Kirche steht in der Mitte des Städtchens. Das machen sie ja oft. Ich gehe rein, um eine Kerze anzuzünden. Das ist außergewöhnlich, ich folge einfach meinem Impuls. Kirchen haben mich bislang nicht interessiert. Maximal der riesige Petersdom. Ralf hat gerne Kirchen angeschaut. Und auch gern lauthals darin gesungen, weil das so schön klang.

Als ich neulich eine Woche mit Helmut gereist bin, sind wir auch in Kirchen gegangen – weil er es wollte. Dort hatte ich schon überlegt, eine Kerze anzuzünden, fand mich aber irgendwie albern. Meine Mutter riet mir später zu: »Mach doch!«

Ich nun also in die Kirche. Kann man ja mal machen, denke ich mir und fange an zu weinen. Das kommt überraschend. Leider haben sie hier nur Elektrokerzen, die flackern und wirklich schlimm aussehen. Wenn man eine Münze einwirft, geht ein Licht an. Das ist mir nun doch zu blöd, und ich setze mich in die Bank. Ich bin allein; nehme meinen Mundschutz ab und weine. Warum? Irgendwann ist es vorbei, und nachdem ich den Impuls spüre, zu gehen, hat mich die laute Welt draußen wieder zurück.

Am nächsten Tag hat der magnetische Stuhl von Michael keine Chance: Er hat keine Zeit, sich hinzusetzen, denn wir brechen schon früh am Morgen in die Berge auf. Am Vorabend hat Michael vorgeschlagen, eine Wanderung von 18 Kilometern Länge und 900 Höhenmetern zu machen. Er hat gehofft, dass ich dies ablehne. Ich sah es ihm an. Doch ich zeigte mich kämpferisch und nahm den Vorschlag an. Nun hatten wir den Salat.

Ich will es nicht zu spannend machen: Wir haben es geschafft. Mit etlichen Pausen!

Nach zwölf Stunden sind wir wieder am Campingplatz, stopfen dort noch eine Pizza rein und fallen ins Bett.

Zehn Stunden Schlaf. Dann bin ich wieder fit für neue Abenteuer. Keine Hüftschmerzen! Nach 18 Kilometern und, wie sich rausstellt, 1400 Höhenmetern hoch und 1400 Höhenmetern runter! Auch der Muskelkater lässt noch auf sich warten.

Es geht nach Sevilla. Dort kommt morgen meine Freundin Renate an. In Sevilla ist heute Abend ein Europameisterschaftsspiel (Spanien – Polen). Eine tolle Stimmung ist in der Innenstadt zu spüren. Auch die übliche Polizeipräsenz, und dazu Hubschrauber über dem Geschehen.

Ich fahre mit dem Rad zur Kathedrale Giralda, gehe auch rein. Aber der Türsteher sieht mir an, dass ich nicht zur Messe will, und schmeißt mich raus. Wieder keine Kerze angezündet. Ich setze mich in das bunte Treiben, bin allein. Das erste Mal seit Wochen. Es hilft nicht, dass ich mir den Tisch voll Leckereien und Alkohol bestelle. Ich sitze hier allein. Wie fühlt es sich an? Ganz blöd. Warum?!?

Ich halte das jetzt einfach mal aus. Na ja, nicht so ganz. Ich schreibe die ganze Zeit und bin dadurch beschäftigt, will auf keinen Fall bedürftig wirken.

War das eigentlich schon immer so, dass ich mir so viele Gedanken um die Gedanken von anderen Menschen mache? Oder fällt es mir jetzt durch die schriftliche Reflexion einfach mehr auf?

Das nehme ich jetzt mal als Lernaufgabe: Mehr bei mir bleiben. Ich bin.

Vor Ralfs Tod habe ich mich beruflich intensiv mit dem Thema »Scham« und »Beschämung« auseinandergesetzt, und da ist mir erst aufgefallen, wie oft wir Menschen am Tag Scham empfinden. Allein im Eiscafé oder Restaurant zu sitzen, gehört bei mir zu den Situationen, die Scham hervorrufen. Die Scham wächst proportional zur fortschreitenden Uhrzeit. Also: Nachmittags geht es noch. »Wer bis zum Abend keine Freunde dabeihat, ist ein armer Mensch. Vermutlich sozial unverträglich, daher allein.«

Alles nur Gedanken. Einatmen. Ausatmen. Ich bin da. Ich bin in Sicherheit.

Lautes Klatschen in der Gasse, in der ich sitze: Es ist wohl ein Tor gefallen. Das würde man in Deutschland aber lauter abfeiern. Entweder erwarten die Spanier noch etliche Tore und haushalten mit ihrer Energie, oder es ist ein polnisches Tor gefallen, und es waren die wenigen polnischen Fans, die geklatscht haben. Oder die Spanier sind sehr zurückhaltend.

So wie im Straßenverkehr. Hier gilt in allen Ortschaften meist Tempo 30 bei zweispurigen Fahrbahnen. Das ist für mich Fahranfängerin genau das richtige Tempo. Auch für Sightseeing wunderbar geeignet. So gut wie nie hört man eine Hupe, und die Autofahrer bremsen gerne und geduldig für alles, was die Straße queren will oder soll.

22.6.2021

Frau Bartsch 24 Stunden Paradies.
Im Anschluss: Frau Bartsch setzt auf

Montag. Meine Freundin Renate aus Deutschland ist da. Wir sind in der Palmenbucht bei Águilas (siehe Titelbild). Die hatte mir der Nachbar vor ein paar Wochen gezeigt, als wir in der Carolinenbucht standen. Die Palmenbucht war in den letzten Jahren Treffpunkt für buntes Wohnmobilvolk. Einige Wochen zuvor ist sie geräumt und abgesperrt worden.

Am vergangenen Wochenende nun haben die Besucher die Absperrung kaputt gemacht, sind am Sonntagabend wieder nach Hause gefahren, und wir stehen für 24 Stunden glücklich und allein am schönsten Ort der bisherigen Tour. Der Mond scheint hell, wir springen nackt und juchzend in die Brandung. Alles ist gut. Meine Theorie, dass irgendwas ja immer ist, bestätigt sich an diesem Abend nicht. Keine Mücken, Fliegen, Käfer. Keine Feuchtigkeit. Einfach eine laue Nacht mit Mondschein, und meine langjährige Freundin Renate ist da.

Heute Morgen gibt es eine To-do-Liste. Das muss in der nahe gelegenen Stadt Águilas geregelt werden. Ich fahre Rad, Renate joggt nebenher. In der Zwischenzeit kommt die Polizei, fotografiert mein Nummernschild und sperrt die Zufahrt erneut mit Eisenzaun und Kabelbinder ab. So erzählen es uns später Spaziergänger, die in der Nähe kampieren.

»Gar nicht mal so schlecht«, denken wir uns, da wir ja nun nicht mehr wegkönnen und durch den Verschluss der Zufahrt schön alleine bleiben.

Renate möchte das Stand-up-Paddling mit meinem Board ausprobieren. Wir pumpen es auf.

Ein anderer Spaziergänger kommt den Weg entlang und

erzählt auf Spanisch-Französisch von der Polizei, die da gewesen sei, und dass wir besser verschwunden sein sollten, wenn sie wiederkommen. Die hintere Zufahrt sei wieder frei, darüber könnten wir rausfahren und uns dann auf den benachbarten und tolerierten Platz stellen. Das mache ich, während ich Renate ohne weitere Anleitung das Board überlasse, um es auf dem Seeweg in seine neue Heimat zu überführen. Ungeübt muss sie sich allein durch die Wellen arbeiten.

Ich fühle mich mit meinem Wohnmobil schon als alter Hase und wegen der schwierigen Zufahrt zu »meinem Dorf« sozusagen »Paris–Dakar-erprobt«. Also manövriere ich meinen »Truck« mal eben cool an den französischen Rentnern vorbei zur besten Stelle direkt am Meer. Leider setzt infolge einer Bodensenke, die ein paar Zentimeter tiefer ist, als es noch gut wäre, mein lang überstehendes Hinterteil auf, und ich höre das Plastik bersten. Das ist also der Grund, warum keiner hier steht, Hase!

Nun denn, egal, denke ich mir. Dafür stehe ich nun auf dem besten Platz. Poolposition!

Kurze Zeit später kommt der Franzose wieder an und erklärt mir, dass die Polizei auch diesen Platz nicht tolerieren würde. Es sei ziemlich teuer, genau da zu stehen. Mir erschließt sich das System dahinter zwar nicht, aber lieber höre ich auf den weisen Rat eines »Kollegen«. Beim Rangieren wird das Hinterteil noch ein weiteres Mal kräftig über den harten Boden gezogen, sodass sich jetzt auch noch der andere französische Rentner eingeladen fühlt, meine Parkmanöver mit Tipps und Winken zu begleiten. Am Ende stehe ich eigentlich auf einem schönen Platz. Warum denn nicht gleich so? Bisschen bescheidener, Frau Bartsch!

Ich frage na-bei-wem-wohl an, ob er mir das Hinterteil repariert. Macht er. Wenn, dann aber heute noch. Und zwar *pronto*. Also alles wieder einpacken. SUP-Board falten und ins Wohnmobil stellen und an den verwunderten Rentnern winkend vorbei den Ort verlassen. Auf zu »meinem Dorf«! Eigentlich wollte ich doch mit meiner Freundin ein bisschen Zeit allein verbringen. Sie ist doch nur fünf Tage hier!

Michael ist auch gerade auf dem Weg ins Dorf, schreibt er. So schnell treffen sich alle wieder! Ich habe eigentlich keine Lust auf eine große Gruppe. Aber was soll's.

Auf der Autobahn dann plötzliches Gerappel von der eher schlimmeren Sorte. Zum Glück habe ich meine Freundin dabei. Sie checkt die Lage, was nicht so einfach ist, weil sie sich über das sperrige SUP-Board zur Geräuschquelle vorarbeiten muss. Erschrockener Aufschrei, ich fahre lieber auf die Standspur und halte an. Keine gute Erinnerung. Es weckt sofort Bilder von Ralfs Unfall in mir. Obwohl ich nicht dabei war.

Aber niemand ist auf der Bahn außer uns. Es ist ungefährlich. Längs zur Fahrtrichtung steht das Dachfenster offen, und der Fahrtwind rappelt an der Verdunkelungsjalousie, die geschlossen ist. Nichts passiert! Ein Glück!

Keine fünf Minuten später fahre ich bei der Mautstation in die Einfahrt, die nur für elektronische *Télépéage* vorgesehen ist, und muss uns rückwärts wieder herausarbeiten. Zum Glück nicht mit einem Wohnwagen. Lachend nehme ich die Einfahrt mit der persönlichen Bezahlung und freue mich, seit Langem mal wieder drei Lernerfahrungen an einem Tag zusammenbekommen zu haben.

Mario baut noch am Abend die hintere Plastikecke ab, die durch ein Klettband am Wohnmobil befestigt ist, und verklebt die Ecke und schmiert Paste drauf und schleift und schmiert wieder Paste drauf und schleift und streicht und schleift und streicht noch mal, und am nächsten Mittag ist die Ecke wie neu. Er kann alles. Toller Service! Und das direkt am Strand. Während die Kundschaft Urlaub macht.

NACH NORWEGEN

26. 6. 2021

Frau Bartsch hat wieder ein stabiles Hinterteil und reist gen Norden

Meine Freundin fliegt von Alicante nach Hause, und ich mache mich auch auf den Weg. Die Ferien haben begonnen, die Saison ist eröffnet. Bunte Sonnenschirme, Rollstuhlsteg, immer die gleichen blau-weiß gestreiften Campingklappstühle aus dem Chinamarkt und ein paar Schwimmmeister zieren den Strand in der Nähe von Santa Pola und dem Flughafen von Alicante. Noch vor drei Wochen waren hier nur vereinzelt Leute. An diesem Strand kann man hervorragend frei stehen, obwohl es ein großes Schild gibt wie eigentlich überall: *Prohibido acampar.*

Ich habe die Logik der »Camping verboten«-Schilder in meiner Zeit in Spanien nicht durchdringen können. Wann muss man sie ernst nehmen und wann nicht? Die Polizei patrouilliert jede Viertelstunde mit dem Auto oder Fahrrad. Wir sitzen ohne Maske vor dem Wagen. Niemand sagt etwas dazu. Von morgen an ist in Spanien die Maskenpflicht draußen aufgehoben. Doch wer denkt, die Spanier seien dann heute schon nachlässiger, der irrt. Die meisten gehen mit ihrer Maske zum Strand und nehmen sie erst auf ihrem Campingstuhl ab.

Diese eiserne Disziplin hinsichtlich der Maske kann ich mir nur damit erklären, dass es die Spanier mit der wochenlangen Ausgangssperre vor einiger Zeit besonders hart getroffen hatte und die Strafen für eine fehlende Maske im Gesicht zu Beginn drakonisch gewesen sein müssen.

Alles ist vorbereitet für die Saison. Sie startet am San Juan, dem Johannistag, der hier anscheinend mit Feuerwerk und meterlangen Familientafeln am Strand gefeiert wird. Die Bademeister haben tatsächlich zu tun. Sie und andere Badegäste schleppen einen leblos erscheinenden Frauenkörper aus dem flachen Wasser. Der Rettungsdienst wird gerufen. Zum Glück können die Sanitäter nach kurzer Zeit wieder fahren – ohne Gast an Bord. Das sind ungute Momente …

Diese Situationen sind wahrhaftiger, bedrohlicher als früher. Der Tod ist realistisch geworden. Man kann sterben.

Mobile Toiletten, gestutzte Palmen und zusätzliche Mülltonnen zeigen den Beginn des Spektakels an. Auch die Straße, die kilometerlang an Stränden und Küste entlangführt, ist mit einer neuen Fahrbahnmarkierung versehen. Alles neu für die Saison.

Darum ist für mich nun der Augenblick gekommen, zu gehen. Das, was hier in den nächsten zweieinhalb Monaten zu erwarten ist, ist nicht das, was ich mir für meine letzten Reisewochen wünsche. Ich möchte auf die andere Seite von Europa: nach Norwegen. Da soll man seine Ruhe haben. Einen kurzen Abstecher nach Callantsoog (Nord-Niederlande) gönne ich mir. Meine Eltern verbringen dort einen typisch holländischen Campingurlaub: zu viel Wasser, wo man es nicht will. Danach möchte ich einen Haken nach Osnabrück schlagen, um mir meine erste Impfung abzuholen, und dann direkt weiter Richtung Norden fahren. Ich werde mir eine Facebook-Gruppe für Norwegenfans suchen, um Tipps zu bekommen. Das erscheint mir sicherer als ein Reiseführer. In meinem Spanienführer hieß es fälschlich, dass Freistehen mit dem Wohnmobil mit sehr hohen Geldbußen geahndet werde.

Michael war schon in Norwegen gewesen und klärte mich auf, was ich im Vorfeld alles beantragen und wo ich mich anmelden muss – ähnlich kompliziert wie die Story mit den SIM-Cards und dem Datenvolumen.

Jetzt also los. An Barcelona vorbei. Ich erinnere mich, wie mich die Fahrt durch Barcelona auf dem Hinweg aus der Bahn warf. Doch heute schmerzt es nicht, die Stadt zu sehen. Es tut nicht mehr weh. (Zumindest heute nicht.) Darum stelle ich heute in meine Playlist »Junimond« von Rio Reiser. Auch weil wir dieser Tage so einen wunderschönen vollen Junimond sehen. Der berührt mich wie der Blick auf das Meer.

Ich will unbedingt in der Nacht über die Grenze, weil ich keinen Coronatest gemacht habe, der derzeit noch gefordert wird. Doch bei der Mautstation einen Kilometer vor der Grenze steht die Polizei und stoppt mich kurz. Mein Herz auch. Was soll aber passieren? Im schlimmsten Fall muss ich halt zurück und in Figueres eine Testmöglichkeit suchen. Vielleicht akzeptieren sie aber auch einen Schnelltest, den ich vor ihren Augen mache? Ich habe noch welche. Meine Tochter hatte mir Nachschub mitgebracht, weil man sie in Spanien nicht kaufen kann. Doch als der Polizist mich sieht, winkt er mich weiter. Geschafft! Es ist halb eins in der Nacht. Jetzt aber schnell einen Platz zum Schlafen suchen.

26. 6. 2021

Frau Bartsch wird von der Polizei mit Drogen erwischt

Der Reihe nach. In tiefer Nacht stelle ich mich auf einen Stellplatz am Friedhof von Le Boulou in der Hoffnung, dass es dort am nächsten Morgen ruhig zugehen wird. Normalerweise ist das vielleicht auch so, aber heute findet eine Oldtimerrallye mit Porsche und BMW statt, und zumindest die Porsches haben röhrende Auspuffe. Ich habe den Verdacht, dass sie den ganzen Morgen einfach immer um den Friedhof herumfahren.

Um halb zwölf starte ich meine nächste Etappe. Es sollen noch knapp 1500 Kilometer bis Callantsoog sein. Mittlerweile habe ich herausgefunden, dass ich etwa 600 bis 700 Kilometer an einem Tag schaffen kann. Mehr wäre eine echte Quälerei. Mit Tempo 90 juckel ich hinter den Lkw her und finde diese Art zu reisen höchst entspannt. Da ich ein Automatikgetriebe habe, habe ich nicht viel zu tun. Mit dem Tempomat noch dazu erst recht nicht. Ich höre die CD, die ich von Renate zum Geburtstag bekommen habe: *Die unwahrscheinliche Pilgerreise des Harold Fry*. Zwischendurch weine ich, weil es Parallelen gibt. Oder aus einem anderen Grund.

Mein Weinen überrascht mich immer wieder. In Situationen, in denen ich vermute, dass ich weinen müsste, passiert es nicht, und dann kommt es völlig überraschend daher. Wie neulich in der Kirche. Vermutlich geschieht es immer dann, wenn ich mal mit mir allein bin und zur Ruhe komme.

In der Geschichte auf der CD kommt ein Witwer vor. Er erzählt, dass die Trauer immer bleibt. Sie sei wie ein großes, tiefes schwarzes Loch, und anfangs fiele man immer wieder hinein, und später wisse man um das Loch und gehe drum herum. Das Loch verändere sich aber nicht.

Ein Freund von Ralf findet das ein gutes Bild. Ich weiß noch nicht, ob es für mich passt.

Bei dem Freund ist die Trauer gleichbleibend. Bei mir ist sie so wechselhaft wie die Stimmung eines pubertierenden Mädchens. Mal scheint es mir, dass Ralf schon zehn Jahre tot ist, und unsere Ehe kommt mir unglaublich weit weg vor. Fast schon nicht mehr wahr. Und dann gibt es wieder solche Schreckensmomente, in denen ich von der Erkenntnis völlig überrascht werde, dass Ralf wirklich tot ist. So weit weg von zu Hause lässt sich seine Abwesenheit hervorragend verdrängen. Ich könnte ja einfach auf großer Fahrt sein.

Plötzlich taucht ein beeindruckend schönes Bauwerk auf: eine 2,5 Kilometer lange Brücke: Viadukt von Millau, eine der höchsten Brücken der Welt. Eine Konstruktion mit Stahlseilen, wie ich sie schon mal in kleiner in Rotterdam gesehen habe.

All das lese ich am Abend im Internet nach. Und dass die Brücke jetzt 17 Jahre alt ist. Sie überspannt ein tiefes weites Tal. Wunderschön.

Ansonsten geht es heute hoch und runter und wieder hoch und noch mal runter. Eine traumhafte Autobahn in grüner Natur, mit Wein und reifen Kornfeldern. Von Perpignan nach Paris. Kurz nach der Brücke kommt mal wieder eine Bezahlstation, und dahinter steht ein Polizist, der mich fragt, woher ich komme und wohin ich möchte. Weil ich nicht vorbereitet bin, habe ich mir keine Story zurechtgelegt und sage die Wahrheit: dass ich aus Spanien komme und nach Holland möchte. Innerlich zittere ich vor der Frage nach dem Coronatest, aber daran ist er gar nicht interessiert. Sie suchen Drogen. Bei mir. Sehe ich so aus, als ob ich Drogen schmuggeln würde?

Sie fragen nach Alkohol und Drogen, und ich antworte: »Ein bisschen Alkohol.« In dem Moment fällt mir leider ein, dass ich im Küchenschrank eine kleine Portion Marihuana versteckt habe. Dieses Gras habe ich vor Wochen in »meinem Dorf« von einem Spanier geschenkt bekommen, als ich Interesse geäußert hatte, einmal mitrauchen zu dürfen. Mein letztes Mal lag 28 Jahre zurück, und entsprechend ängstlich bin ich vor den neuartig gezüchteten Varianten. Mich interessierte das Geschenk allerdings ab dem Moment nicht mehr, als ich mit Händen und Füßen sprechend herausbekam, dass es schläfrig macht anstatt lustig. Schläfrig macht mich mein Progesteron, das ich abends gegen Wechseljahresbeschwerden nehme, auch. Da brauche ich keine anderen Drogen. Da ich das Geschenk aber rührend fand, steckte ich das Kraut in den Küchenschrank, wo ich es vergaß. Bis jetzt.

Der Polizist bittet mich, den Wagen zu öffnen, und fragt noch einmal nach, ob ich Drogen hätte. Ich gestehe.

Sofort wird der Drogenhund geholt. Ich soll meinen Tresor öffnen, mein Geld herausnehmen. Ob ich mehr als 10 000 Euro dabeihabe, werde ich gefragt. Wegen des Presseausweises fragt mich der Auszubildende, ob ich bei einer Zeitung arbeite. Ich erzähle, dass ich einen Blog schreibe, wegen der Reise und meines toten Mannes. Was ich denn vorher gemacht hätte, möchte er wissen. Wie sagt man das auf Englisch? Ich komme ins Trudeln und sage dann: »*I teach teachers to get along with the kids.*« Was für eine doofe Antwort! Aber mir fällt kein Ausdruck für »Fortbildung« ein in Englisch.

Irgendwann lache ich und erzähle, diese Aktion hier sei eine lustige Story für meinen Blog. Das finden zwei der drei Polizisten wohl nicht so lustig, und der Englischkundige sagt, dass es in Frankreich grundsätzlich verboten sei, Marihuana zu besitzen. Nun bin ich doch etwas beeindruckt und frage, ob ich jetzt kriminell sei. Zum Glück ist dem nicht so. Als der Drogenspürhund nichts findet, geht einer der Polizisten mit mir zu einem Regenwassergully an der Autobahn und wirft das Plastiktütchen hinein.

Mir fällt die Kinnlade runter. Ist das Ihr Ernst, Monsieur *le commissaire*? Auf dem Rückweg zum Wagen erklärt mir der Polizist, bei welcher Menge er mich jetzt verhaften würde. Da es so wenig gewesen sei, könne ich jetzt fahren.

Ob der Polizist am Abend die weggeworfenen Päckchen aus dem Gully holt?

Als ich starte, haben sie gerade einen *Hells Angel France* am Wickel. Der überholt mich kurze Zeit später. Offenbar haben sie bei ihm weniger gefunden als bei mir. Organisierte Verbrecher denken daran, die Drogen von anderen transportieren zu lassen. Sind eigentlich alle Hells Angels Angehörige des organisierten Verbrechens? Da habe ich eine Wissenslücke und nur Vorurteile. Die Frage lässt sich auch im Internet nicht abschließend klären.

Das einzige Mal in meinem Leben, dass ich geschmuggelt habe – und dann eine Drogenkontrolle! Zufälle gibt es!

Der Polizist ist mit dem Hund durch mein Wohnmobil gegangen und hat neben den Hängeschranktüren sogar die Kühlschranktür offen gelassen. Das alles registriere ich 100 Kilometer später, als ich wegen seltsamer Geräusche auf einen Parkplatz fahre.

100 Kilometer vor Paris suche ich mir um halb zehn über Park4night einen schönen kostenfreien Stellplatz an einem See. Ich bekomme den letzten Platz. Nach mir kommen noch vier weitere Wohnmobile. Die Saison hat begonnen. Norwegen, ich komme!

Heute passt Stefan Raab/feat. Shaggy, »Gebt das Hanf frei!«, in meine Playlist.

27.6.2021

Frau Bartsch hat dicke Füße und backt Kuchen für ihren Vater

Nach drei Tagen auf dem Fahrersitz sind meine Füße dick, als wäre ich die 2000 Kilometer zu Fuß gegangen. Ich werde von meinen Eltern freudig erwartet und begrüßt, und nach kurzem Teetrinken schmeiße ich den Grill an, um den frischen Fisch aus Spanien zuzubereiten: Lachs, Thunfisch und Schwertfisch, die müssen jetzt dringend verspeist werden. Der Kühlschrank läuft beim Fahren nur mit 12-V-Strom, und bei so starker Sonneneinstrahlung kühlt er nicht mehr in gewohnter Zuverlässigkeit.

Der Campingplatz ist sicherlich ganz prima, aber nach meinen Erlebnissen ist das hier mehr als ein kleiner Kulturschock. Fast nur ältere Paare mit Wohnwagen und Vorzelt. Dazwischen Hecken und überall gemähter Rasen.

28.6.2021

Heute fahren wir Rad. Weil wir in Holland sind. Weil wir in Holland sind, haben wir Wind und später auch Nieselregen. Weil wir in Holland sind, gibt es Apfelkuchen nach der ersten Etappe. Meine Eltern jagen mich durch die Dünen: mein Vater mit seinem fast 40-jährigen Rennradtraining und meine Mutter mit E-Bike. Ich bin bettreif, als wir zurück sind.

Für meine Eltern ist dieser Campingurlaub der letzte. Sie wollen ihren Wohnwagen nun verkaufen, erzählen sie mir. Es wird alles ein wenig zu mühselig.

29.6.2021

Heute Regen. Mehr Regen. Noch mehr Regen. Endlich mal wieder das Leben bringende Nass im Überfluss. Was habe ich das vermisst, mit den blanken Füßen durch die Pfützen zu springen! All die Urlauber, die Gräben um die Heimstätten ziehen, um das Wasser abfließen zu lassen! Der Humor, die Freude, die den Menschen dabei in den Augen abzulesen sind, ist nirgendwo auf der Welt zu kaufen. DAS KRIEGT MAN NUR, WENN MAN IN HOLLAND CAMPINGURLAUB MACHT. (Vorsicht, Ironie!)

Weil bei mir mehr Platz ist, frühstücken wir bei mir im Wohnmobil. Heizung an. Dann mit meiner Mutter nach Herzenslust Spiele spielen, bis das Wasser fast knöchelhoch steht, der Regen ein Einsehen hat und eine kleine Pause einlegt. Wir fahren mit dem Auto in den Ort, um die Zutaten für einen Käsekuchen zu kaufen. Michael hatte einen so leckeren Kuchen für meinen Geburtstag gebacken. Genau den will ich heute für meinen Vater nachmachen. Er hatte auch Geburtstag und liebt Käsekuchen. Doch natürlich müssen meine Mutter und ich erst die To-do-Liste für Holland abarbeiten:

Patat oorlog essen, »Pommes-Krieg« = Pommes, Erdnusssoße, Mayonnaise und frische Zwiebeln.

Dann Eis. Dann Lakritz kaufen, dann für den Sohn noch diverse Lebensmittel, die seine Mutter schon allein aus Tradition aus Holland mitzubringen hat. Bei so vielen Aufgaben fällt schon mal das eine oder andere hintenüber. Zum Beispiel das Vanillepuddingpulver für den Kuchen.

Egal, einfach ein bisschen Tonkabohne reinstreuen. Wir lassen uns nicht beirren, wird schon. Eier rein. Die neue Packung, noch aus Spanien, anbrechen und … Oh! *Cocidos*, das hatte ich doch schon in meiner Spanisch-lern-App?

Ich hatte eine Packung hart gekochte Eier gekauft.

Zum Glück hat meine Mutter noch Eier. Den Kuchen backe ich mit der Omnia-Backform. Das ist eine Form, die aussieht wie eine Rührkuchenform mit Loch in der Mitte. Sie steht auf einer Blechunterlage, die auf den Gasherd gestellt wird. Durch die Blechunterlage wird die Hitze abgefangen. Die Flamme erhitzt den Kamin in der Mitte, und über den Deckel wird die Hitze oben auf das Essen geleitet. So entsteht eine Rundumhitze wie im Backofen. Ich habe ja keinen echten Backofen im Wohnmobil.

Der Käsekuchen schmeckt eher wie ein Quark-Soufflé, aber meinen Eltern mundet es vorzüglich. Ist klar. Sie wollen die Fußball-EM auf meinem Fernseher sehen und müssen sich benehmen. Außerdem darf man beim Campen nicht heikel mit dem Essen sein.

30. 6. 2021

Frau Bartsch ist zwei Nächte daheim

Das Heimkommen ist ein wahrer Spaß: Mein Sohn hat den Garten gepflegt, die Küche geputzt und Blumen, Kerze und Kuchen bereitgestellt. Mutterherz im Glück. Um mir einen

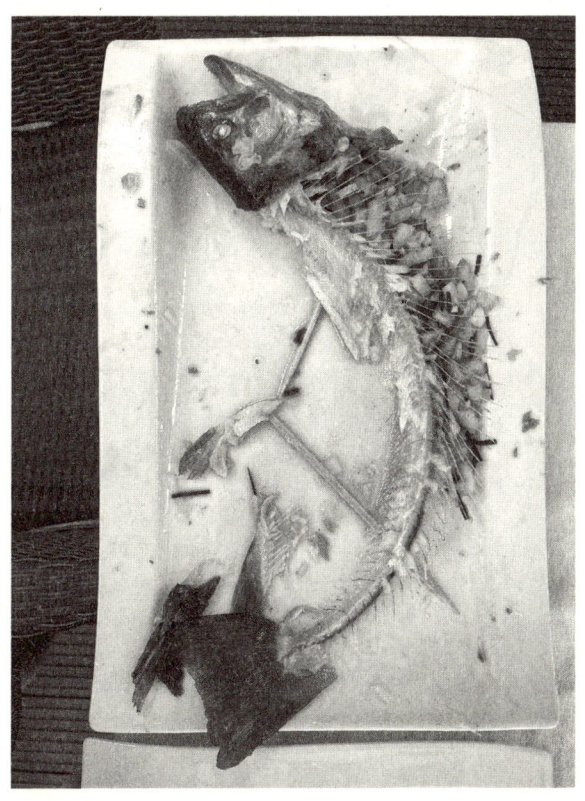

selbst geangelten frischen Fisch grillen zu können, hat er außerdem nachmittags mal eben seine Angel in die Düte gehalten und eine 45 Zentimeter lange Forelle rausgezogen.

Donnerstag. Die erste Corona-Impfung mit Biontech und der Hinweis auf regelmäßiges Hautkrebsscreening, als der Arzt meine braune Hautfarbe sieht. Er hat heute noch mehr Fließbandarbeit als sonst vor sich, da die Praxis ausschließlich donnerstags impft. Dennoch lässt er es sich nicht nehmen, mir über die Zoll-App von Norwegen zu berichten, mit der man schon vorab seine Alkoholika deklarieren und den Zoll darauf abführen könne. Er hätte sich da mal erkundigt, weil man nur sehr wenig Bier mitnehmen dürfe. Er sei ja Arzt, würde keinen Alkohol trinken, hätte sich aber für einen Freund erkundigt.

Im Gegenzug erzähle ich ihm über meine jüngste kriminelle Drogen-Vergangenheit und insbesondere die unkonventionelle Entsorgung in Frankreich. Es hätte noch fast gemütlich werden können, wenn nicht irgendwann die Sprechstundenhilfe ungeduldig geworden wäre.

Abends kommt meine Freundin aus Flensburg auf der Durchreise zu ihrer Mutter. Wir sitzen mit meinem malenden Sohn bis spät in der Küche und schauen Fotos von meiner Reise. Das ist den Dia-Abenden aus den Achtzigerjahren ähnlich: einzig und allein interessant für die, die den Urlaub gemacht haben. Für die anderen nur ein freundschaftlicher Akt, langweilig und ermüdend. Ich habe das irgendwann eingesehen.

Mein Sohn zeigt mir einen angebrannten Fleck auf dem Tisch, den eine Espressokanne kurz nach meinem Reisestart verursacht hat. Ich fühle nichts. Starre auf den Fleck und begreife nicht, warum mir mein Nest nichts mehr bedeutet. Es ist, als wäre ich bei ihm zu Besuch. Das ist sicherlich ein Schutz. Das geborgene Nest ist keins mehr. Mir ist das Haus egal. Ich weine.

Dauerhaft im Wohnmobil zu leben, kommt mir gerade hochgradig attraktiv vor. Bin genervt. Angestrengt. Ich weiß, dass das Flucht ist und ich diesen Gedanken, wie den wohltönenden Sirenen in der griechischen Sage, kein Gehör geben soll. Mein Verstand wird mich glücklicherweise zwingen, ins Haus zurückzukehren und all das auszuhalten, was dann möglicherweise an Gefühlen hochkommt.

Wegen der Stimmung heute der Song »Bring den Vorschlaghammer mit« von Element of Crime in meiner Reiseplaylist.

2.7.2021

Frau Bartsch zieht weiter

Spät ins Bett, dafür aber früh raus: Um halb sieben werden die Pflastersteine für meinen zukünftigen Wohnmobilstellplatz vor dem Haus geliefert. Da, wo vorher eine stabile Auto-Garage stand, kommt nun der Stellplatz hin. Ich hatte nicht damit gerechnet, dass das Wohnmobil nicht in unsere kleine Siedlungsstraße passt. Genau genommen passt es schon, der Müllwagen kommt dann nur nicht mehr durch. Da ich es auf jeden Fall vor der Tür haben möchte und nirgends Platz war, musste die Garage weichen. Noch bevor ich im März gestartet bin, habe ich den Auftrag vergeben. Um keinen Bauantrag stellen zu müssen, habe ich den Stellplatz ohne Dach geplant.

Heute Morgen kommt die Mail, dass der Erinnerungsdiamant aus Ralfs Asche in 14 Tagen bei der Bestatterin eintrifft. Ich möchte ihn doch nicht, wie ich es geplant hatte, aus der Schweiz abholen. Der Weg aus Norwegen wäre zu weit. Aufgrund von Corona ist die Firma auch froh, wenn es keinen Publikumsverkehr gibt. Ich könne ja zu einem späteren Zeitpunkt kommen.

Ich zeige meiner Freundin den Ring »Raumtropfen« vom Schmuckdesigner. Vermutlich werde ich den Diamanten in diesen Ring einarbeiten lassen. Aber wie wird ein möglicher neuer Partner darauf reagieren, wenn ich den Ring lebenslang trage?

Das ist heute Morgen Thema am Frühstückstisch. Zwischendurch, vor einigen Wochen, hatte ich mal die spinnerte Idee, ihn mir unter den Busen unter die Haut nähen zu lassen. Jaaaaa ... Nee! ... Weiß ich doch selbst.

Wegen undefinierbaren Bauchwehs fahre ich nicht, wie geplant, nach Balje. Das ist der Ort, wo ich zu Ostern war. Die Idee war, diese liebevolle *Selfmade*-»Ferien-in-Bullerbü-Familie« auf dem Weg nach Norwegen zu besuchen. Da ich wenig geschlafen habe und erst einmal abwarten will, wie es mir im Laufe des Tages ergeht, sage ich ab.

Um vier Uhr nachmittags breche ich dann in Richtung Norwegen auf und schaffe es bis kurz vor Hamburg. Dann werde ich zu müde. Park4night weist mir den Weg zu einem süßen Platz mit Naturbad. Vielleicht noch eine Runde schwimmen vor dem Schlafen?

Der Stellplatz ist an eine Gastronomie angeschlossen und gehört zu dem Verbund »Landvergnügen«. Wow! Das hatte ich vor lauter Spanien-Fixierung ganz vergessen: Im Winter bin ich Mitglied bei »Landvergnügen« geworden. Man kauft deren Stellplatzführer und kann dann ein Jahr lang kostenlos auf Stellplätzen von angeschlossenen Bauernhöfen stehen. Es wird erwartet, dass man das Angebot der Gastgeber nutzt und entweder deren Hofladen besucht oder die Gastronomie. Schnell klebe ich den Mitgliedsaufkleber auf die Windschutzscheibe. Dort tummelt sich schon einiges. Heute Morgen habe ich dort erst den ADAC-Aufkleber und die Box für die Norwegen-Maut angebracht.

Nun stehe ich mit sechs anderen Wohnmobilen kostenfrei auf der Wiese. Das Naturschwimmbad hat bis 19.00 Uhr geöffnet. Es ist 19.00 Uhr. Eh etwas zu kühl. 21 Grad. Ich bin jetzt auch verwöhnt.

3.7.2021

Frau Bartsch ist negativ

Im Testzentrum in Flensburg mache ich schnell einen Coronatest, kaufe viel Gemüse ein (das soll so teuer sein in Norwegen) und fahre ohne Kontrolle über die Grenze nach Dänemark. Michael hat mir »Vejers Strand Camping« empfohlen. Dort kann man mit seinem Camper in den Dünen stehen und darf damit tagsüber an den Strand fahren. Ob ich mich das traue? Sicher versinke ich im Sand. Das lasse ich lieber.
 Als ich ankomme, gibt es Public Viewing neben der Rezeption. So, wie es aussieht, wird Dänemark gewinnen. Zufall, dass ich gerade immer zu der Zeit im jeweiligen Land bin, wenn dessen Mannschaft gerade spielt bei dieser Europameisterschaft: Spanien, Niederlande und nun Dänemark. Ich habe weder den Spaniern noch den Niederländern Glück bringen können. Hoffentlich versaue ich es nicht auch noch den Dänen.
 Heute darum in der Playlist der augenblickliche Nr.-1-Hit in Dänemark: *Helt Sikker* von Gulddreng. Erste Zeile: *Vi vinder Em, den er helt sikker* = »Wir gewinnen die EM, das ist sicher.«
 Meine Fähre nach Norwegen geht am Dienstag, dem 6. Juli. Die Fährlinie behauptet auf ihrer Website, dass Deutsche ab dem 15. Juli nach Norwegen einreisen dürfen. Meine Info war, dass das nach dem 5. Juli ginge. Nun bin ich kurzzeitig irritiert. Aber alle anderen Websites bleiben beim 5. Juli als Öffnungsdatum. Daumen drücken.
 Abends schaue ich mir eine DVD von einer beruflichen Freundin von Ralf über den Umgang mit Menschen mit Demenz an. In einem Kapitel kocht Ralf mit ihr, und beide erklären, wie man mit Partner oder Eltern kochen und essen kann, wenn deren Erinnerung nachlässt. Der Film ist kurz vor seinem Tod entstanden und nun fertig geworden. Ich war

gespannt, wie es mir geht, wenn ich Aufnahmen von Ralf sehe, die ich noch nicht kenne. In mir bleibt es ruhig. Kein Sturm. Dafür eine gewisse Enttäuschung, dass er und auch sein Tod nicht weiter erwähnt werden.

4.7.2021

Frau Bartsch traut sich schwergewichtig an den Strand

Am nächsten Tag traue ich mich dann doch, mit meiner schweren Möhre an den Strand zu fahren, nachdem ich mitbekommen habe, dass fast alle Wohnmobile vom Campingplatz wegfahren und bestimmt nicht alle nach Hause wollen.

Ich liege als Einzige allein auf meinem Handtuch und finde es nicht so schlimm.

Gespräche, die ich nach meinem Blogbeitrag in Sevilla geführt habe, haben mir geholfen. Ich habe verstanden, dass die Scham diesbezüglich eine alte aus meiner Kindheit ist, als ich das eine oder andere Mal allein auf dem Schulhof stand. Gemobbt. Nicht gemocht. Die Bartsch. Heute weiß ich, wer ich bin. Durch die Rückmeldungen konnte ich die Perspektive wechseln. Eine Bekannte schrieb mir, dass sie allein reisende Menschen eher interessant fände. Nun kann ich gelassener mit dem Thema umgehen.

So reise ich mich wohl zusammen, mit der Hilfe meiner Freunde. Das hätte ja auch keiner ahnen können. Eine Bekannte schrieb, dass ich losfuhr, um mich zu finden.

Darüber denke ich nach. Ich habe nicht den Eindruck, dass ich mich finden könnte. Dahinter steckt vielleicht die Annahme, dass es eine wahre Frau Bartsch gibt, eine, die verschüttet wurde, die nun wiederzufinden sei. (Aber wie denn in Norwegen, wo ich da doch noch nie war?)

Der Ansicht bin ich nicht. Ich glaube, dass wir einen klar erkennbaren Kern haben, der sich nicht verändern oder gar verstecken lässt. Alles andere lässt sich an die äußeren Gegebenheiten anpassen. Und gehört nicht zur Persönlichkeit, sondern zur Gemeinschaftsfähigkeit.

Ich lese die gerade geschriebenen letzten Sätze und versuche sie zu widerlegen. Klappt nicht. Soll ich diese Gedanken als Überzeugung veröffentlichen, oder ließe sich morgen etwas Gegenteiliges schreiben?

Ich wage es. Wenn ich morgen anders denke, ist das ja auch okay.

7.7.2021

Frau Bartsch schmuggelt schon wieder

Das Einführen von Kartoffeln nach Norwegen ist verboten. Sagt der Mann von Margit, auf die ich gleich noch kommen werde. Warum? Die haben Krankheiten, die man hier nicht will. Da werde ich aufs Aufwendigste drei Mal in den letzten vier Tagen auf Corona getestet, und dann bringe ich am Ende doch die Pest an Bord? In Form von Kartoffeln.

Den Test in Hirtshals (Dänemark) hätte ich mir sparen können, weil man als Ungeimpfter so oder so im Hafen von Kristiansand (Norwegen) einen Coronatest machen muss. Das war alles sehr aufregend für mich heute. Ich hatte ganz viele Ängste und Fragen: Werde ich das Wohnmobil auf dem Schiff problemlos parken können? Finde ich das richtige Check-in-Tor? Bleibt man im Wohnmobil? Muss man den Kühlschrank abschalten und das Gas zudrehen? Wie geht der Kühlschrank aus? Bin ich jetzt richtig registriert auf der Seite von Norwegen? Wohin fahre ich, wenn ich in Norwegen bin?

Ich mache es kurz: Am Ende ist alles gut gegangen. Obwohl ziemlich viel schiefgelaufen ist, ist es dank der Unterstützung unterschiedlichster Menschen dann doch dazu gekommen, dass ich jetzt in Norwegen bin. Als ich auch nach langem Warten kein Testergebnis bekam, hat der Grenzpolizist beispielsweise beschlossen, dass ich kein Corona habe, sodass ich ohne negatives Testergebnis einreisen durfte. Die, die hinter mir warteten, waren auch dankbar, dass es nach 20 Minuten endlich weiterging.

Mein erstes Ziel ist der Leuchtturm vom Südkap in Lindesnes. Ich beginne, die Begeisterung für Norwegen zu verstehen. Aber kalt ist es hier. Und es regnet in Strömen. Seit gestern dürfen Deutsche wieder einreisen. Auf dem Parkplatz stehen etwa zehn Wohnmobile aus Deutschland. So schnell sind alle in den Startlöchern gewesen.

Ich poste in der Facebook-Gruppe »Camping Norwegen«, wie meine Erfahrungen sind, um über die Grenzsituation aufzuklären. Dazu ein paar Bilder vom Südkap. Margit aus Iserlohn, im Wohnmobil nebenan, liest meinen Post und schreibt, dass sie auch gerade dort stehen. Sie schaut sich mein Profilbild genauer an und denkt: Die kennst du doch! Das ist doch die Witwe, die einfach allein losgefahren ist! Sie erkennt mein Wohnmobil und kommt heraus, um mich zu begrüßen. Vor drei Monaten hatte sie von meinem Vorhaben gelesen und war so beeindruckt, dass es hängen geblieben ist.

Gerade hatte ich mich gefragt, wann die Einsamkeit wohl anfängt, innerlich zu brennen, da kommt es zu einer so herzlichen Begegnung!

Vorgestern habe ich mich bei einer Online-Partnervermittlung angemeldet, als ich vor Neid platzte, weil an »Vejers Strand« ein Paar in meinem Alter neben mir wild verliebt knutschte. Und ich habe gleich einen Bekannten entdeckt, komisch so was. Hat ja auch ein Geschmäckle, so eine Partnerbörse. Meine direkte Art kommt hier nicht so supergut an bei den meisten Männern. Ich glaube schon nach der kurzen Zeit zu wissen, dass das nicht mein Medium ist. Vielleicht ist das auch nur eine Schutzbehauptung.

Der Knaller ist aber die Auswertung meines Psychotests: Mir wird mangelnde Kommunikations- und Konfliktfähigkeit attestiert. Das ist natürlich klasse für eine Mediatorin, die für Lehrkräfte und Schulleitungen Konfliktkommunikationsseminare anbietet. Wie war das? Bei Tischlern wackeln die Stühle, und Lehrers Kinder gedeihen nie. Außerdem würde ich quasi »klammern« in einer Beziehung. Geht's noch? Wo nehmen die das denn her? Klammern wäre das Letzte, was mir einfiele.

Jetzt ist meine Frage, ob die Männer, die angeblich zu mir passen, eher bessere Werte haben, um meine Defizite auszugleichen, oder genauso miserabel abschneiden. Und dazu wirft sich die Frage von selbst in den Raum, ob es vielleicht als Zeichen von großer Reflektiertheit zu werten sein könnte, wenn man bei Psychotests eher etwas zurückhaltender mit dem Ankreuzen von Superlativen ist, und die Tollen mit ihren tollen Testergebnissen mit Vorsicht zu genießen sind, weil sie zu romantischer Selbstverklärung neigen.

Ein Mann, mit dem ich etwas ausführlicher in Kontakt war, war natürlich wieder ein Witwer. Seine Frau ist vor fünf Jahren plötzlich gestorben. Bei ihm stand auch die Polizei vor der Tür, um ihn zu informieren. Seine Kinder sind noch jünger. Oh, bitte keine Kinder mehr! Keine pubertären Kinder vom Geliebten mehr! Keine Patchworkfamilie mehr! Aber nach dem ersten Telefonat war auch sowieso klar, dass das nichts wird. Also möglichst schnell telefonieren.

Ralf und ich hätten uns über so eine Börse nie kennengelernt. Zu wenig gemeinsame Hobbys. Hätte er mir gefallen, wenn wir erst mal nur telefoniert hätten? Hätte ich ihm gefallen? Ich glaube nicht.

Vermutlich entspricht das zufällige und reale Kennenlernen eher meiner romantischen Idee von Partnerfinden. Ich bewerte mich selbst als schräg, denn viele sind einerseits fasziniert von meiner Art, andererseits aber auch abgeschreckt. Da Ralf auf seine Art auch schräg auf Leute wirken konnte, waren wir so dankbar, dass wir uns gegenseitig feierten. Und uns ganz super fanden. So eine Beziehung will ich wieder! Ist es noch zu früh? Wer will das beurteilen?

Dazu lese ich gerade ein wundervolles Buch von Dr. Leon Windscheid: *Besser fühlen – eine Reise zur Gelassenheit*. In dem Kapitel über die Trauer schreibt er mir aus der Seele. Allein die Überschrift ist schon bedeutsam: »Ein Korsett, das nicht passt – Die vielen Wege unserer Trauer«. Windscheid erwähnt glücklicherweise auch das »Duale Prozess-Modell« von Stroebe und Schut von der Universität Utrecht, von dem ich am Anfang meiner Reise auch schon erzählt habe. Die Trauerbücher von Witwen, die ich anfangs gelesen habe, haben mich, wie gesagt, enttäuscht. Sie schreiben den überholten Kram von Kübler-Ross und Co. unreflektiert ab und ahnen nicht, was sie den frischgebackenen Witwen und Witwern damit für ein Korsett anlegen. Darum öffne ich mich in diesem Buch auch weit über das normale und Sicherheit gebende Maß hinaus. Das wäre mein Wunsch für alle Trauernden und auch Nicht-Trauernden: Zerreißt das Korsett und lebt, wie es Euch gefällt! Mit dem Verlust Eures geliebten Menschen habt Ihr schon genug zu tun, bitte macht Euch das Leben nicht noch schwerer, indem Ihr für andere das Korsett anbehaltet.

Und so versuche ich es auch. Und es gelingt mal besser, mal schlechter. Wir brauchen ja die Zuneigung der Menschen um uns und wollen es uns nicht mit ihnen verscherzen. Durch mehr Offenheit in der Gesellschaft und weniger Schamhaftigkeit können vielleicht mehr Menschen das Korsett ablegen. Mein Buch soll dazu beitragen. Frau Bartsch ist ja immer schon mit viel Sendungsbewusstsein unterwegs gewesen.

10.7.2021

Frau Bartsch kriegt das Wohnmobil abgeleckt

Hier bin ich anders. Hier will ich immer weiterreisen. Anders als in Spanien bin ich nahezu süchtig nach neuen Eindrücken und Erlebnissen. Vielleicht, weil es regnet und anderes gerade gar nicht möglich ist. Vielleicht aber auch, weil Norwegen so wunderwunderschön ist, wie es immer schon alle behauptet haben. Unter so einer Aussage lässt sich ja nichts vorstellen. Die Schweiz ist auch schön. Aber Norwegen ist schöner. Warum? Kann ich nicht in Worte oder Fotos fassen. Wenn ich es versuche, kommt am Ende eine Beschreibung der Schweiz heraus.

Auf meiner Fahrt stürzen sich ununterbrochen Wassermassen entschlossen und mit einer überwältigenden Macht in die Tiefe, dass ich ganz ergriffen bin. Die Farbe des sprudelnden Wassers gleicht hier und da Weißglas, in dessen Recycling-Container irgendwelche Deppen drei grüne Flaschen geworfen haben. Dazwischen liegen ruhige türkisblaue Seen und stehen Felswände, von denen die Schweiz nur träumen kann. Österreich, nebenbei gesagt, auch. Ein Abenteuerland. Momentan stehe ich in 1400 Meter Höhe in der Nähe des Jostedals-Gletschers. Schneebedeckte Bergspitzen.

Eine einspurige Straße. Man muss an den Ausweichstellen anhalten, um entgegenkommenden Verkehr durchzulassen. Wenn so schnell keine Ausweichstelle in Sicht, dann rückwärtsfahren.

Unvorstellbar noch vor einigen Wochen, dass Frau Bartsch mit Freuden die Serpentinen nimmt, als gäbe es keine Höhenangst und keine 3,5 Tonnen unter dem Popo. Ralf hätte diese Straße sehr gemocht. Ich hätte neben ihm gesessen und Angst gehabt. Jetzt gibt es da die neue Frau Bartsch. Wo sind all die Ängste hin?

Auf einem Parkplatz treffe ich ein junges Paar aus Kassel. Sie erzählen mir von der Felskante da vorne, wo man vortrefflich Bilder machen könne, wenn man schwindelfrei sei.

Das bin ich nicht, gehe aber in die Nähe, um mir einen Eindruck zu verschaffen. Und noch näher und näher. Bis zur Kante ... Keine Angst. Nicht mal ein Rest. Wo ist sie geblieben? Sie war mein Leben lang da.

Ich rede später noch ein bisschen mit dem Paar. Mücken umschwirren den jungen Mann. Nur ihn. Ein toller Reisepartner! Die ersten Mücken meines Aufenthalts, weil es ausnahmsweise nicht regnet. Und gleich so viele! Wohlweislich habe ich für diese Situation gestern ein Gerät gekauft, das unter den Skandinavien-Campern hoch gelobt wird. Eine Campinggasflasche mit einem Gerät zum Aufschrauben. Dahinein schiebt man eine Duftmatte, die erhitzt wird und dann im Außenbereich etwa 20 Quadratmeter mückenfrei hält. Es wirkt ein bisschen. Man soll eine halbe Stunde warten, bis die Wirkung voll eingetreten ist. Vorher beginnt es wieder zu regnen.

Heute Morgen will ich bei meinem Mobilfunkanbieter mein Datenvolumen für Norwegen aufstocken. Außer dem Angebot von 10 Euro für 1 GB gibt es keine Chance auf mehr Daten. Das frühstücke ich in einer Stunde weg. Ich fahre in einen größeren Ort (Voss) und frage eine Kellnerin, wo man hier eine SIM-Card kaufen könne. Schön, dass alle Englisch sprechen! Sie weist mir den Weg zu »Voss Kommunikasjon«. Dort gibt es keine SIM-Card, aber Canari, der Araber gleich um die Ecke, würde welche verkaufen (zumindest habe ich das so verstanden). In dem Laden sitzt eine Frau, die kaum Englisch kann. Sie hat keine SIM-Karten zu verkaufen, aber Mix verkaufe SIM-Karten. Ich bitte sie, es mir auf der Karte im Smartphone zu zeigen, aber sie geht mit mir vor die Tür, zeigt mir die Richtung und sagt: »*Hundred metres.*«

Da ist kein »MIX«. Frustriert gehe ich weiter und weiß nicht, wie ich mir mobile Daten besorgen kann. Ich brauche diese Ressource wie Diesel im Tank. Auch weil ich kein Navi im Wohnmobil habe und das im Smartphone nutze.

Und dann finde ich per Zufall, so hat es sich ja mittlerweile als Methode bei mir herausgestellt, doch noch einen Telekommunikationsladen in einer Seitengasse. Glücklich und erleichtert bin ich. Der Mitarbeiter, der heute seinen ersten Tag hat, verkauft mir eine Prepaid-Karte. Jeden Tag, an dem ich mobile Daten nutze, werden 20 NOK (2 Euro) abgebucht. An dem entsprechenden Tag habe ich dann unbegrenztes Datenvolumen. Angeblich. Ich kann noch nicht sagen, was ich jetzt schon wieder falsch gemacht habe, aber das Internet ist extrem schwach. Keine schöne Sache. Damit kann ich nicht mal einen YouTube-Film schauen und auch keine Filme an Freunde senden. Fotos dauern auch zu lange. Die Blog-Website lässt sich gar nicht erst öffnen.

Da es immerzu regnet, habe ich gestern Abend beschlossen, zu den Lofoten zu fahren. Dort kann man Wale sehen. Wenn man eine Wal-Tour mit dem Schiff bucht. Das wollte ich immer schon mal. Ich habe jetzt etwa ein Drittel der Strecke hinter mich gebracht. Hoffentlich kriege ich keine Thrombose, bei so wenig Auslauf. Auf meinem Weg über den Pass sehe ich Schnee auf einem Parkplatz. Ich halte, um ein Foto zu machen. Der Schnee ist nicht mehr schön, so ein Schnee, wie wir ihn in Osnabrück gut kennen, wenn er denn mal da ist.

Dann sehe ich Schafe. Und die Schafe sehen mich. Sie kommen, um mein Wohnmobil zu reinigen. Basilikum, Kir-

schen, Pimientos: mögen sie alles nicht. Aber sie mögen den Schmutz auf meinem Wagen.

Ich habe Sorgen. Die sind ziemlich groß. So groß, dass ich deswegen weine. Meine Tochter hat Corona. Seit Ralf gestorben ist, ist meine Haltung, dass alles gut ausgeht, nicht mehr vorhanden. Ich habe jetzt einen realistischeren Blick auf die Gefahr, dass jeder von uns jederzeit sterben könnte. Das macht große Ängste. Verstandesmäßig muss ich mir die statistischen Zahlen ins Bewusstsein führen, um die hochkriechenden Ängste wieder an ihren Platz zu verweisen. Dann geht es wieder für eine Weile.

Mir ist aufgefallen, dass ich seit ein paar Tagen gern allein bin. Ich fühle mich gar nicht mehr so einsam. Ein Frühstück allein ist jetzt Gewohnheit, und heute, als ich das junge Paar kennenlernte, fühlte sich mein Alleinsein nicht mehr defizitär an, sondern stark. Ich schäme mich nicht weiter dafür, brauche mich nicht mehr zu rechtfertigen, warum ich allein bin. Mir ist aber auch aufgefallen, dass ich mich eher einsam fühle, wenn alle um mich herum in Gemeinschaft sind.

These von mir über mich hier in Norwegen: Allein allein zu sein gibt Ruhe und sogar Freude.

These für zu Hause: Da wird das Allein-allein-Sein richtig hart. So viele Chips kann ich gar nicht essen, um das auszugleichen. Möglicherweise helfen sie sogar gar nicht. Das Haus schreit: »Wo ist Ralf?!?!?«

Ich schreie zurück: »Er kommt nie mehr!«

11.7.2021

Frau Bartsch reis(s)t Kilometer, um dem Regen zu entfliehen, und produziert Chaos im Kleiderschrank

Mit 30 Stundenkilometern passiere ich in einer 30er-Zone einen dieser Geschwindigkeitsbegrenzungspoller, der im Grunde nicht zu sehen war, und der gesamte Inhalt meiner Boxen im Kleiderschrank entleert sich. Es dauert eine halbe Stunde, bis ich die blockierte Schiebetür wieder freigelegt und den Inhalt in den Kisten verstaut habe.

Ich wundere mich über rötlich eingefärbten Schnee auf dem Gletscher. Das muss irgendeine Art Ascheregen gewesen sein. Rötliche Asche?

Gestern Nacht war gerade das Abendrot verschwunden, und ich schrieb meine letzten Zeilen für den Blog, als es plötzlich wieder hell wurde. Ich war überwältigt! Und es war so schön von meinem Platz mitten im Gebirge aus zu beobachten: 1.14 Uhr – und es wird hell!

Gegen neun Uhr am Abend bin ich endlich raus aus dem Regenloch. Puh, den ganzen Tag über Osnabrücker Dauerregen. Wusste nicht, dass Norwegen das noch besser kann. Mal regnet es etwas stärker, mal war die Form fast gasförmig: Nebel. Da wirst du auch nicht direkt fröhlich von. Die Straßen sind heute kein Abenteuer, sehr sicher und breit. Da fällt mir ein, dass ein ehemaliger Minister der rechten Partei hier in Norwegen einmal gefordert hat, dass die Straßen in Norwegen so sicher werden müssten, dass man betrunken darauf fahren könne, ohne dass etwas passiert. (Quelle: *Gebrauchsanweisung für Norwegen*)

Ich schlafe auf dem Parkplatz einer kleinen Klosterruine. Unbedeutend. Ein paar alte Steine halt. Aber es gibt Menschen, denen diese Klosterruine so viel bedeutet, dass sie frische Blumen arrangieren und ein Gästebuch auslegen. Das berührt mich auf eine Art, die ich nicht erklären kann.

Gestern habe ich mir in Voss beim Blumenhändler eine Rosenpflanze gekauft. Sie lachte mich an, und ich nahm sie und ging damit in den Laden, um sie zu bezahlen. Der Verkäufer war zum Scherzen aufgelegt, wollte deutsch mit mir sprechen, obwohl er besser Englisch konnte, und flirtete etwas mit mir. Den Norwegern wird nachgesagt, dass sie das nicht tun, aber er war schon etwas kokett. Deswegen nahm ich ihn nicht ernst, als er 120 NOK (etwa 12 Euro) von mir verlangte. Ich habe ihn prüfend angeschaut, und er merkte meine Unsicherheit. Zweimal habe ich nachgefragt, ob das wirklich stimme. Er blieb cool und meinte, es sei günstig. Ich habe sie dennoch gekauft. Der Basilikum, den ich vor der Abreise, Mitte März, gekauft habe, ist nicht mehr so schön. Er fährt jetzt auf dem Beifahrersitz mit. Auf jeden Fall wird er die Reise mit mir zu Ende führen wie Freitag bei Robinson Crusoe. Mein treuer Freund.

12.7.2021

Frau Bartsch fällt der Himmel auf den Kopf – aber vorher isst sie Rundstykke ... und Mario hilft wieder

Es regnet den ganzen Tag, und meine Laune beginnt zu bröckeln. Wie viele Tage sitze ich jetzt schon allein in diesem Teil? Heute höre ich mir die Shazam-Liste von Ralf an. (Für die Älteren: Shazam ist eine App, die dir Titel und Interpret nennt, wenn du irgendwo ein Lied hörst und die App betätigst. Diese App speichert alle gesuchten Lieder. Man kann sich daraus eine Playlist machen lassen.) Er ist mir dadurch so nah, und die Sehnsucht ist gerade groß. Auf einmal schwingen nun doch Sätze in meinem Kopf, die so beginnen: »Hätte ich mal ...« – »Hätte ich mal hier besser zugehört«, »Hätte ich mal das mehr wertgeschätzt« etc.

Am Morgen suche ich nach einer Tankstelle, um eine Norwegenkarte zu kaufen. Ich hatte nur Karten für den Süden und die Mitte mitgenommen. Ursprünglich wollte ich ja gar nicht so weit fahren. Es ist nur wegen des Regens dazu gekommen. In den Tankstellen, die ich anfahre, gibt es keine Karten. Aber Sonntagsbrötchen. Rundstykke. Ich kaufe ein normales und ein süßes mit flüssigem Salzkaramellkern: gar nicht mal so lecker. Aber das normale! Was ist schon »normal«? Es ist ein Kardamombrötchen. Außergewöhnlich! Die Norweger, das alte Seefahrervolk! Können mich echt begeistern.

Frau Bartsch will in der nächsten Nacht mal alle Geräte laden und fährt einen Campingplatz an. Auch muss alles Mögliche ver- und entsorgt werden. Die Kabeltrommel, mit der ich mein Wohnmobil an den Strom des Platzes anschließen kann, habe ich nie mehr benutzt, seit ich Solar auf dem Dach habe. In dem Wechselrichter, der den Solarstrom in 220 Volt umwandelt, habe ich nur eine Steckdose. Das Umwandeln des Stroms braucht so viel Energie, dass der Wechselrichter immer nur für kurze Perioden laufen sollte. Also nicht nachts, wenn die Sonne nicht scheint. (Obwohl ich ja jetzt im Polarkreis bin und die Sonne nachts scheinen würde – wenn sie würde.)

Darum heute Abend mal Strom im Überfluss: Landstrom. Das bedeutet, dass ich alle vier Steckdosen im Wagen nutzen kann. Ich stecke das Kabel in die außen am Wohnmobil angebrachte Buchse.

Kein Strom. Ich wechsele die Steckdose an der Campingplatzsäule draußen. Kein Strom. Der Nachbar sagt: Die Steckdosen an den Säulen funktionieren.

Auf einmal bekomme ich Angst, dass ich vielleicht den Landstrom bei dem Solar gar nicht mehr anschließen darf. Dreimaldürftihrratenwenichfrage.

Es ist Sonntagabend, 22.00 Uhr. Die schlafen bestimmt schon auf der anderen Seite der Welt. Ich frag mal vorsichtig per SMS und Sprachnachricht. Zur Sicherheit auch noch Michael, der bestimmt noch wach ist. Er antwortet sofort: »Probier die Steckdose an der Säule, die dein Nachbar gerade für sein Wohnmobil benutzt. Dann weißt du direkt, ob es daran liegt.«

Na ja, der Nachbar sagt ja, dass es nicht an den Steckdosen liegt. Wenn ich das jetzt trotzdem teste, ist er beleidigt, weil ich ihm nicht glaube. Also glaube ich aus Sozialverträglichkeit dem Nachbarn.

Mario ruft an. Er lotst mich mit Bild, Bedienungsanleitung und Wort durch die verschiedenen Sicherungskästen und Sicherungen im Wohnmobil; lobt mich, weil ich Ersatzsicherungen mit mir führe, und gibt mir den Auftrag, bei der nächsten Gelegenheit einen Multimeter zu kaufen. Wir finden den Fehler nicht. Dafür habe ich schon das Versprechen, als Weihnachtsgeschenk, wenn ich ins »Dorf« komme, eine Fortbildung zum sachgemäßen Gebrauch eines Multimeters zu bekommen.

Da ich gerade in der Nähe des Weihnachtsmanns bin, darf auch Mario sich schon mal etwas wünschen. Er wünscht sich ein Feuerwehrauto für seine Familie. Ich sag es dem Weihnachtsmann, wenn ich ihn sehe.

Mario kommt auf die Idee, die Kabeltrommel einfach ins Wohnmobil zu legen und die Stecker meiner Geräte dort einzustecken anstatt in den eingebauten Steckdosen des Wagens. Die Wohnmobilsteckdosen funktionieren nur, wenn das Auto am Strom angeschlossen ist. Mann, natürlich! Was für eine einfache und geniale Idee! Normalerweise steckt man außen einen dreipoligen Stecker ins Fahrzeug, und alle Steckdosen innen werden mit Strom versorgt. Wir verabschieden uns frohgemut und wünschen uns eine gute Nacht.

Doch: kein Strom auf der Kabeltrommel. Hat Michael doch mal wieder recht gehabt! Die Campingplatzsteckdosen, die ich getestet habe, sind kaputt. Und siehe da: Eine andere an einer anderen Säule funktioniert. So ist das mit der Sozialverträglichkeit. Also, alles gut, Wohnmobil heile! Aber Frau Bartsch ist mit Scham unterwegs und denkt sich, wie es wohl ist, wenn Mario den Ausgang der Story im Blog liest. Peinlich!

Was sie dabei nicht bedenkt: Seine Frau und er sitzen noch draußen und denken über das Problem nach. Da kommt seine Frau auf eine weitere Lösungsmöglichkeit: Durch den Regen könnte auch die Sicherung der Kabeltrommel rausgesprungen sein. Mario ruft wieder an, und nun muss Frau Bartsch gestehen, dass es gar kein Problem mehr gibt, eigentlich im engeren Sinne nie gab. Aber es ist schön, ihrer aller Stimmen zu hören und zu erfahren, dass die kleinen Jungs sie vermissen und dass der Kleinste jetzt schon etwas frei stehen kann. Ein bisschen Dorfklatsch ist auch dabei. Ach, tut das gut! Frau Bartsch hat nämlich ein bisschen Krise.

13.7.2021

Frau Bartsch zerreist sich

Vesterålen, Andenes.

Also, nun ist sie da. Krise. Ausgelöst von tagelangem, nahezu ununterbrochenem Regen. Sorgen um die Tochter, die Corona hat. Mangel an menschlichen Begegnungen. Mangel an Bewegung. Hunderte Kilometer reis(s)en mit der Hoffnung auf besseres Wetter. Frau Bartsch hat die Regenwolke aber anscheinend einmal durch Norwegen hinter sich hergezogen.

Auf einmal ist die Trauer wieder stärker. Ich versuche, die gute Laune vom Sonnenwetter mit hinüberzuretten, versuche mir einzureden, dass Wetter meine Laune nicht zu beeindrucken hat. Das war eine Hausaufgabe meiner Achtsamkeitstrainerin. Schon vor Wochen. Nun kann ich das üben. Tränen kommen dennoch.

Der Versuch, aus Selbstmitleid Selbstmitgefühl zu machen: Ralf fehlt.

Er fehlt mir.

Er fehlt, weil er mein Zuhause war.

Er war mein Zuhause, weil wir füreinander da waren.

Er war mein Zuhause, weil er immer an mich geglaubt hat.

Mir Mut gemacht hat.

Ist es Ralf, der mir fehlt, oder könnte jetzt ein neuer Mann kommen, der mir dasselbe gibt, und es wäre okay?

Es kommt aber kein neuer Mann, der mir dasselbe geben kann. Ich bin nicht einverstanden mit den Männern, die sich mir bieten. Sie machen mich ungeduldig und wütend: Sei doch einfach bitte so wie Ralf! Was ist so schwer daran, ein »ganz normaler« Mann zu sein?

Ist natürlich totaler Quatsch, und ich denke, dass ich einfach noch nicht genug Abstand habe. Auch wenn ich eine unbändige Sehnsucht danach empfinde, wieder so eine Liebe herzustellen wie die, die ich verloren habe.

Aber Ralf war doch auch nicht immer perfekt für mich! Hat mir auch nicht immer so viel Aufmerksamkeit geschenkt, wie ich es mir wünschte, drehte sich auch häufig genug um sich selbst. Betrachte ich unsere Beziehung, die ohne jeden Zweifel eine sehr schöne war, nun vielleicht doch in einem zu rosafarbenen Licht?

Und ich muss zugeben: Ich denke unsere Beziehung vom Ende her. So wie sie am Ende zusammengewachsen war. So eine Liebe wünsche ich mir jetzt für den Anfang.

Es war ja mit Ralf und mir auch nicht gleich so zusammengeruckelt. Das haben die Jahre gemacht. Aber die Basis war: Reden können, bis die Sonne wieder aufgeht.

Die Männer, die ich über die Partnervermittlung angeboten bekomme, sind nicht die richtigen. Das ist einfach nicht meine Welt. Es war einen Versuch wert, aber ich möchte das jetzt doch lieber auf die alte analoge Art und Weise versuchen. Und wenn das nicht geht, habe ich momentan den Eindruck, dass ich auch Vorteile habe, wenn ich allein bleibe. Auch wenn ich dann ein wenig kauzig werden könnte. Eine kauzige alte Frau. Eine Hexe wie bei Hänsel und Gretel.

Vorsicht! Frau Bartsch grillt euch gleich, weil ihr mit Schuhen durchs Wohnmobil gelaufen seid und das Handtuch nicht aufgehängt habt!

Ich höre »Zuhause« von Fynn Kliemann. Das war in den letzten Wochen vor Ralfs Tod ein Lied, das wir als »unseres« romantisiert haben. Es wurde auch bei unserer persönlichen kleinen Trauerfeier gespielt. Hier sind Textteile daraus:

… Und ich bin riesig
Aber du viel größer als ich
Alles jetzt, alles wichtig
Aber wichtiger als du ist mir nichts
Auch mit faltiger Haut
Das hier bleibt unser Tattoo
Ganz egal, wo wir landen
Mein Zuhause ist kein Ort
Das bist du …
… Ich will 'nen Jetski, du 'nen Hund
Wir kaufen 'n Grundstück mit 'nem Teich
Ich will so viel
Du bringst mir bei, dass leben manchmal reicht.
Immer hektisch nach außen
Ich mache mit dir heimlich Pause
Ich wollte dir nur sagen
Ich komm gern nach Hause …

Ralf war mein Zuhause. Und ich war seins. Neben den Kindern war er mir der wertvollste Mensch in meinem ganzen langen Leben. Er gab mir die Wurzeln, nach denen ich mich sehnte. Jetzt bin ich entwurzelt. Vielleicht möchte ich darum so ungern in mein Haus zurück. Es ist nicht mein Zuhause. Es war Ralf, der mit mir darin wohnte, der mir Heimat war. Fang ich jetzt an zu spinnen? Steigere ich mich gerade in so eine unrealistische Leidensgeschichte hinein?

Einerseits ist das tief empfundene Wahrheit, andererseits weiß ich genau, dass ich all diesen depressiven Müll jetzt nicht aufschreiben würde, wenn die Sonne scheinen und mich viele interessante Menschen da draußen am Strand zu Gesprächen und Wassersport animieren würden. Ist es also nur das Mitleid mit mir selbst, weil ich gerade einsam bin?

Bin ich einsam? Oder komme ich nur zur Ruhe?

Wer will die Wahrheit herausbekommen. Ambiguität. Vieldeutigkeit.

Es gibt sie ja gar nicht, die eine Wahrheit. In meinen Worten ist immer ein Teil Realität und ein Teil Konstruktion. Vielleicht ist auch alles Konstruktion. Vermutlich ist das so. Ich erzähle mir die Geschichte weiter, die Ralf und ich uns konstruiert haben. Wir hatten beide dieselben Sehnsüchte und konnten sie uns gegenseitig erfüllen. Vermutlich konstruiere ich mir jetzt aber auch wieder eine technische Wahrheit zusammen und vergesse die Wunder, die uns begleitet haben, die mich fast haben gläubig werden lassen.

Vor ein paar Tagen las ich in *Gebrauchsanweisung für Norwegen* über Peer Gynt. Ebendieser sprach von einem Mann, der den Kern der Zwiebel suchte und eine Schicht nach der anderen abtrug, bis alle abgetragen waren. Ich glaube, so ist das auch mit mir. Ich suche oft den Kern der Zwiebel und komme der Sache so lange näher, bis auf einmal alles nur noch ein großes Fragezeichen ist. Dann lasse ich die Sache auf sich beruhen. Bis mir eine neue Zwiebel begegnet. Und es juckt mich dann einfach in den Fingern ...

15. 7. 2021

Frau Bartsch erlebt die Natur im Polarkreis

Mitternacht. Ich stehe mal wieder (frei) an einem Strand auf Andøya, Vesterålen. Mein Körper will nicht mehr schlafen gehen, seit es Tag und Nacht Tag ist.

Auf wundersame Weise war nach meiner Vogelkundler-Bootstour, für die ich leider keine ausreichend gute Kamera dabeihatte, noch ein Platz im Boot frei, um Grindwale zu se-

hen. Ein berührendes Erlebnis! Ich bin wirklich sehr bewegt von der Schönheit der Natur.

Mit dem Tourguide unterhalte ich mich lange auf Englisch. »Komisch«, denke ich, »dass die Norweger genauso einen Akzent haben wie die Deutschen.« Bis sich herausstellt, dass er aus Deutschland kommt. Mit dem Kapitän spreche ich auch sehr lange Englisch, bis sich herausstellt, dass er Niederländer ist. Ich bin so froh, mich mal wieder etwas länger und flüssiger unterhalten zu können. Die Einsamkeit ist doch schwerer zu ertragen, als ich angenommen habe.

Wir sehen jede Menge Seeadler in der Nähe der Papageientaucher. Sie fressen sie gern. Etwa zwei am Tag. Da auf der Insel derzeit so viele Papageientaucher leben, gibt es hier nun auch Dutzende Adler. Am Ende kaufe ich mir Postkarten von den Papageientauchern, den Seeadlern und den Grindwalen – obwohl ich sie sehr schön filmen kann, denn sie sind auch für meine Handykamera groß genug.

Nach den Exkursionen fahre ich weiter. Weg aus Andenes. Mal sehen, wo es mich hintreibt. Gibt es hier irgendwo einen Fleck, wo es Wärme gibt?

Hinter einem Gemeinschaftssaal eines Ortes, etwas außerhalb, finde ich eine schöne Wiese vor einem Strand mit türkisblauem Wasser. Hier kann ich wunderbar einsam stehen. Südseefeeling in Norwegen. Das ist das Besondere an den Lofoten und Vesterålen. Leider ist es hier arktisch kalt.

Ein Fischotter lebt an »meinem« Strand. Seit ich ihn gesehen habe, traue ich mich nicht mehr ins Meer. Ich Schisserin.

Ich möchte hier nach langer Zeit mal wieder Pilates machen. Dafür suche ich ein gespeichertes Video von meinem Kurs. Während ich in meinem Archiv suche, bleibe ich an den Bildern mit Ralf hängen. Was war er für ein schöner Mann! Das hätte ich ihm öfter sagen sollen. So wie er es mir immer wieder gesagt hat. Als ich mir im Herbst durch eine Schus-

Aufgenommen um Mitternacht

seligkeit eine Glatze rasiert habe, hat er mich ganz verliebt angesehen und mir gesagt, dass ich so noch viel schöner wäre. Meine Pilateslehrerin hat vor Rührung weinen müssen, als sie die Geschichte hörte. Ich weine ziemlich heftig und frage mich, ob das Vermissen eher stärker wird mit der Zeit.

Ich denke aber, es liegt an der fehlenden Ablenkung und Gesellschaft. Von der Partnervermittlungsagentur habe ich mich genervt wieder abgemeldet. Das ist nichts für mich. Sie haben mir das Geld zurückerstattet, ohne dass ich gefragt hätte. Das finde ich sehr fair.

Ende August wird es eine Erinnerungsfeier geben. Hundert Menschen dürfen mit negativem Testergebnis zusammenkommen. Bis dahin werden wohl auch alle geimpft sein. Ich habe schon im Januar einen Saal in einem Osnabrücker Hotel gebucht, ohne zu wissen, wie die Pandemiesituation zu dem Zeitpunkt sein wird. Zur Trauerfeier durften wir nur wenige sein. Ralf sprach aber immer davon, dass alle kommen sollen und unbedingt Pink Floyd hören müssen, wenn er einmal gestorben ist. Diesen Wunsch möchte ich ihm unbedingt erfüllen. Ich habe eine Firma in der Nachbarschaft, die für David Gilmour und andere berühmte Stars Lichteffekte macht. Durch Corona ist auch dort gerade wenig zu tun. Das ist mein Glück. Der Chef hat mir angeboten, *Shine on you crazy diamond* mit Lasern (bezahlbar) in Szene zu setzen, und ick freu mir 'n Ast und baumle mit de Beene.

Und gleichzeitig tut es mir körperlich weh, dass Ralf das nicht mitbekommen kann. Was hätte ihn das gefreut! Wir wussten nicht, dass diese Firma in 200 Metern Luftlinie von unserem Zuhause Pink Floyd mit Lichttechnik versorgt! Ich bin stolz und begeistert, Ralf zu Ehren so eine schöne Inszenierung hinzubekommen. Der Diamant ist jetzt bei der Bestatterin angekommen. Sobald ich in Osnabrück bin, werde ich ihn abholen. Erst wenn ich ihn sehe, werde ich entscheiden, welchen Schmuck ich daraus machen lassen werde. Es ist gut, dass ein bisschen Zeit vergeht, denn mein Gefühl zu dem Diamanten ändert sich mit der Zeit.

17. 7. 2021

Frau Bartsch hat einen Flüchtling an Bord

Als ich spät in der Nacht schlafen gehen will, sitzt da plötzlich ein kleiner Gecko an der Badezimmerwand. Da der Anblick lange Zeit normal war, reagiere ich im ersten Moment gar nicht. Erst im zweiten Moment werde ich stutzig: Ein Gecko im Polarkreis? Das kann doch eigentlich nicht sein!

Mehrere Menschen bestätigen mir: Das ist ein blinder Passagier aus dem Süden. Der Arme! Ob er wohl bis Weihnachten bei mir überleben und ich ihn dann wieder zurück in sein Herkunftsland bringen kann? Ich gewähre ihm Asyl, dem kleinen Mückenfänger. Er hat sich bestimmt gedacht, dass der Tisch hier reich für ihn gedeckt sein wird. Doch es regnet seit unserer Ankunft, und die Mücken sind rar gesät. So hat sich mein Flüchtling das Paradies sicherlich nicht vorgestellt. Weit weg in der Kälte, keine Familie, Freunde, und das Essen schmeckt sonderbar. Mir geht es auch gerade so.

Nun reisen wir schon zu dritt: mein Basilikum, der Gecko und ich. Wer wohl am einsamsten ist? Und wer hier wohl zuerst eingeht? 9 Grad waren es heute zwischendurch.

Ich wäre schon längst aus Norwegen abgehauen, wenn ich nicht für eine Woche mit meiner Freundin Christine in Bergen verabredet wäre. Wir wollen eine Woche gemeinsam im Wohnmobil Urlaub machen. Sie hat den Flug schon gebucht. So muss ich die Tage bis dahin nun überbrücken.

Postkarte in meinem Wohnmobil von »karindrawings«:
Die Schildkröte »Mrs. Törtl« fragt die Psychologin »Dr. Pferd«:
»Liebe Frau Dr. Pferd, ich fühle mich oft so klein und unwürdig, schüchtern bin ich auch noch. Ist der Zug to find Love schon abgefahren?«
Frau Dr. Pferd antwortet:
»Also, dear Mrs. Törtl, it helps nothing. You must da jetzt rausgehen in the world. Und dich sichtbar machen. Und Fehler machen. Und sich schämen und so gehört wohl auch dazu. But realize: Ohne Sichtbarkeit kein Abenteuer, ohne Abenteuer eine schüchterne Mrs. Törtl waiting for love in se corner somewhere. Life ist schort, Mrs. Törtl. Get out there and take your big Stück of Sahnetorte. You deserve it. Totally.«

Nachdem ich mich bei der Online-Partnervermittlung abgemeldet habe, melde ich mich bei Tinder an. Frau Bartsch ist noch nicht am Ende ihrer Experimente! Ich brauche nicht nur die Ressourcen Trinkwasser, Gas, Diesel, Internet, Essen, wärmende Sonne und Strand; ich brauche auch dringend »Knuffelkontakt«. (Der Begriff stammt aus den Bestimmungen zum Corona-Lockdown in Belgien. Alleinlebende dürfen dort *Knuffelkontakt*, also »Kuschelkontakt«, mit jemandem aus einem anderen Haushalt haben.)

Tinder gefällt mir irgendwie besser als die Online-Partnervermittlung. Man wird nicht durch inakzeptable Psychotests zum Kommunikationsdeppen und Klammeraffen degradiert. Und muss nicht sofort heiraten. Es geht mir um die Fotos. Seien wir mal ehrlich: Das ist doch das Wesentliche, oder?

Selbst bei Bewerbungsverfahren hat man das mittlerweile herausgefunden. Deshalb gehen manche zur anonymen Bewerbung über, um die wirklich qualifizierten Menschen besser entdecken zu können. Aber ich brauche keine Qualifikation. Ich brauche einen Mann, der mich in den Arm nimmt. Und natürlich mehr, aber das geht ja niemanden etwas an. Wenn man ausgeht, schaut man doch auch in die Runde, ob jemand interessant ist. Hier schaut man auf die Bilder und sortiert schon mal vor. Die Interessanten wischt man nach rechts, die anderen nach links.

Dass die Fotos entscheiden, scheint unter den norwegischen Männern nicht so bekannt zu sein. Oder vielleicht auch gerade? Andere Länder, andere Sitten:

Die Männer präsentieren stolz ihre riesigen Fische und Elche, die sie just getötet haben. Hat etwas Archaisches: »Komm in meine Hytte, ich ernähre dich anständig.« Die These der Blogfee, geäußert bei unserem letzten Telefonat, wonach sich die meisten Männer ab 50 gehen ließen, kann ich hier bildlich nachvollziehen. Ich wische so lange Fotos nach links, bis keiner mehr übrig ist. Tinder schlägt mir vor, den Suchumkreis auf »weltweit« zu setzen. Aus Neugierde mache ich das, Spaß muss sein. Vermutlich bin ich aber noch im Stadium: »alle-doof-außer-Ralf«.

In Córdoba, Spanien, wohnt ein sympathisch aussehender Mann. Das würde meinem Gecko gefallen, wenn ich jetzt wieder quer durch Europa zurück in die Wärme führe.

Nach der Fließband-Aussortier-Frustration denke ich mir, dass ich womöglich doch noch nicht gewillt bin, mich von jemand anderem berühren zu lassen.

Doch: Oh! Am nächsten Morgen finden sich zwei sympathische, gut aussehende Männer (der ältere ohne Bart, in Norwegen äußerst selten) in meinem Postfach. Der eine ist 40 Jahre alt und hat Interesse an einer älteren, reiferen Frau. Wen meint er?!

Sofort richtet sich meine Aufmerksamkeit auf mein »welkes Fleisch«. Ich habe Angst, dass er eine Mutti sucht. Was ist denn, bitte schön, jetzt interessanter an mir als vor elf Jahren, außer der Hautalterung, die tatsächlich interessant zu beobachten ist?

Der andere ist in meinem Alter, und seine Bilder lösen positive Gefühle bei mir aus. Er wohnt nur 140 Kilometer entfernt von meinem Privatstrand. (Später stellt sich heraus, dass mit der Entfernung die Luftlinie gemeint ist. In Norwegen sind 140 Kilometer Luftlinie schnell 440 Kilometer oder fünf Stunden Fahrt mit der Fähre.)

Die Ressource »Knuffelkontakt« ist dennoch in erreichbarer Nähe. Das einsame Herz atmet beruhigt auf und fährt hüpfend zum Haus dieses Mannes.

Ein Haus! Mit Ofen. Mit Mann darin, mit Händen daran. Er hat den Auftrag, mich ganz dolle festzuhalten. Das will er sehr gerne für mich tun. Erste Hilfe für Frau Bartsch.

Keine Sorge, ich habe Sicherheitsvorkehrungen getroffen. Meine Freundin hat mich auf dem Radar. Das letzte Mal, dass sie mich wegen eines Mannes auf dem Radar hatte, war am 3. April 2004. Der Mann war Ralf.

19.7.2021

Frau Bartsch reist ab heute zu viert

Es erinnert ein wenig an das Spiel »Ich packe meinen Koffer«. Frau Bartsch packt ihr Wohnmobil und nimmt einen Basilikum mit. Frau Bartsch packt ihr Wohnmobil und nimmt einen Basilikum und einen Gecko mit. Frau Bartsch packt ihr Wohnmobil und nimmt einen Basilikum, einen Gecko und einen Peer mit (Name geändert). Es gibt also noch weitere Männer auf der Welt, mit denen man 48 Stunden durcherzählen kann. Das beruhigt Frau Bartsch. Wir reden, reden, reden und besprechen, nun aber mal was zu essen zu machen, und zack!, ist schon wieder eine Stunde um. Es wird nicht dunkel, weswegen sich das Abendbrot um 1.00 Uhr nachts anfühlt wie 15.00 Uhr am Nachmittag. Es gibt kein Hungergefühl, kein Zeitgefühl, kein Heute und Morgen. Gestern sind wir zwischen zwei Regenfronten ein wenig spazieren gegangen. Peer hat Holz, Pfanne und Quesadillas mitgenommen und bereitet uns Essen auf dem Feuer.

Peer ist deutscher Polarbiologe und als solcher Ministerialreferent für Gewässerqualität. Ihm reichen 15 Grad draußen, das ist für ihn die beste Temperatur. Der Gecko und ich sind da anders gebaut. Uns reichen 25 Grad.

Wir reden über unser Innerstes: unsere Wünsche und wer wir waren, wer wir sein wollen, was wir träumen. Wir tauschen uns über philosophische, psychologische, politische und biologische Themen aus, und niemand muss sich als klug darstellen. Wir staunen über unsere Wissbegierde und den Drang, die Welt zu begreifen. Da wir uns so gut verstehen, beschließen wir, gemeinsam bis Donnerstag oder Freitag nach Senja zu fahren.

Senja ist eine große Insel nördlich der Lofoten. Sie soll genauso schön sein wie die Lofoten. Regnen tut es überall.

Regen kann mir im Augenblick nix anhaben. Kurzum: Frau Bartsch geht es vollumfänglich gut.

Das Lied von heute ist wie immer anlassbezogen: *Me gustas tu* von Manu Chao.

20.7.2021

Frau Bartsch denkt über Neid nach

Eine Freundin schreibt über ihr Neidgefühl bezüglich meiner Freiheit. Ich wiederum bin neidisch darauf, dass sie ihren Mann noch haben darf und ich allein bin. Sind wir wirklich »neidisch«? Neid im Sinne der Todsünde bei den Christen (oder nur den Katholiken)?

Neid ist doch der Gedanke: »Ich gönne dem anderen dies oder das nicht, weil ich es lieber selbst hätte.« Oder liege ich da falsch?

Das sind aber dann zwei Gedanken:

»Ich will das auch!« und »Der andere soll es auch nicht haben, wenn ich es nicht habe«.

Wenn wir von »neidisch sein« sprechen, gehen die Gedanken jedoch eher in die Richtung: »Das gönne ich dir!« und »Ich will das auch haben, bitte!!«.

Eine andere Freundin und ich haben vor einigen Jahren mal ein Wort für diese beiden letzteren Gedanken erfunden, um das Wort »neidisch« nicht zu missbrauchen und um keine Missverständnisse aufkommen zu lassen. Leider haben wir beide das Wort wieder vergessen. Es war eh nicht so toll.

Mein Blog bildet bisher vor allem die »Highlights« ab, nicht die vielen Stunden der Traurigkeit, Einsamkeit und Angst vor dem Alleinsein in der Zukunft. Es ist nur ein Bruchteil meines Erlebens. Wer denkt, das sei meine ganze Wirklichkeit, der irrt.

In den letzten vier Monaten habe ich mehr Highlights erlebt als in den letzten vier Jahren. Highlights, die mich glücklich gemacht haben. Das ist das Glück, das ich durch Aktivitäten und Erlebnisse erfahre. Ich würde den ganzen Kladderadatsch aber sofort eintauschen gegen mein alltägliches Glück und meine Geborgenheit, die mir so viel bedeutet haben. Abwechslung und Abenteuer bei finanzieller Abgesichertheit sind Trostpflaster gegenüber der tiefen Zufriedenheit, die ich vorher in meinem Leben verspürt habe. Auch wenn ich zwischendurch genervt war von Ralf und nicht alles toll fand. Es war nicht alles rosarot in unserer Beziehung. Aber es gab ein über die Jahre gewachsenes Vertrautsein, das durch nichts zu ersetzen ist.

Wenn ich jetzt eine gute Zeit mit Peer habe, dann ist das schön. Es zeigt mir, dass es vermutlich mehr Männer auf der Welt gibt, die zu mir passen könnten, als nur der eine Ralf. Aber wenn ich denn einen Mann in Osnabrück finden sollte, wird es noch lange Jahre dauern, bis dieselbe Vertrautheit wieder aufgebaut ist.

Bevor sie oder er meint, »neidisch« auf meine Freiheit zu sein, sollten sie sich lieber fragen, welche Grundbedürfnisse in ihren Leben erfüllt sein müssen, um zufrieden zu sein. Ich jage hier ja nur nach Ersatzerlebnissen. Dennoch bin ich dem Schicksal natürlich dankbar, dass ich die finanziellen Mittel habe, die Freiheit und den Mut, dies trotz Corona zu dürfen und zu tun. Das Trostpflaster ist groß und bunt mit Bildchen drauf, und andere in meiner Situation haben noch nicht einmal Verbandszeug. Das ist mir bewusst.

21.7.2021

Frau Bartsch packt ihr Wohnmobil um

Peer erzählt, dass das Wetter in der nördlichen Norwegen-Region so gar kein Gesprächsthema sei. Es sei eben, wie es sei. Warum darüber reden? Wer das nicht abkönne, wohne nicht in so einer Gegend. Er sei mit seiner Tochter mal nach Deutschland zur Oma gefahren, und die Tochter wollte dort mit ihrer Cousine draußen spielen. Doch die Cousine wollte nicht rausgehen, weil es regnete. Fassungslos erzähle seine Tochter heute noch von diesem Erlebnis.

In dem Zusammenhang erzählt Peer auch, dass Kinder ab einem Jahr in die Krippe gebracht werden können und dort bis minus 10 Grad draußen im Kinderwagen schlafen. Es gäbe einen Erlass, der die minus 10 Grad als Grenze festlegt.

Mir wird kalt beim Zuhören. Das kann auch daran liegen, dass wir nur 16 Grad Differenz zu der Baby-reinhol-Temperatur haben. Peers Hausberg hat heute Morgen Neuschnee. Er ist 1000 Meter hoch. Als ich rausschaue, sehe ich einen Fuchs. Mein vierter auf dieser Reise. Vorher hatte ich noch nie einen Fuchs in freier Wildbahn gesehen.

Wie das so ist im Leben ... Während man Pläne macht, kommt das Leben dazwischen. Darin bin ich ja mittlerweile Expertin geworden: Anpassen an die neue Situation. Einatmen, ausatmen, loslassen.

Wir wollen nach Senja, wo es wunderschön sein soll, doch der Regen hat noch eine Steigerung hingelegt, sodass wir lieber im Haus bleiben.

Am Nachmittag meldet sich die 13-jährige Tochter überraschend aus dem Urlaub zurück. Wegen des Regens hat die Mutter und Ex-Frau den Urlaub verkürzt, nun will die Tochter Papa sehen.

Plötzlich ist die gemeinsame Woche beendet. Frau Bartsch »packt Peer wieder aus«. Zum Abschied bekommt Frau Bartsch eine Wahrsager-Glaskugel (eine grüne Glaskugel, mit der früher Teile des Fischernetzes an der Wasseroberfläche gehalten wurden) ins Wohnmobil. Sie soll ihr einen Blick in eine hoffnungsfrohe Zukunft ermöglichen. Der Basilikum hat nun eine Kugel als Nachbarn auf dem Beifahrersitz.

Ich kann den Gecko nicht überreden, auch nach vorn zu uns zu kommen. Er lebt und bleibt im Bad. Heute erschrecken wir uns beide, als ich mit Kawumm die Klotür zuziehe. Da springt er auf den Boden und braucht einen Moment, um sich zu erholen. Wir fahren ab jetzt wieder in Richtung Süden und freuen uns auf wärmeres, mückenreiches Wetter.

Heute kommt das Lied in der Reiseplaylist von Peer: *Some die young* von Laleh, das mich weinen lässt. Eine Textzeile haut besonders rein: »Wir wollten zusammen sterben.«

23. 7. 2021

Frau Bartsch kriegt gutes Wetter und Mecker

Heute ist es ab Mittag sonnig, und es wird plötzlich warm. So warm, dass ich in Trondheim auf einer Holzbank im T-Shirt schlafe. Wenn das jetzt so warm wird, möchte ich ans Wasser. Schwimmen! Trondheim liegt zwar am Wasser, doch es lädt nicht zum Baden ein. Also fahre ich weiter gen Süden, wo ich am 1. August Christine in Bergen erwarte.

Margit, die ich am Südkap (am Leuchtturm) kennenlernte, schickt mir Fotos ihres Reiseführers, sodass ich bei der Tourenplanung Unterstützung habe. Michael gibt mir Rückmeldung, ob Geirangerfjord und Trollstigen sich lohnen, und dann fahre ich von dem seelenlosen, überteuerten Stellplatz an den Gleisen los in Richtung Natur.

Am Tinvollfjord finde ich gegen Abend einen richtig schön gelegenen Campingplatz am Fjord, etwas abseits der Straße. Es ist nicht voll, und so parke ich, wie mein Vordermann aus Herzberg auch, direkt längs zur Wasserkante. Nach kurzer Suche finde ich den Sohn der Besitzer, und er ist einverstanden, dass ich so parke. Erst mal schnell etwas kochen! Mann, hab ich einen Hunger! Ich komme aus dem Wohnwagen, sehe den Mann aus Herzberg und grüße freundlich und erfreut: »Hallo, Herr Nachbar!«

»Ja, ihr steht hier falsch!«

»Wir stehen hier falsch?«

»Ja, die Parkordnung ist so, dass man quer parkt, sonst komme ich hier nicht mehr raus.«

»Aber der Sohn sagte doch gerade, dass ich so parken kann.«

»Ja, dann muss er das wissen. Morgen kommt ein großer Wohnwagen aus Norwegen, die kommen hier jedes Jahr hin.«

»Morgen fahre ich ja schon weiter.«

»Na ja, gut. Wo kommt man her?«

Was meint der? Fragt er mich, wo ich herkomme? Vermutlich schon. Ich probiere mal eine Antwort: »Heute komme ich aus Trondheim, aber ich war schon fast bis Tromsø. Da komme ich her.«

»Ja, Tromsø, da war ich auch schon mal. Da fährt man hin und sofort wieder weg. Da is nix.«

Unsere anregende Unterhaltung wird jäh durch die Enkeltochter gestört: »Opa, komm rein. Du bist an der Reihe.«

Zum ersten Mal kann ich meinen Tisch und Stuhl rausstellen, seit ich in Norwegen angekommen bin. Das feiere ich mit einem leichten sommerlichen Weißwein als Begleitung zu meinem Fiskeburger (*Asian Style*) und Bratkartoffeln (die Schmuggelware). Dabei fällt mir ein, wie Peer mir erzählt hat, dass man in Norwegen keine Speisekartoffeln pflanzen darf, nur die gezüchteten Saatkartoffeln. Die Sorge vor Krankheiten, die auf diese Weise weitergetragen werden können, ist groß. Ich kann das verstehen, wenn ich an die irische Hungersnot durch Kartoffelfäule denke.

Vorgestern bin ich am Laksforsen gewesen. Dort gab es einen Aushang, dass Angler ihre Lachse nur vor Ort ausnehmen dürfen und das Abwasser aus den Wohnmobilen der Angler nur in dafür vorgesehenen Gullys entsorgt werden darf. Auch in den Gewässern gibt es Krankheitskeime, die weitergetragen werden, wenn man Lachse fängt und woanders aussetzt oder ausnimmt. Hygiene ist überall wichtig.

Heute Morgen in Trondheim tragen die Menschen vereinzelt Masken, was ich bisher noch nirgends in diesem Land gesehen habe. Ich bummle durch die Stadt, könnte mir ja mal was Schickes kaufen. Keine Lust. Nicht mal zwei schöne Sektgläser von Ittala, die mir so gut gefallen? Für mich und meine Freundin, wenn sie kommt?

Ooooch, nö!

Was ist falsch mit dir, Frau Bartsch? Oder bist du endlich mal tiefenentspannt und brauchst keine Ersatzbefriedigung durch Kaufen?

Wofür ich heute Geld ausgebe, ist der Eintritt für den Dom. Ja, Ihr habt richtig gelesen, Frau Bartsch war nicht nur im Dom, sie hat auch Eintritt dafür bezahlt. Nur um diese elende Kerze endlich mal anzuzünden. Für Ralf. War dann aber nur ein Akt, kein Gefühl dabei. Der Moment ist irgendwie vorbei gewesen. Jetzt ging es nur noch um Vollzug. Wenigstens hatten sie Wachskerzen. Aber sehr dünne. Sie müssen schnell abbrennen, damit genug Platz für die nachkommenden Kerzenanzünder ist. So viele Menschen mit Ach und Weh! Ich denke an die Opfer der Flutkatastrophe in Deutschland.

Außerdem gönne ich mir wieder so ein zuckriges Hefebrötchen. Diesmal mit Kaffeecremefüllung. Das war dann aber auch der letzte Versuch mit gefüllten Süßteilen in Norwegen. Am Nachbartisch klaut eine Möwe einem kleinen Mädchen das ganze Gebäck aus der Hand. Das Geschrei ist groß. Aber nicht von dem Kind. Die Möwen, plötzlich sind es zwanzig, haben das Teilchen schreiend zerlegt und verschlungen, ehe ich »Fotoapparat« überhaupt nur denken konnte. Ich halte mein Gebäck also gut fest und verscheuche die extrem mutigen Spatzen auf meinem Tisch. Als ich in einem Augenblick unkonzentriert bin, stürzt sich eine Möwe auf mein Teilchen, und ich halte dagegen und schlage im Reflex die Möwe weg. Sie sitzt dann auf dem Bürgersteig und kreischt mich an.

Ich habe gewonnen. Dabei hätte sie es ruhig haben können. Es ging mir ums Prinzip.

Sizilien im April 2022

In Trondheim war ich wegen eines Italieners, den ich auch bei Tinder kennengelernt hatte. Das war ein extrem gefährliches Wagnis, das ich da einging, und zum Glück ist alles gut gegangen. Außer dass er sich im Nachhinein als Nazi und Holocaustleugner entpuppte.

Damals war mir schon klar, dass selbst meine Freundin Renate im Vorfeld mit mir schimpfen würde, wenn sie erführe, was ich vorhatte. Deshalb bat ich selbst sie nur, dass sie meinen Standort verfolgen solle, und sendete ihr ein Video von dem Bootssteg und dem Segelboot, auf das ich mich begab.

Heute fasse ich mir an den Kopf. Das hatte damals nichts mehr mit Einsamkeit zu tun. Das war volle Kanne selbstgefährdendes Verhalten. Mich spüren wollen. Scheißegal, was soll mir schon passieren?

Das wurde mir aber erst bewusst, als mich die Psychologin neulich im Krankenhaus bei dem Anamnesegespräch fragte, ob ich jemals selbstgefährdendes Verhalten gezeigt hätte.

Ich denke, dass das damalige Verhalten klar auf eine Manie hindeutete. Niemand hätte mich aufhalten können. Zum Glück ist alles gut ausgegangen.

25.7.2021

Frau Bartsch lernt, Fisch zu filetieren

Gegen 9.00 Uhr werde ich wach und wundere mich über die stickige Heizungsluft. Eigentlich bin ich mir ziemlich sicher, dass ich die Heizung gestern Nacht vor dem Schlafengehen ausgemacht habe. Mit trockenem Mund schaue ich auf das Panel: Die Heizung ist aus. Warum ist es denn so warm hier in der Bude? Die Daunendecke viel zu heiß. Die Luft steht. Okay, dann jetzt raus und den Tag beginnen. Tür auf ... und: Sommer! Es ist Sommer! Bikini an! Ab ins Wasser!

Anschließend mit Tee in der Hand im Witwensessel das Leben genießen. Der Mecker-Nachbar kommt mit Frau und Enkelin im Boot vom Angeln zurück. Vier große Dorsche. Die werden eingefroren und mit nach Deutschland genommen. In meinem Buch lese ich vom Bild der Norweger über uns Deutsche: Die Deutschen kommen mit dem Bobil (Wohnmobil) und einem Hänger mit Bier nach Norwegen und fahren mit einem Hänger Fisch nach Hause. Hier kann man das beobachten. Ich schaue der Enkelin beim Filetieren zu und lasse den Grummelkopp über alles und jeden grummeln. Die Fischabfälle werden morgen an einer tieferen Stelle zurück in den Fjord geworfen.

Auf dem Campingplatz gibt es auch ein freundliches deutsches Paar. Sie haben die Truhe schon voll und wollen morgen für mich einen Fisch angeln. Große Freude meinerseits. Ich habe sowieso schon beschlossen, zu bleiben. Die Sonne scheint, der Fjord ist schön. Frau Bartsch braucht keine überlaufenen Sehenswürdigkeiten. Sie braucht Sonne und den Zugang zum Wasser. Mehr nicht. Das SUP-Board hat schon Stockflecken, und auch sonst ist der Kram in der Garage feucht. Typisches Bild beim Camping nach Regen: Alles liegt zum Trocknen weit verstreut.

Mehrere Stunden verbringe ich mit Musik in den Ohren paddelnd oder liegend auf meinem SUP-Board. Ruhe ist in mir. Alle Bedürfnisse, die so laut nach Befriedigung riefen, sind mittlerweile erfüllt, und jetzt ist Ruhe. Es geht mir gut.

Die Wellen im Fjord werden größer. Kein Vergleich zu der Brandung im Mittelmeer. Ich schaue mir die Lachszucht aus der Nähe an.

Am frühen Abend, als ich wieder am Campingplatz anlege, grummelt mich mein Freund an, er habe schon den Notruf wählen wollen, weil er mich nicht mehr gesehen hat.

Ha, da habe ich den weichen Kern doch mal kurz durchblitzen sehen!

Er belehrt mich, dass das Wetter schnell umschlagen kann und ich nicht so weit rausfahren darf. Außerdem sei es verboten, sich der Lachszucht zu nähern.

Gerade habe ich mir den Bauch mit einer minderguten Variation von Pizzarolle aus dem Omnia-Ofen vollgeschlagen, da hält ein weiteres Boot mit weiteren Deutschen mit weiteren Fischen. Wie sich später herausstellt, sind es ein Stiefvater und sein erwachsener Stiefsohn, die häufig Angelurlaub in Norwegen machen. Sie haben riesige Seelachse, Rotbarsche und Makrelen geangelt. Doch es fehlen ihnen Gefriermöglichkeiten, und so komme ich in den Genuss von drei Kilo feinstem filetiertem frischen Fisch. Der kommt morgen und die nächsten Tage auf den Grill und in mein kleines Gefrierfach. Ich versuche, meinen Nachbarn, einen Holländer, zu überreden, auch Fisch zu nehmen. Er weiß jedoch nicht, wie man ihn zubereitet. Leute gibt es ...

Der Stiefvater bringt mir das Filetieren der Tiere bei.

Ich bin dankbar, wieder etwas dazuzulernen. Er ist dankbar, dass er mich belehren darf. Das Gleichgewicht schwankt, als ein norwegischer Camper vorbeikommt und dem Deutschen die Welt des Angelns erklären will. Wie heißt welcher Fisch? Pollack? Hvitting? Uer? Es gibt Uneinigkeit.

Der Stiefvater kann kaum Englisch. Ich übersetze und versuche, mit Fotos von Google zu unterstützen. Am Ende gibt es Rum mit Cola vom Stiefvater und ein anständiges Schulterklopfen des Norwegers für den Deutschen: »Du bist ein guter Typ. Du müsstest Norweger sein! Das ist dein einziger Fehler.«

Camping. Ich erzähle Peer am Telefon von meinen Erlebnissen. Er ist sauer. Das sei typisch für die Deutschen. Er nennt es Umweltkriminalität, was die Leute hier im Urlaub betreiben. Ich allerdings bin für heute nur glücklich und dankbar, so viel Fisch abgestaubt und das Filetieren erlernt zu haben, und halte mich dezent mit Kritik zurück. Ansonsten haben wir uns nicht mehr viel zu erzählen. Die anfängliche Begeisterung ist irgendwie dahin. Wohin?

26.7.2021

Frau Bartsch denkt über Liebesbeziehungen und Verliebtheit nach

In einem Telefonat mit meiner Freundin stellt sich heraus, dass sie innerlich schon die Hochzeitsglocken klingen hörte. Meine Gefühle und Gedanken zu Peer und der Liebe möchte ich festhalten: Ich bin nicht verliebt in Peer. Peer nicht in mich.

Sizilien im April 2022

Es tut mir leid, wenn es sich in den Blogberichten so anhörte, als würden Peer und ich ein Paar. Das hat auch etwas damit zu tun, dass ich über die kleinen Misstöne nicht schreiben wollte, ohne sie mit Peer besprochen zu haben. Seit meiner ersten Erfahrung in Spanien wollte ich im Blog keine Kritik mehr an Menschen üben, mit denen ich zu tun hatte. Allerhöchstens eine Bemerkung mit Augenzwinkern. Die Leute sollten nicht im Blog lesen, was ich über sie gedacht habe. Es sei denn, es wäre positiv. Das geht ja immer.

Insgesamt war es aber eben nur eine wunderschöne kurze Affäre. Wir hatten uns beim Abschied locker zum Schneeschuhwandern im Winter bei ihm verabredet, aber daran glaubte ich nicht wirklich, denn ich wollte ja im September mit meiner festen Arbeit beginnen und über Weihnachten nach Spanien ins »Dorf« fahren.

Zurück nach Norwegen:

Was ist das überhaupt für eine Geschichte mit dem Verliebtsein? Wundervoll, wenn es passiert. Es lässt einen hochfliegen, jubeln, kopflos sein. Unsterblichkeit fühlen. Ich habe mich in meinem Leben einige Male verliebt. Die Beziehungen vor Ralf waren jedoch eher nicht so angenehm für mich. Vermutlich könnte Freud mir erklären, warum und wieso ich mich in diese Art von Männern verliebte, doch führt das ja nicht weiter. Ralf war der erste Mann in meinem Leben, der mir wirklich gutgetan hat, und dies sogar mit voller Absicht. Und umgekehrt. Ein Freund. Wir hatten einen jahrelangen Höhenflug. Als wir uns kennenlernten, wusste ich beim dritten Treffen: Das ist der Mann meines Lebens. Diese Zugewandtheit und Einigkeit war das Besondere in unserer Beziehung. Nach diesem Vorbild suche ich mir meinen neuen Partner.

Mit Peer war ich im Gesprächsfluss und in den Interessen, den Ansichten wunderbar einig und stimmig. Ich habe das sehr genossen. Aber es fehlte mir Nähe. Der Abschied fiel mir nicht so schwer. Das kenne ich mittlerweile schon. Langsam werde ich zu einer Reisenden, die Abschiede verträgt. Wisst Ihr noch, wie schwer mir das in Spanien mit meinen Nachbarn fiel? Nach Peer habe ich aber Hoffnung, nicht Single bleiben zu müssen. Es gab nur den einen Ralf für mich, aber es gibt weitere Männer auf der Welt, mit denen es schön sein kann, die Zeit zu teilen. Das ist mir jetzt deutlich geworden.

Heute in der Playlist: »Heute hier, morgen dort« in der Version der Toten Hosen.

28.7.2021

Frau Bartsch schafft es, alte Muster zu durchbrechen, und liest das Gutachten zum Unfallgeschehen

Ich finde jede Menge Blaubeeren. Da es in Norwegen keinen Fuchsbandwurm gibt, kann ich sie bedenkenlos direkt vom Strauch in den Mund schieben.

Die beginnende Freundschaft mit Peer habe ich jäh beendet. Sie war zu einem mir altbekannten Rollenspiel verkommen. Das Rollenspiel der gebenden Frau Bartsch, die auf der anderen Seite für Brotkrumen dankbar ist. Das ist das erste erlernte Muster in meinem Leben gewesen. Ich habe es mit meinem großen Bruder gelernt, der mich lebenslang weitestgehend verachtet hat. (Er ist 2011 gestorben.) Ich wollte so sehr seine Anerkennung und hätte alles für ihn getan, habe so viel für ihn getan. Die Verachtung veränderte sich jedoch nicht. Weil sie gar nichts mit mir zu tun hatte. Das weiß ich heute. Warum sind Menschen so dumm und wiederholen ihre Muster immer wieder?
    All meine früheren Partnerschaften verliefen nach diesem Muster, bis ich mich innerlich veränderte und mir meine müde Seele einen Mann wie Ralf erlaubte, bei dem ich echte Wertschätzung fand. Diese Wertschätzung haben wir uns über all die Jahre erhalten. Das war unser Glück. Denn Wertschätzung lässt in dir das Beste entstehen, das Allerbeste. Die, die ich heute bin, bin ich durch Ralfs Wertschätzung und Zugewandtheit geworden.
    Nun hat das Leben wohl wissen wollen, ob ich noch mal eine Ehrenrunde drehen möchte, bevor ich die Lektion endgültig gelernt habe. Aber es war nur eine kurze Zeit, in der ich mir das Rollenspiel anschaue und in der ich begriff, dass

schöner Sex und gute Gespräche zwei wesentliche Punkte sind – von dreien. Der dritte Aspekt ist das Paket mit Zärtlichkeit, Zugewandtheit, Fürsorge und Wertschätzung. Ohne diese wertvollen Aspekte sind die ersten beiden Punkte nur für sehr kurze Zeit schön. Für mich. Das mag anderen Menschen anders gehen.

Ich erkenne mittlerweile schneller, wann ich als Person wirklich gemeint bin. Die drei Aspekte sollen mir in Zukunft Kompass sein. Ich bin es mir wert. Das gefällt mir. Und ich finde es nun auch gar nicht mehr so furchteinflößend, allein zu bleiben. Ich bin sooo stolz! Da habe ich echt mal was gelernt: gut für mich zu sorgen und klar zu sein.

Heute in der Playlist für mich: Lukas Meister, »Weiter«.

Gestern hat mein Rechtsanwalt mir das Gutachten der Staatsanwaltschaft zum Unfall geschickt. Ich sitze oben auf einem Berg bei Åndalsnes und öffne das lange Dokument mit zig Fotos. Alles ist plötzlich wieder da: der Dezember. Die Gefühle. Doch längst nicht in derselben Intensität. Ich sitze oben allein auf einem Baum, schaue auf den Fjord und weine etwas. Aber es ist keine Verzweiflung zu spüren. Es ist eine Traurigkeit, die in Ordnung ist. Ich bin froh, allein zu sein. Ich brauche nur mich. Das ist auch ein gutes Gefühl, das tragen zu können.

Ein paar Aspekte im Unfallbericht sind neu für mich. Nun bewerte ich die letzten Sekunden vor Ralfs Tod neu:

Einige Meter vor der Einschlagstelle gab es aufgewühlte Spuren von Ralfs Reifen zwischen Leitplanke und Standspur. Das bedeutet in meinen Augen, dass er es wusste. Er muss zumindest geahnt haben, dass es nicht gut ausgeht. Das macht einen großen Unterschied für mich. Bislang konnte ich mir die Geschichte so erzählen, dass Ralf dachte, dass das Ausweichen auf die Standspur die beste Lösung sei, bis er in den unbeleuchteten Lkw crashte und sofort tot war. Es war extrem beruhigend für mich, dass er nicht wusste, dass er stirbt. Immer wieder habe ich in den vergangenen Monaten sein Bild angesehen und ihm zugeflüstert: »Du weißt nicht, dass du tot bist.« Das hat mich getröstet. Jetzt habe ich mir einen Splitter eingezogen, der schmerzt etwas. Nicht doll. Nur wenn man drankommt. Er wird wohl einwachsen. Ziehen lässt er sich nicht.

31.7.2021

Frau Bartsch ist nicht erreichbar (nur via Mail)

Heute Morgen zeigt mein Handy ein schwarzes Display. Ab und an taucht ein Apfel auf, um dann wieder zu verschwinden. Oh Mann, muss das sein?

Wenn ich die rechte Seitentaste länger gedrückt halte, taucht ein Symbol auf, zeigt mir, dass ich mein Handy an den Computer anzuschließen habe. Dort wird mir erklärt, wie ich das Smartphone wiederherstellen kann. Doch diese Lösung funktioniert nicht. Der nächste Tipp der Firma: Man solle zum nächsten Shop gehen. Das kenne ich ja schon. Im März in Holland bekam ich direkt einen Store in der Nähe angezeigt und konnte online einen Termin vereinbaren. Heute ist Samstag, meine Chancen stehen gut.

Ich bleibe cool. Mittlerweile bin ich schon etwas krisenerprobter als im März, vermutlich auch resilienter. Ganz sicher sogar. Heute jedoch kann mein Computer meinen Standort nicht orten, vermutet mich in der Nähe von Erfurt und reagiert auch nicht auf meine manuelle Eingabe, dass ich in Oppdal, Norwegen bin. Zum Glück habe ich ausreichendes Kartenmaterial gekauft, sodass ich den Weg nach Bergen, wo morgen meine Freundin landet, und nach Hause finden kann. Das war meine erste Sorge. Meine zweite war, dass sich die Leute daheim Sorgen machen, wenn ich nicht zu erreichen bin und gerade Erfahrungen bei Tinder sammle.

Nun kommen andere Gedanken dazu. Da mein Ticket auf

dem Handy ist, kann ich vielleicht auch die Fähre nicht nehmen?

Ach, ich werde schon irgendwie eine Lösung finden, hat ja bisher immer geklappt.

Derzeit bin ich bei einem Brasilianer aus Rio zu Besuch, Marcelo. Er lebt seit Jahren in Norwegen und bleibt trotz Scheidung wegen seiner Kinder im Land – obwohl er hier viel Rassismus erlebt und in Brasilien ein angesehener Mann ist. Wir haben uns auch über Tinder kennengelernt. Nun genießen wir, dass wir ähnliche Bedürfnisse haben. Mein Englisch wird auch langsam besser.

Es ist schön, zu erleben, dass es überall auf der Welt Menschen gibt, die sich für die gleichen Themen interessieren und ähnliche Ansichten zur Weltlage haben. Seine Mutter ist Psychologin, Paartherapeutin. Er hat viel von ihr gelernt und erwähnt sie oft. Als er jung war, hat er die Bücher aus ihrem Regal gelesen. Unter anderem ein Buch, in dem 500 Frauen zum Orgasmus befragt wurden. Das Fazit war, dass die vielen verschiedenen Frauen auf unterschiedlichste Weise zum Orgasmus gelangen. Das hat mit der individuellen Anatomie zu tun. Ich finde das sehr spannend, da ich dachte, es sei bei allen Frauen ähnlich. Nach der Lektüre war er nicht wirklich im Bilde, hat aber eine hohe Sensitivität entwickelt, um auch der Frau Freude zu bereiten.

Eigentlich ist er nur ein »Überbleibsel« aus meiner Tinder-Anmeldung vor zwei Wochen. Er schrieb mich an, und ich antwortete, dass es nichts würde mit uns. Trotzdem blieben wir dabei, uns zu schreiben. Es entspannen sich lebhafte schriftliche Diskussionen, und wir waren dann doch zu neugierig aufeinander, sodass wir uns kennenlernen wollten. Auf dem Weg zu ihm sah ich mir Trollstigen und Geirangerfjord an und war sehr überrascht, dass es immer noch mal eine Spur größer, weiter und höher geben kann. Unfassbar groß, weit und hoch.

Zwischendurch muss ich mit Michael telefonieren, weil

mein Wohnmobil verdächtig nach Verbrennung riecht. Es sind vermutlich nur die Bremsen. »Ein bisschen langsamer die Berge runterfahren«, rät er mir.

Natürlich hat auch Marcelo eine Hytte. Das hat hier anscheinend nahezu jeder. Wir treffen uns in Oppdal, einem Skiort. »Hytte« löst vielleicht eine falsche Vorstellung aus. Es ist ein Haus mit vielen Schlafzimmern, das er und seine Ex-Frau über Airbnb vermieten. Wie durch ein Wunder ist es von Donnerstag bis Sonntag nicht vermietet, und Marcelo konnte seine Dienste so tauschen, dass wir zwei Tage gemeinsam verbringen können.

Einige kennen Tinder nicht. Ich will es kurz erklären: Als heterosexuelle Frau bekomme ich Fotos von Männern auf das Display und manchmal ein paar Informationen plus weitere Fotos. Je nachdem, was die Leute so von sich zeigen möchten. Es gibt Männer, die kein Bild von sich einstellen. Entsprechend interpretiere ich, dass sie entweder in ihrem Umkreis bekannt sind, sich für ihr Aussehen schämen oder verheiratet sind. Oder alles auf einmal.

Wenn mir jemand gefällt, streiche ich das Foto nach rechts. Der Mann bekommt eine Liste von Frauen, die das getan haben. Umgekehrt verhält es sich natürlich genauso. Die übrigen Fotos streicht man, wie schon erwähnt, nach links. Sie tauchen aber immer mal wieder auf. Wenn man eine Gebühr bezahlt hat, kann man die Fotos in der Like-Liste sehen. Wenn man die kostenlose Version hat, nicht. Wenn meine Fotos dem Mann auch gefallen und er mein Bild nach rechts streicht, ergibt das ein »Match«, dann kann man sich schreiben.

Wenn ich Männer nach einem Match als Erste angeschrieben habe, haben sie nie geantwortet. Meine Freundin und ich interpretieren das so, dass die meisten Männer heute bei aller Progressivität und Aufgeschlossenheit noch immer »jagen« und als Jäger erfolgreich sein wollen. Wenn ich mich nicht melde nach einem Match, kommt oft ein erstes seltsames »Hi«.

Auf Facebook schreiben viele Frauen, dass ihnen das zu wenig ist. Sie hätten da gerne ein bisschen mehr Engagement. Ich sehe das nicht so. Das Engagement braucht doch erst zu entstehen, wenn man sich ein bisschen hin- und hergeschrieben hat.

Ein Mann hatte in seinem Profil einen Text stehen, den ich mir als Motto genommen habe: »Ich komme dir gerne entgegen, aber laufe dir nicht hinterher.«

Neulich hat ein Mann aus meinem Heimatbereich geschrieben, dass er es sehr seltsam finde, dass die Frauen nach einem Match nicht schreiben. Das hat mir gefallen.

Tinder ist längst mehr als eine Fremdgeh-App. Ich habe ein »Like« von einem Nachbarn zu Hause bekommen, und von einem ehemaligen Studienkameraden auch. Das fand ich sehr seltsam. Ich bin damit offen umgegangen und habe ihnen geschrieben, dass das für mich nicht infrage kommt. Dafür musste ich aber erst ein Like vergeben. Denn nur, wenn man ein Match hat, kann man sich schreiben.

Nachdem ich in der letzten Woche so zufrieden am Fjord saß und keine weiteren Tinder-Erfahrungen in Norwegen sammeln wollte, habe ich meinen Standort auf Osnabrück geändert. Dadurch erkennen mich die Männer aus meiner Heimat bei Tinder. Ist mir das peinlich? Weil ich erst seit Kurzem Witwe bin? Etwas.

Peer hatte mir neulich von einem Leserbrief in seiner Zeitung erzählt, in dem eine Pastorin von ihrem Erleben als frische Witwe berichtet. Sie hatte am Tag nach dem Tod ihres Mannes große Lust, schwimmen zu gehen und sich am Strand zu sonnen. Ihr erster Impuls war: »Was sollen die Leute denken!« Ihr zweiter Impuls: »Ich habe es schwer genug! Wenn mir baden guttut, ist das richtig. Ich kann mir mein Leben nun nicht noch schwerer machen, indem ich die Erwartungshaltung der Menschen erfülle.«

Wundervoll!

2. 8. 2021

Frau Bartsch ist Handy-amputiert und sinniert mit Christine

Am Sonntag kann ich für Dienstag einen Termin in einem Store in Ulset nördlich von Bergen, verabreden. Heute, am Montag, erhalte ich eine Mail von diesem Geschäft, dass sie doch keine Zeit haben und ich einen neuen Termin vereinbaren soll. Doch selbst der norwegische Nachbar auf dem Campingplatz bringt es nicht fertig, auf der angegebenen Internetseite einen Termin zu vereinbaren. Langes Überlegen führt zu verschiedenen Lösungsansätzen, die alle miteinander nicht mal beim besten Willen als zweitbeste Möglichkeit durchgehen würden. Manchmal hat man eben nur viertbeste Lösungen. Davon aber fünf.

Michael soll noch mal was dazu sagen. Hier auf dem Campingplatz bei Bergen gibt es WLAN, und mit meinem Computer kann ich über FaceTime mit ihm telefonieren. Michael hat wie immer sämtliche Hintergrundinformationen und zudem weitere Lösungen im Angebot.

Ärgerlich! So ein teures Gerät, gerade ein halbes Jahr alt und jetzt schon das zweite Mal kaputt.

Heute waren Christine und ich in Bergen. So eine schöne Stadt! Und so schöne Geschäfte! Da kauft Frau Bartsch nach anfänglicher Zurückhaltung zwei Kleider, Mascara, Lippenstift und noch etwas Dödelkram, der eigentlich gar nicht mehr in die Schränke passt. Ich merke, dass ich am Ende meiner Reise angekommen bin und an die Zeit nach dem Campingfunktionalismus denke. Es ist auch der Einfluss von Christine. Mit ihr gebe ich gerne immer wieder unvernünftig viel Geld aus.

Das erste Mal wieder Wimperntusche und Lippenstift im

Gesicht. Ungewohnt. Und dann ein neues rotes Kleid. Frau Bartsch, Frau Bartsch!

Gestern Abend haben wir eine kleine Parkbucht an einem kleinen Fjordhafen gefunden. Eigentlich ist es eine Bushaltestelle. Beim Einparken schreddere ich mir mal wieder die rechte hintere Ecke, diesmal allerdings nur das beleuchtete Katzenauge. Das ist jetzt die dritte Erfahrung mit »plötzlich in den Weg springenden Hindernissen« auf dieser Reise. Und immer trifft es die hintere rechte Ecke.

Wir haben uns auf die Stufen zum Wasser gesetzt und leeren eine Flasche Sekt. Das darf man in Norwegen nicht. Trinken in der Öffentlichkeit ist verboten. Frau Bartsch hat sich aber eh schon daran gewöhnt, im Ausland kriminell aufzufallen.

Wir haben uns viel zu erzählen, Christine und ich. Also, eigentlich ich. So viel erlebt, so viel gefühlt, so viel! Es geht auch um die Männer, die ich über Tinder kennengelernt habe. Und welche Bedürfnisse erfülle ich mir da im Moment? Oder versuche ich mir zu erfüllen? Was passiert da mit mir? Ist das schon durchgeknallt oder noch gesund?

Michael hat mir im Februar mal gesagt, dass es ganz natürlich sei, den Status, »in einer Beziehung zu leben«, so schnell wie möglich wiederherstellen zu wollen. Für mich ergibt das Sinn. Ich war so gern Teil eines Paares, habe mir nie etwas anderes gewünscht. Plötzlich bin ich das nicht mehr, habe den Partner an meiner Seite verloren, der Verlust schmerzt mich um meiner selbst willen.

Und: Ralf ist tot. Ich trauere für ihn. Ich trauere um *ihn*. Er fehlt mir.

Das sind zwei Themen. Das überrascht mich. Eine neue Erkenntnis. Mein innerer lösungsorientierter Retter sucht hinsichtlich des ersten Themas einen neuen Kandidaten. Da ich für das Singledasein nicht gemacht bin, bin ich gern bereit, jede Menge Kompromisse einzugehen. Je länger ich aber Single bin, desto eher arrangiere ich mich auch mit dem Alleinsein. Manchmal ist es richtig schön. Ich kann auf meine Impulse hören und ihnen nachgehen. Wenn man zu zweit ist, sind sie so leise, dass man sie nicht mehr oder kaum noch wahrnimmt.

Könnte es mir zunehmend schwererfallen, Entscheidungen wieder zu zweit zu fällen? Wird man inkompatibel für eine Partnerschaft, wenn man länger allein ist? Steigen die Ansprüche mit der Zeit ins Unrealistische? Genießt man zu sehr seine Freiheiten? Wird man kauzig?

Solche Sorgen mache ich mir. Solche Sorgen diskutiere ich mit Christine. Uns geht es gut.

4.8.2021

Frau Bartsch studiert das Thema »Motorbremse«

Die viertbeste Lösung wurde es: Mit einem nagelneuen Handy ausgestattet, geht die Reise mit Christine von Bergen aus weiter zum Hardangerfjord. Ich bin extrem dankbar, dass ich mir Lösungen erkaufen kann, wenngleich es mein Gerechtigkeitsempfinden und Umweltgewissen auf den Plan ruft. Das darf ich jetzt, sage ich mir, dass es mal einfach geht.

Danach gehen wir ein weiteres Mal in die ausgesprochen schicken Läden der ausgesprochen schicken Stadt und finden Luxusartikel für die Frau mit Chic, die ich mal war und die ich dachte verloren zu haben. Christine, das nahende Reiseende und Bergen haben sie wieder hervorgekitzelt.

Ein Cashmere-Pullover für ursprünglich 4000 NOK, jetzt für die Hälfte! Aber ich habe ja gerade ein Handy gekauft. Lass uns einen Kaffee trinken und darüber nachdenken, ob das jetzt sein muss. Christine verzichtet auf einen sündhaft teuren Regenmantel und lässt sich von mir zu wirklich extrem schmückendem Schmuck überreden. Nach Fisch und Pad Thai am Hafen ist Frau Bartsch überzeugt: Ohne diesen Pullover wird der Winter zu hart. Also zurück zum Geschäft. Die Verkäuferin erinnert sich an mich, weil ich den letzten Pullover in Größe M zurücklegen lassen wollte, was sie aber nicht wollte. Der Pullover liegt nicht mehr auf dem Platz, alles ist umgeräumt worden. Die Verkäuferin deutet mir den Weg zu dem neuen Ablageort. Statt 2000 NOK kostet er nun nur noch 1200 NOK. Was Frau Bartsch heute gespart hat! Bevor Ihr nun den Währungsrechner bemüht: Ihr braucht nur eine Null wegzustreichen und habt in etwa den Euro-Betrag.

Heute auf dem Weg zum Hardangerfjord will der dritte Gang in meinem Automatikgetriebe nicht immer freiwillig reinspringen. Christine ist der Meinung, dass ich die Motorbremsenthematik nicht richtig umsetze. Habe ich Michael falsch verstanden, als er mir am Geirangerfjord telefonisch erklärte, wie ich stinkende Bremsen vermeide? Nein. Auch wenn der Motor laut wird, solange die Drehzahl bei 3000 liegt, ist alles in Ordnung. Ich habe mein Getriebe also nicht kaputt gefahren.

Später will mein Motor plötzlich nur noch den dritten Gang nutzen und empfiehlt mir, mal in mein Handbuch zu schauen. Nach einem Neustart, wie ich es vom Computer und Handy kenne, ist auch hier wieder alles in bester Ordnung.

Michael rät zu einer Überprüfung in einer Fiat-Werkstatt für Nutzfahrzeuge. Fiat hat aber leider kaum Vertragswerkstätten in Norwegen. Das Thema muss bis morgen warten. Jetzt haben Christine und ich Feierabend. Wir genießen warme 18 Grad mit Sonnenschein am Folgevonnen-Nationalpark mit der zweiten und letzten Flasche Sekt in diesem Urlaub. Ein betrunkener junger Mann beglückwünscht uns zu dem edlen Getränk. So eine Flasche kostet hier in etwa so viel wie ein doppelt reduzierter Cashmere-Pullover.

Heute habe ich Leichtigkeit im Herzen und fühle mich komplett als Touristin, die mit ihrer Freundin reist.

5. 8. 2021

Frau Bartsch wird aus dem Schlaf gerissen

Der junge Mann, der uns zu dem leckeren Sekt gratuliert, weiß in dem daraufhin folgenden Gespräch nicht mehr so ganz genau, wie alt er ist. 33 oder 34? Ist wohl noch betrunkener als gedacht. Er fragt auch nach unserem Alter und ist überrascht, dass eine ganze Generation zwischen uns liegt. Danach verschwindet er mit einem höflichen Gruß und dem Argument, er müsse jetzt Wodka trinken, er würde schon wieder nüchtern werden.

In der Nacht klopft es leise an der Tür. Nicht bewegen, so tun, als wäre keiner da. Was ja Quatsch ist: Auf einem Campingplatz um drei Uhr nachts ist in einem Wohnmobil immer jemand. Es klopft weiter. Und weiter. Ist etwas passiert? Ich öffne vom Bett aus die Tür.

Der junge Mann steht vor der Tür. Er fragt: »*Are you awake?*«

Ich antworte: »*Yes*«, was der Wahrheit entspricht, aber der Sache nicht zuträglich ist. Als mir das klar wird, korrigiere ich: »*We are sleeping, guy, let us sleep!*« Und ich schließe die Tür wieder ab. Noch etwa eine halbe Stunde hören wir ihn rund um den Wagen agieren. Ab und an klopft er und flüstert irgendetwas. Wir haben Sorge, dass er wütend wird und das Wohnmobil beschädigt, doch dazu wird er wohl nicht mehr in der Lage sein.

Am nächsten Morgen steht unser Stuhl vor der Tür, und daneben liegt eine fast leere Bierdose.

Der Wohnmobilverkäufer aus Osnabrück, der mir nach dem Kauf seine private Handynummer für Notfälle genannt hat, ruft mich aus seinem Urlaub in Italien zurück. Er rät mir, irgendeine Werkstatt anzufahren und den Fehler auslesen zu lassen. Machen wir. Diagnose: Kupplung kaputt.

Waaaas? Kupplung kaputt??? Das kann doch nicht sein! Wir bemühen noch ein weiteres Mal den Google-Übersetzer, aber *clutch* heißt definitiv »Kupplung«.

Der Mann in der Werkstatt rät uns, direkt nach Haugesund zu fahren und nicht nach Stavanger. Ich entscheide dennoch, dass wir nach Stavanger fahren. Dann ist Christine schon mal an ihrem Abflugflughafen, die Reparatur dauert sicherlich länger. Wir sind traurig, dass wir den Preikestolen nun nicht mehr besuchen können. Ich rufe den Wohnmobilverkäufer noch einmal an, und er rät mir, einfach zu versuchen, trotz des Schadens nach Deutschland zu fahren.

Wir hören das gern und geben den Preikestolen erneut ins Navi ein. Den ganzen Tag über schaltet das Automatikgetriebe wie am ersten Tag. Geht doch!

6.8.2021

Frau Bartsch am Preikestolen

Nach dem obligatorischen Bad am Morgen (irgendwo im Nirgendwo, wo wir geschlafen haben) laufe ich am Frühstückstisch des Fotografen Andreas Krufczik und seiner Partnerin vorbei. Sie fahren in einem Skoda Fabia mit Dachzelt durch Norwegen. In ihrem Auto sind außer dem regulären Campingzeug noch Fahrrad, Angelzeug, Wanderstöcke und Kameraausrüstung untergebracht. Platz ist in der kleinsten Hytte. Andreas fotografiert Norwegen unter anderem für die Zeitschrift *Walden*. Vielleicht bekomme ich ja die eine oder andere Landschaftsfotografie von ihm für den Blog. Mit meiner Handykamera komme ich hier täglich an meine Grenzen.

Das erlebe ich auch bei dem folgenden Besuch des Preikestolen (Predigerkanzel). Was für Ausblicke! Und welch ein mickriges Erscheinungsbild auf dem Foto!

Geschätzte Windstärke: 10. Sonst tummeln sich auf dem Plateau Dutzende Touristen. Heute ist das den Mutigen und Provokateuren vorbehalten. Es geht 600 Meter runter in den Lysefjord.

Die Kupplung hat bislang keine weiteren Probleme produziert. Vielleicht lag ein Staubkorn auf der Sensorik? Meine Anspannung weicht langsam der Annahme, dass ich am Mittwoch zusammen mit dem Wohnmobil in Osnabrück ankommen werde.

Es gibt keine weiteren Neuigkeiten von meinem spanischen Freund. Vermutlich ist er in sein Versteck zurückgeschlüpft, weil es wieder genügend Ungeziefer im Wohnmobil gibt, seit das Wetter besser geworden ist. Vielleicht ist er aber auch nach einem »Landgang« nicht zurückgekehrt.

NACH HAUSE

8. 8. 2021

Frau Bartsch will noch nicht nach Hause

Heute Morgen bringe ich meine Freundin nach Stavanger und fahre selbst nach Kristiansand, wo ich vor einem Monat angelandet bin. Hier kann ich in einem Geschäft in der Innenstadt meine Mehrwertsteuer vom Handykauf zurückerstatten lassen. Anschließend gehe ich zum ersten Mal essen, seit ich in Norwegen bin. Eine Burgerbude. Der Kellner schaut in den prasselnden Regen. Ich sage ihm, dass Norwegen für mich Regen heißt – weil ich vergessen habe, dass man den Norwegern nur Komplimente über ihr Land machen darf.

Er antwortet, dass sie dieses Jahr einen fantastischen Sommer hatten. Richtig heiß und richtig Sommer. Wäre ich doch in Kristiansand geblieben! Dann hätte ich aber die Wale, Papageientaucher und Seeadler nicht gesehen; den Fischotter an meinem idyllischen Privatstrand verpasst und Peer und Marcelo nicht kennengelernt. Vom Ende aus betrachtet, ist es doch ganz okay gewesen so, wie es war. Ich kann jetzt auf jeden Fall gut allein sein. Sogar allein essen zu gehen, ist kein Problem mehr für mich.

Norwegen hat seine Faszination. Es ist eines der schönsten Länder, die ich je besucht habe. Ich bin froh, nicht wieder herkommen zu müssen. Und das liegt einzig und allein am Wetter.

Nach fünf Monaten geht es jetzt also nach Hause. Hat Frau Bartsch sich zusammengereist?

Ich behaupte: Ja!

Mir geht es gut. Die Trauer kommt in Wellen. Das darf so sein. Eine Freundin mit schlimmerem Schicksal sagte mir einmal zu Beginn der »neuen Zeitrechnung«: »Die Trauer gehört zu meinem Leben, aber sie beherrscht mein Leben nicht.«

Zu dem Zeitpunkt hatte ich die Fantasie, dass Trauer etwas sei, das überwunden werden müsste, dass die Zeit alle Wunden heilt; dass man selbst einen aktiven Teil zur Bewältigung beisteuern könnte. Morgen sind es acht Monate, dass Ralf nicht mehr lebt. Ich genieße meine Tränen, die ungefähr alle zwei, drei Tage auftreten. Manchmal anlassbezogen, manchmal aus heiterem Himmel. Am liebsten möchte ich allein sein, wenn ich weine. Das lässt sich jedoch nicht steuern. Meine Tränen sind ein intimer Moment, den ich nur mit Ralf teilen möchte. Ich möchte dann nicht umarmt werden.

Anders ist es, wenn ich aus aktuellem Anlass traurig bin. Dann tun Umarmungen so wunderbar gut! Ich merke dann, dass ich nicht allein bin, und bin durch Berührung getröstet. Wenn ich aus Trauer um Ralf weine, brauche ich keinen Trost. Es gibt ihn auch nicht. In dem Moment bin ich mit mir und dem Gefühl weitestmöglich entfernt von den mich umgebenden Menschen. Das ist sicherlich hart für meine Umgebung. Doch nach zwei Minuten spätestens bin ich wieder mittendrin und voll dabei.

Die Tränen sind Tränen der Liebe. Darum genieße ich sie. Sie zeigen mir meine Verbundenheit. Das gefällt mir. Man kann sich das so vorstellen, als würde ich in dem Moment Ralf liebevoll in die Augen schauen. Da braucht es doch keinen Trost.

Nun wartet eine neue Herausforderung auf mich: das Zurücksein, das Sesshaftwerden. Die impulsgesteuerte Nomadin wird wieder einer Struktur folgen, wird wieder ihre professionelle Terminologie in ihren aktiven Wortschatz zurückholen. Müssen. Müssen?

Ich vermute: ja. Dennoch möchte ich weiterhin meiner

Intuition folgen, mir Zeiten zum Spüren nehmen. Das wird auch in meinem Beruf eine Rolle spielen und mich möglicherweise weiterbringen.

Ehrlich gesagt, habe ich höllische Angst. Wovor?
Dass ich den normalen täglichen Herausforderungen nicht mehr gewachsen bin; dass ich den normalen Stress nicht mehr ertrage. Die zwei Tage Shopping in Bergen haben mir gezeigt, dass meine Belastbarkeit gesunken ist. Bei aller Gesundung bin ich doch jetzt sehr, sehr viel Ruhe und Informationsarmut gewohnt. Kann ich wieder mitspielen in der verrückten schnellen Welt?

Ich werde mich zunächst nicht verabreden und mich nicht ins volle Leben stürzen, werde versuchen, in Ruhe anzukommen. In dem Punkt hat sich Frau Bartsch um 180 Grad gedreht. Wir werden sehen.

Playlist-Song für heute: »Nich' nach Hause« von Jan Delay.

13.8.2021

Frau Bartsch kommt nach Hause und reist die letzten Kilometer mit Diamant

Mit 16 804 Kilometern mehr auf dem Tacho kommen der Basilikum, mein mittlerweile etwas mitgenommener stiller Begleiter, und ich nach fünf Monaten zu Hause an. Der Gecko ist noch schüchtern. Wenn er nicht längst ausgezogen ist.

Heute reist Ralf das letzte Stück mit:

Als ich den Diamanten, der aus Ralfs Asche gewonnen wurde, abhole, fühle ich nichts. Die ursprüngliche romantische und naive Idee, dass die Asche gepresst wird und daraus der Diamant entsteht, ist in den letzten Monaten verschwunden. Die einzelnen Schritte, die die Firma vollzogen hat, wurden mir jeweils mitgeteilt. Allein das Wissen, dass die Asche zunächst durch ein Verfahren karbonisiert werden muss, hat mir jedoch den Glauben genommen, dass der Diamant noch viel mit der Asche von Ralf zu tun hat. Daher gehe ich eher neugierig mit meinem neuen roten Kleid in das Bestattungsinstitut. Die Bestatterin erzählt, dass es nur sehr wenige Menschen in der kurzen Zeit schaffen, in die Akzeptanz zu kommen und nach vorn zu blicken. Ich habe zu der Aussage verschiedene Stimmen in mir, die ungefragt ihren Senf dazugeben:

Sofort poppt die schon bekannte Stimme der Selbstabwertung auf. Die schläft ja nie und steht immer gleich stramm, wenn es etwas zu bewerten gibt: »Siehste! Die anderen trauern richtig, du tust ja nur so, bist eben der Liebe nicht fähig.«

Da ist aber auch die Stimme des Riesen, der sich nicht lumpen lässt: »Super! Du bist ja auch besonders gut ausgebildet und reflektiert, und daher hast du dich so schnell zusammenreisen können. Außerdem hast du eine hohe Resilienz, die sich durch deine schnelle Anpassungsfähigkeit ergibt.«

Die Bestatterin vermutet, dass es auch daran liegt, dass ich nicht weggelaufen bin und mich der Trauer gestellt habe. Das finde ich lustig. Wenn jemand weggelaufen ist, dann ja wohl ich. Aber ich verstehe, was sie meint. Ich habe mir Zeit genommen, meine Gedanken zu denken, meine Gefühle zu fühlen. Gleichzeitig habe ich anderes Leben nach dem Leben mit Ralf kennengelernt. Und zulassen dürfen, dass das Leben auch ohne Ralf noch Spaß macht. Diese Freiheit, Spaß haben zu dürfen, konnte ich mir deswegen nehmen, weil ich nicht in dem System geblieben bin.

Ich sende ein Bild des Diamanten an Ralfs besten Freund. Er antwortet: »Willkommen daham, Don Ralfo.« Sofort beginne ich zu weinen.

Nun ist das Gefühl da. Jetzt ist er wieder bei mir.

Zu Hause werde ich von meinem Sohn und seiner Freundin empfangen, die in den letzten zwei Tagen alles gegeben haben, um das Haus zum Strahlen zu bringen. Trotzdem riecht das Haus nach ihnen. Viele Möbel stehen etwas beengt. Es ist nicht mein Haus. Am liebsten möchte ich wieder wegfahren.

Abends bin ich eingeladen, mir die Lightshow à la Pink Floyd für die Erinnerungsfeier anzusehen, es ist ja gleich um die Ecke. Ich bin geflasht, im wahren und übertragenen Sinn des Wortes. Es ist, als wäre ich bei einem Originalkonzert von Pink Floyd. Die Laser sind bei einem Konzert in der Royal Albert Hall in London zum Einsatz gekommen. Und dann laufen die Tränen, zwölf Minuten lang – weil Ralf das hier so feiern würde; weil ich an keine Wolke glauben kann, von der aus er das jetzt sehen kann; weil ich mir so sehr wünsche, dass er wenigstens für dieses eine Stück mal kurz lebendig wird. *Shine on you crazy diamond ...*

Und gleichzeitig ist der Mann, der mir das präsentiert, ein extrem gut aussehender Mann in meinem Alter. Und ich überlege, ob ich mit ihm flirten soll. Aber das wäre mit so viel Tränen im Gesicht wohl eher befremdlich für den Mann. Und das ist ein gutes Beispiel dafür, wie ich Trauer erlebe: traurig sein und sich dann auch wieder kopfüber in das Abenteuer Leben stürzen, die Gleichzeitigkeit der unterschiedlichsten Gefühle und Gedanken erleben und spüren dürfen. Das zu akzeptieren, verschafft Frieden.

»Ambiguitätstoleranz« heißt das Zauberwort. Ein wunderschönes Wort!

Am nächsten Morgen bekomme ich meine zweite Impfung und letzte Krankmeldung. Ich halte es zu Hause nicht mehr aus und fahre nach Bielefeld auf einen Stellplatz im Wald. Unter Campern fühle ich mich sofort wieder zu Hause. Das wird wohl doch noch etwas länger dauern und schwerer als gedacht, mich wieder einzugewöhnen.

Sizilien im April 2022

Ich habe bis heute keinen Ring für den Diamanten machen lassen. Es gibt auch einen Grund. Dazu später mehr. Doch Ralfs Diamant fährt in seiner kleinen Holzschatulle auf der Reise durch Sizilien mit. Ich wollte ihn nicht zu Hause lassen.

15. 8. 2021

Frau Bartsch schleicht sich wieder davon

Das Wetter ist so schön, und irgendeine Kraft schiebt mich wieder ins Wohnmobil, um damit spontan davonzureisen. Ich brauche Wasser und Wohnmobil für mein Wohlgefühl. Als ich nach Bademöglichkeiten suche, zeigt Park4night mir einen See in der Nähe an, in Hörstel. Ich rufe auf dem Campingplatz an, ob sie noch etwas frei haben. Ja, aber nur für Leute mit einem der 3G: geimpft, genesen, getestet. Meine Impfung von vor drei Tagen gilt nicht.

Bei Ikea kann ich mich testen lassen. Das sind andere Regeln als in den Ländern, in denen ich auf meiner Reise war. Als ich am See ankomme, traue ich meinen Augen nicht: Rund um den See stehen die Zelte und Wohnwagen ohne Parzellierung am Strand. Ein Traum! Eine halbe Stunde von zu Hause entfernt. Das Seewasser ist badewannenwarm. Zumindest fühlt sich das für mich als »Norwegerin« so an. Es läuft Livemusik, und als ich mal mit dem Kopf über Wasser bleibe, spielt die Band das Lied »Junimond« von Rio Reiser. Mittlerweile bin ich doch nicht mehr so sicher, ob Ralf nicht doch von seiner Wolke die Geschicke und Zufälle für mich lenkt. Kurz danach spielen sie weitere Lieder von meiner Reiseplaylist. Eins ist noch nicht auf der Liste, darum füge ich es jetzt hinzu: *Don't stop me now* von Queen.

Es macht mir noch Schwierigkeiten, sesshaft zu werden. Ich wünsche mir so sehr Wasser vor der Tür. Soll ich im Wohnmobil bleiben und das Haus vermieten? Aber das Wohnmobil ist nicht für den Winter geeignet. Das Haus ist voll mit Möbeln und Zeugs. So mietet das ja kein Mensch. So gehen meine Gedanken.

Dann zügele ich sie mit der Stimme der Vernunft: »Warte ab. Veränderung braucht Zeit. Warte mal zwei Wochen, dann ist das wieder dein Zuhause.«

So grüble ich durch die Gegend, während sich das Leben schon wieder einen neuen Coup für mich ausgedacht hat. Im Bett liegend, Wärmflasche an den Füßen, öffne ich ein weiteres Mal, mehr gewohnheitsmäßig, die Tinder-App und schau mir an, wer in der Like-Liste dazugekommen ist. Ein sympathisch wirkender Mann aus Nordhorn, der kaum Text schreibt, ist dabei. Als ich ihn auch nach rechts streiche, obwohl er nichts von sich preisgibt, schreibt er mich direkt an. Ein schönes Anschreiben. Er ist neu bei Tinder und irritiert über die

Wischbewegung, mit der man Menschen sortiert. Er stellt interessierte Fragen zu meinem Profil.

Es braucht drei SMS, und wir telefonieren, weil das, was wir von uns wissen wollen, zu viel ist für SMS. Die Finger schreiben zu langsam. Es stellt sich heraus, dass auch der Mund zu langsam spricht für all das, was wir uns zu sagen haben. Wir telefonieren lange. Sehr lange. Noch zu kurz. Also kommt er am Morgen zu meinem Wohnmobil an den Herthasee, ist ja nicht weit. Beide kaum geschlafen. Überrascht von uns. Kann das denn sein? Geht das so einfach, sich zu verlieben? Oder liegt das Gefühl im Bauch an der Schlaflosigkeit?

Was hatte ich neulich über meine Theorien zum Verlieben geschrieben? Alles über den Haufen geworfen. Was kümmern mich meine Glaubenssätze von gestern! Frau Bartsch ist verliebt, und es ist gegenseitig. Ist das ein Wunder? *Yes, it is!*

Alles passt. Wow! Als ich nach Hause fahre, weine ich die ganze Fahrt. Ich bin in Aufruhr. Berührt. Was das Leben für eine Achterbahn mit mir fährt! Die Liebe zu Ralf darf bleiben. Sie bleibt für immer und endet nicht. Das, was ich mit Stefan gerade erlebe, ist ohne Vergleich.

Es ist ein neues Erlebnis, mit einem Mann in Liebe verbunden zu sein und gleichzeitig mit einem anderen Mann eine neue Liebe zu entwickeln. Auch für Stefan und mich kann das möglicherweise mitunter ungewohnt sein. Ich erzähle von Ralf, wie ich überall von Ralf erzähle. Voller Wertschätzung und Liebe. Wie auch sonst? Neulich sagte meine Freundin zu mir: Ein Mann, der das nicht aushält, ist doch gar nicht der Richtige für dich! Du brauchst einen Mann, der sich seines Wertes bewusst ist.

Ja! Und gleichzeitig sind wir alle manchmal innerlich Zwerge. Dessen bin ich mir bewusst. Ein Hoch auf meinen Mut, mit dem ich mir das Leben gestalte!

… Und Tinder.

18. 8. 2021

Frau Bartsch ist schwer verliebt und gets the biggest Stück of Sahnetorte (mit Kirsche)

»Das geht zu schnell!«, sagt eine Freundin. Eine andere am folgenden Tag auch. Sie haben ihre eigenen Geschichten damit, verbinden eigene Trauer mit meiner. Die Bewertung hat nichts mit mir zu tun, das ist allen klar. Aber ich denke darüber nach. Wo kommt diese Idee her, dass man erst mal allein bleiben sollte?

These: Liebe ist ein nicht fass- oder erklärbares Gefühl und gleichzeitig ein kulturelles Konstrukt. In unserer Kultur gibt es das lange gewachsene Konstrukt der Mono-Amourösität. Wir können viele Freunde haben und die auch gewissermaßen lieben, doch dürfen wir nur einen Sexualpartner lieben. Darauf hat man sich einmal festgelegt. Es schützt uns ein wenig vor Verwirrung und Krieg. Soll es zumindest vermutlich tun.

Jetzt kommen eine Menge Sätze mit »wenn«: Wenn man sich trennt, ist man danach irgendwann offen, wieder neu zu lieben, so die allgemein akzeptierte Idee. Wenn man durch Tod eines Partners getrennt wird, bleibt die Liebe. Wenn die Liebe bleibt, kann es nicht sein, dass eine neue Liebe Platz hat, denkt man sich vermutlich. Wenn dann eine neue Liebe entsteht, muss ja im Umkehrschluss die alte vorherige Liebe vorbei sein.

Dass das nicht so ist, kann ich am eigenen Leib erleben. Die Liebe zu Ralf bleibt, ist unangetastet von der Liebe zu Stefan. Das ist wundervoll und auch, dass ich all diese Gedanken mit Stefan teilen kann. Acht Monate und acht Tage ist Ralf tot. Das sind in etwa 239 000 Minuten Wachzeit, in der ich die Gefühle gefühlt habe, in der ich mich mit Ralfs Tod konfrontieren musste. Jetzt sind die Gefühle zum großen Teil gefühlt.

Die Außenstehenden hingegen haben sich in dieser gesamten Zeit hin und wieder daran erinnert, dass Ralf nicht mehr lebt, und ansonsten ihr Leben gelebt. Klar, dass denen die Zeit kürzer erscheint als mir. Mein Status hat sich gewandelt: Am Anfang war ich *die Frau* des verstorbenen Ralf. Dann war ich *die Witwe* von Ralf. Ein Riesenunterschied in der inneren Akzeptanz. Ich weiß noch, wie ich diese Erkenntnis hatte, als ich mit dem Goldschmied über den Erinnerungsring nachgedacht habe: »Ich bin nicht mehr verheiratet, nicht mehr die Frau von Ralf.«

Und nun? Nun bin ich zwar für die Rentenversicherung noch Witwe von Ralf, aber die Zuschreibung passt nicht mehr. Ich bin längst wieder Frau Bartsch. Vermutlich hat sich die Wandlung vollzogen, als ich intuitiv die Ringe abgelegt habe. Status derzeit: Mein Mann ist vor einiger Zeit gestorben, doch meine Persönlichkeit besteht nicht mehr einzig aus diesem Fakt. Jetzt kann ich wieder Partnerin sein. Das ist mein inneres Erleben. Aber die Außenwelt hat meine Wandlung von der Frau des verstorbenen Ralf zur Partnerin von Stefan nicht miterleben können. Daher kommt möglicherweise der Gedanke: »Das ist zu schnell!«

Eine Freundin empfiehlt mir den Film *Als Witwe zurück ins Leben*. Es ist ein halbstündiger WDR-Film über eine Frau, die 2008 ihren Mann und beide Kinder bei einem Unfall verloren hat. Diese Frau war Berufs-Clown, und sie hat ihre Ausbildung und die Haltung genutzt, um das Leben beim Schopf zu packen. Nach vier Monaten fand sie eine neue Liebe und bekam acht Jahre danach mit diesem Mann eine Tochter. Die Frau spricht mir mit jedem Satz aus der Seele, und der Film kommt zur rechten Zeit: Stefan ist nämlich bei mir zu Besuch.

Viele Fragen kommen uns. Es ist für uns beide eine neue Situation: Da ist eine Liebe nicht natürlich zu Ende gegangen, wie man es sonst kennt. Wir sehen uns den Film gemeinsam an und sind überwältigt von der Parallelität.

Wie viele Fotos von Ralf und mir können im Haus hängen

bleiben, wenn Stefan kommt – ohne dass es sich nach Verrat an Ralf anfühlt und für Stefan nicht wie ein Mausoleum oder Altar wirkt? Nach Ralfs Tod hatte ich sehr viele Bilder von ihm aufgehängt. Welches Erleben hat Stefan, wenn er ins Haus des toten Ralf kommt, in dem wir glücklich waren? Und in dem jetzt *wir* glücklich sind? Darf Stefan im Bett auf der Seite von Ralf schlafen? Oder ist das Ehebruch? Verrat? Dürfen wir verliebt durch die Vorortstraßen schlendern, sodass Bekannte uns sehen? Darf ich sagen, dass Stefan in mancherlei Hinsicht meine Bedürfnisse noch besser erfüllt, als Ralf es getan hat? Oder gibt es diesbezüglich noch immer Schwarz-Weiß-Denken, so wie es die Barbara in dem Film erzählt?

Der neue Partner von Barbara erwähnt, dass sie so ein Strahlen hatte, und Stefan sagt mir, dass auch er dieses Strahlen bei mir wahrnimmt. Christine sprach auch schon von so etwas, als sie zu Besuch in Norwegen war. Ich selbst merke, dass ich den Schritt geschafft habe, gerne allein zu sein. Vielleicht ist es diese Ausstrahlung, gekoppelt mit der fatalistischen Einstellung: Mir ist das Schlimmste passiert, *so what?*

Ich behaupte ja mittlerweile halb aus Spaß, dass Ralf oben auf einer Wolke sitzt und Freude daran hat, mir jeden Wunsch von den Lippen abzulesen. So viel Glück, wie ich es nach Ralfs Tod hatte, kann man doch gar nicht haben! Ja, ich schmeiße mich auch mit voller Wucht ins Leben, aber dennoch!

Ich weiß, dass Ihr denkt, ich könne noch nicht wissen, ob Stefan mein »Traummann Nr. 2« ist. Und ich sage: Vertraut mir! Meine engsten Freunde wissen noch, dass es bei Ralf und mir damals genauso war. Damals war ich irritiert ob meiner Sicherheit. Doch jetzt kenne ich mich bereits aus. Wenn es passt, weiß man es. Ihr werdet sehen.

Es gibt eine weitere Parallele zum Film, die mir aufgefallen ist: Als ich Stefan von dem vermuteten Unfallhergang erzähle, fühle ich nichts. Ich erzähle das wie eine von unzähligen Geschichten aus meinem Leben. Er ist erstaunt. Ich erkläre mir das so: Wieder und wieder habe ich mir den Unfall vor Augen geführt, unzählige Male die filmische Dokumentation eines Journalisten angeschaut, die Hergänge für Versicherungen aufgeschrieben, jedes Mal Gefühle dazu gehabt. Das ist jetzt zu Ende gefühlt. Aber als ich vor drei Tagen draußen einen Rollkoffer vernommen habe und mein Herz für einen Moment dachte, Ralf käme nach Hause, da musste ich weinen. Und wenn ich es hier aufschreibe, auch wieder. Rollkoffer war was Neues, hatte ich noch nicht zu Ende gefühlt.

Barbara in dem Film weint, weil sie plötzlich ein Foto ihres verstorbenen Partners im Album ihrer Freundin entdeckt, das sie noch nicht kannte.

27. 8. 2021

Frau Bartsch hat hohes Fieber

Noch einen Tag bis zur Erinnerungsfeier – die Erinnerungsfeier für Ralf, zu der etwa neunzig Personen kommen. Stefan bringt mich mit Fieber und Nierenschmerzen zum Arzt, der mir ein Antibiotikum verschreibt und mutmaßt, dass ich nach drei Dosen eine deutliche Besserung spüre. Erst einmal wird es schlimmer: am Nachmittag 40,7 Grad Celsius. Meine Freundin und Nachbarin bringt jede Menge Körnerkissen, um meinen frierenden Körper zu wärmen.

28. 8. 2021

Frau Bartsch emotional

Am Morgen tatsächlich der Durchbruch: Stundenlang schon habe ich lediglich leicht erhöhte Temperatur. Mein Herz ist noch sehr bemüht bei kurzen Aufstehaktionen, aber bis heute Nachmittag habe ich noch ein paar Stunden.

Die Erinnerungsfeier. Wie feiert man eine Erinnerungsfeier? Es soll nicht ins Kitschige abgleiten. Was zieht man an? Überreicht man der Witwe ein Geschenk?

Ich bin genauso unsicher wie die Gäste. Aber ich habe eine Menge Unterstützung von Freunden und Bekannten, um eine schöne Zeremonie zu gestalten. Nach etlichen Nachfragen ist mir vorgestern die Idee gekommen, dass die Gäste dem Verein »ChangeWriters e.V.« etwas spenden könnten. Diesen Verein hat Ralf mit Rat und Tat und finanziell unterstützt. Aufgrund seiner frühen Biografie lag ihm der Verein sehr am Herzen. Mir auch.

Stefan ist nicht bei der Erinnerungsfeier dabei, das würde keinen Sinn ergeben. Aber gedanklich begleitet er mich durch den Tag. Er empfindet ein brüderliches Gefühl zu Ralf, spürt keine Eifersucht. Es ist neu für uns beide, dass in einer entstehenden Beziehung ein weiterer Mann einen Platz hat. Es geht viel besser als erwartet.

Die Erwartung von außenstehenden Menschen ist vielleicht, dass ich Ralf durch Stefan ersetze. Doch Ralf ist nicht zu ersetzen. Das ist völlig klar. Aber die Stelle an meiner Schokoladenseite ist leer, und die kann besetzt werden und ist jetzt besetzt. Ich bin bereit für eine neue Partnerschaft. Ich glaube, dass das voraussetzt, dass ich den Tod von Ralf akzeptiere. Und das tue ich. Das Glück, das ich mit Stefan erlebe, die Liebe, die ich für ihn empfinde, verändern überraschenderweise meine Trauer nicht. Dadurch, dass wir viel über Ralf reden, weine ich sogar häufiger. Durch die Liebe und Verliebtheit, die Trauer, den 14-tägigen Schlafmangel, den wir selbst verschuldet haben, bin ich komplett aufgeweicht. Von innen. Von außen etwas arg abgemagert. Dafür passt mir das grüne Kleid jetzt perfekt, das ich zu Ralfs 60. Geburtstag trug und das ich Ralf zu Ehren heute tragen werde.

29. 8. 2021

Frau Bartsch übersteht die Erinnerungsfeier

14.15 Uhr: Das Fieber steigt wieder. Frierend lege ich mich, fertig geschminkt, im Kleid und mit hochhackigen Schuhen ins Bett und weine. Ausweglos. Nicht zu schaffen. Eine Freundin fährt, während ich eine weitere Ibuprofen nehme, zum Technikcheck ins Remarque-Hotel. Sie hat zwar keine Ahnung, aber dafür ist sie gesund. Damit ist sie qualifiziert für den Job. Nach einer Stunde beginne ich zu schwitzen.

Meine Tochter fährt uns zu zehn Minuten vor Beginn zum Hotel. Maske auf. Das Wasser rinnt mir von der Stirn. Kollegen von Ralf, die ich teilweise noch nie gesehen habe, stehen im Foyer. Ich versuche, sie anständig zu begrüßen. Unter ihnen die Frau, die während meiner Fahrt durch Europa immer wieder wunderschöne Aquarelle von meinen Fotografien gemalt hat. Sie schenkt mir nun die Originale. Ich werde sie rahmen lassen. Und dann wartet da auch noch die ehemalige Assistentin von Ralf, die mir jeden Tag nach Ralfs Tod die richtigen Worte per Mail oder WhatsApp geschrieben hat. Ich habe ihr einen Gipskristall aus der Geoda de Pulpí mitgebracht und überreiche ihn ihr. Auch sie habe ich vorher noch nie gesehen.

Die Leute, die mich umarmen, bemerken meinen heißen, nass geschwitzten Körper. Ich muss mich setzen, habe kaum die Kraft, die Leute, die zu meinem Platz kommen, zu begrüßen. Dann geht es los. Ich bleibe sitzen und begrüße mit Mikro die neunzig Gäste. Weinend. Das ist dem Fieber geschuldet. Mir ist alles egal, ich will nur die Feier überstehen. Die Lasershow zu *Shine on you crazy diamond* ist jeden Cent wert. Zwölf Minuten Kunstgenuss in Ralfs Sinn. Das können alle nun erleben und begreifen.

Danach gibt es viele Redner, die in unterschiedlicher Weise

an Ralf erinnern. Wir singen. Es wird ein wunderbares Licht auf Ralf geworfen. Das liegt in der Natur von Trauerreden. Mein Sohn neben mir kritzelt spontan eine Rede auf ein Stück Papier, und als er nach eineinhalb Stunden an die Reihe kommt, hält er vor neunzig Leuten eine so bewegende und ehrlich offene Rede über sein Erleben mit seinem Stiefvater, dass die Gäste den ganzen Abend von nichts anderem mehr sprechen. Ich fühle mich sehr beschenkt und bin stolz auf meinen 25-jährigen Sohn. Er erwähnt das hässliche fleischfarbene Sofa, das Ralf mit in unsere Beziehung brachte, und auch, dass Ralf immer sehr effektiv gearbeitet habe. So effektiv, dass regelmäßig Dinge zerbrachen, unter anderem seine Handys. Manchmal hielten sie nur einen Monat, zum Leidwesen der IT-Abteilung.

Die Gäste sagen anschließend, dass mein Sohn Ralf wirklich perfekt skizziert habe. Er erwähnt die beiderseitige Begeisterung für Konzerte und wie sie für ein Rammstein-Konzert nach Barcelona gefahren waren und ein anderes Mal nach Italien. Wie Ralf ihn nach wenig Schlaf, im Anschluss an das Konzert, elf Stunden zu einem Festival gefahren hat, dass man sich auf ihn verlassen konnte.

Nach der Rede kommt auch meine 22-jährige Tochter ans Mikrofon. Sie sinniert über das Wort »Begeisterungsfähigkeit«, das Ralf so wunderbar beschreibt. Darin stecke das Wort »Geist«. Er bleibt in Bewegung, wenn man begeisterungsfähig ist. Sie möchte dazu einladen, sich von Ralf inspirieren zu lassen, selbst wieder begeisterungsfähiger zu sein.

Ich möchte laut in die Menge rufen: »Meine Kinder!« So stolz bin ich.

Es gibt Essen. Sehr lecker! Ich habe keinen Hunger. Logisch. Die Kellner fragen niemanden, selbst mich nicht, was ich trinken möchte. Wasser und Wein stehen auf dem Tisch. Die Gäste trinken Wasser und Wein. Die Kellner haben kein Interesse daran, Getränke auszuschenken. Es gibt eine Getränkepauschale. Ich bin krank, habe keinen Plan.

Erst am nächsten Morgen fällt mir auf, was alles richtig schlecht gelaufen ist. Die Deckenbeleuchtung brennt, als wenn ein Fußballstadion beleuchtet werden müsste. Dabei habe ich schwere zwölfarmige Kandelaber für jeden Tisch gemietet, um ein angemessenes Ambiente zu schaffen. Die bestellte Aktivbox, an die ich mein Handy anschließen möchte, um Ralfs Playlist zu spielen: nicht da. Auf Nachfrage heißt es, der Techniker sei nicht mehr im Haus. Aber am meisten ärgert es mich, dass niemand nach Getränkewünschen gefragt wird. Am Ende des Abends entdecke ich in einer Ecke einen Kühlschrank für Softdrinks, an dem man sich hätte bedienen können.

Doch die Feier für Ralf ist dennoch rundum gelungen und schön. Mir geht es im Laufe des Abends zunehmend besser. Das Antibiotikum wirkt endlich. Am nächsten Tag sitzen wir in unterschiedlichen Konstellationen noch mal bei mir zu Hause zusammen. Wir sprechen viel über die Problematiken, die Patchworkfamilien haben können. Meine Tochter hat nicht nur gute Erinnerungen an Ralf. Das ist Thema. Nach einem Abend voll »Lobhudelei« für Ralf. Dieser Schmerz will auch gesehen und gewürdigt werden.

Es ist auch ein Thema, weil Stefan eine 33- und eine 13-jährige Tochter hat und Patchworkfamilie Nr. 2 nun beginnen wird. Auch weil ich so schlechte Erfahrungen als Stiefmutter gemacht und Angst davor habe, dass sich nun alles wiederholt.

9. 9. 2021

Frau Bartsch arbeitet wieder

Seit neun Tagen bin ich Angestellte in einer großen sozialwirtschaftlichen Organisation. Viele meiner Kontakte versuchen mich zu erreichen. Über Jahre ging das ja auch wunderbar. Da ich früher freiberuflich unterwegs war, brauchte ich keine Trennung von Beruf und Privatleben vorzunehmen. Doch jetzt? Ich bin über Stunden nicht erreichbar und muss die Kommunikationsversuche abends beantworten. Aber abends ist Stefan da. Stefan ist bei mir! Er bleibt. Hatte ich ja schon gesagt.

Stefan ist mein wahr gewordener Traum. Wir passen wunderbar zusammen. Dass mir so ein Glück noch ein zweites Mal beschieden sein soll, ist doch das Unfassbarste! Ich wäre ja auch zufrieden gewesen, wenn Stefan nur zu 80 Prozent zu mir gepasst hätte. Aber wir passen zu 100 Prozent zueinander! Das hört sich nicht nur für Eure Ohren verrückt an.

Mein Sohn ist befremdet, dass ich das Bild von Ralf und mir aus dem Treppenhaus entfernt habe. Ich fühle mich ertappt. Wie viele Bilder erträgt Stefan von dem Liebesglück mit Ralf? Ab welcher Reduzierung von Fotos mit Ralf und mir ist es Verrat an der Liebe zu Ralf? Ich entscheide das intuitiv und ahne nicht, dass das Auswirkungen auf die Gefühle meines Sohnes hat. Das hat es aber. Er ist der Meinung, dass Stefan jegliche Bilder im Haus aushalten kann, aushalten muss, da der tote Ralf ja keine Konkurrenz sei.

Im letzten Blog-Eintrag habe ich geschrieben, dass meine Trauer nicht gemildert würde durch die Liebe und Verliebtheit zu Stefan. Mittlerweile hat sich das geändert. Ich spüre momentan so gut wie keine Trauer mehr. Das bringt wieder einmal selbstabwertende Gedanken mit sich …

Eine Freundin bringt mir ein Buch vorbei: *Das Geheimnis seelischer Kraft. Wie Sie durch Resilienz Schicksalsschläge und Krisen überwinden* von Jens-Uwe Martens und Birgit M. Begus. Fantastisch! Genau das Buch, das mir gerade ein tröstender Ratgeber sein kann. Denn das Leben, das ich seit 51 Jahren meistere, hatte schon ein paar Krisen parat, und ich habe sie durch erlernte Resilienz zunehmend besser meistern können. Dass ich jetzt wieder so positiv in die Welt blicke, kaum noch innere Aggressionen erlebe und den Umstand akzeptiere, dass

Ralf nicht wiederkommt, ist meinen zwölf Resilienzfaktoren zu verdanken, wie ich aus dem Buch erfahre. Ich posaune es in die Welt, damit ich es selbst auch ein bisschen mehr glauben kann: Es ist nicht mangelnde Liebe zu Ralf, es ist die Liebe zum Leben, die mich hat wieder aufstehen lassen. Ich lebe! Und wie!

10. 9. 2021

Frau Bartsch dissoziiert

Ich möchte auf einen Resilienzfaktor zu sprechen kommen, der in dem genannten Buch. »Bewusstseins-Abspaltung« heißt. Das ist für mich ein sehr tröstender Aspekt. Der Autor des Buches, Jens-Uwe Martens, hat selbst seine Frau und seine beiden Kinder bei einem Flugzeugabsturz verloren (Seitendiskussion mit Stefan, ob das Wort »verloren« eine passende Begrifflichkeit ist. Keine abschließende Meinung). In dem Buch beschreibt er, wie er von seinen Gefühlen getrennt war. Nur ab und zu brach er zusammen und weinte hemmungslos.

Nachdem die Polizei da war, blieb der Seelsorger, und meine Eltern kamen auch sehr schnell. Ich schaukelte auf der Bank mit dem Oberkörper vor und zurück und fand, dass ich die Situation gut meisterte, dass man sich um mich keine Sorgen machen müsste. Gleichzeitig war mir aber bewusst, dass Außenstehende mein Schaukeln als Hospitalismus erkannten. Das machte der Körper intuitiv richtig, dass er sich durch Schaukeln in eine Balance zurückbringen wollte. Nach einigen Stunden begann ich, ununterbrochen zu sprechen. Das hörte monatelang nicht auf. Es war wie eine Euphorie, die mich durchströmte, und war extrem befremdlich. Nach der zweiten Nacht wachte ich auf und sagte mir: »Ralf ist tot!« Und fühlte nichts. Das war grauenvoll.

Zum Glück konnten wir in unserer temporären Wohngemeinschaft (meine Kinder und Ralfs Tochter mit ihrem Mann) offen darüber reden. Wir waren alle entsetzt darüber, wie wenig wir fühlten. Wir funktionierten und lachten gemeinsam, weinten auch viel. Aber längst nicht so viel, wie es der Situation angemessen erschien. In dem Buch finde ich nun die Erklärung: Es ist die Dissoziation, die uns vor dem Unfassbaren schützt. Die Dissoziation scheint über Endorphine geregelt zu werden. Vermutlich habe ich deshalb in der ersten Woche keine Schmerzen verspürt, die seit vielen Monaten meine ständigen Begleiter waren.

In dem Buch heißt es dazu: »Es gibt einen wesentlichen Unterschied zwischen der Dissoziation und den anderen hier beschriebenen Resilienz-Faktoren: Alle anderen Faktoren können wir bewusst und willentlich fördern, die Dissoziation kann man nach allem, was man bisher darüber weiß, nicht willkürlich herstellen. Den Vorgang der Dissoziation darf man nicht mit Verdrängung gleichsetzen, bei der der Betroffene nicht mehr weiß, was geschehen ist. […] Jon-Kar Zubieta und seine Mitarbeiter fanden heraus, dass die körpereigenen Endorphine ihre betäubende Wirkung vor allem auf das emotionale Schmerzzentrum ausüben. Betäubt wird also weniger das Wissen von dem Schmerz als die emotionale Beteiligung des eigenen Körpers. Wir können ›vernünftig‹ über unseren Schmerz sprechen, ohne emotional darunter zusammenzubrechen. Die emotionale Seite des Schmerzes ist ausgeblendet.«[4]

Und das erklärt vielleicht noch ein bisschen besser, warum ich Stefan ohne Gefühle über den vermuteten Unfallhergang erzählen kann, aber weine, wenn ich ihm den Blogbeitrag bezüglich des Unfalls in Frankreich vorlese, den ich mit ansehen musste. Die gesamte Erinnerung und Gefühlswelt um Ralfs Tod ist abgekapselt, aber die Unfallsituation auf dem Weg nach Spanien gehört nicht mehr in die Kapsel. Da sind die Gefühle nicht dissoziiert, und die Trauer und der Schrecken können sich ihre Bahn suchen.

Ich fühle mich besser, seit ich diese Vorgänge um die von mir nicht beeinflussbare Dissoziation kenne.

25. 9. 2021

Frau Bartsch hat erstmalig Schreibhemmungen

Es ist derzeit richtig schwierig für mich, mich öffentlich mit meinen Gedanken und Gefühlen mitzuteilen. Ich befinde mich in einer gefühlsmäßigen Zwickmühle. Darum gab es so lange keine Meldung von mir. Nun zwinge ich mich, weiterzuschreiben, denn ich möchte anderen Witwen und Witwern Mut machen, ihren eigenen Weg der Trauer zu gehen. Ich möchte, dass sich in Zukunft niemand mehr wegen seiner vielschichtigen Gefühle und Gedanken abwertet, und darum muss ich bei mir selbst anfangen. Aber warum, fragt Ihr Euch vielleicht, sollte ich mich abwerten? Ich will versuchen, es in Worte zu fassen.

Ich bin glücklich. Glücklich mit Stefan. Seit dem 14. August, seit dem Herthasee-Erlebnis, sind wir zusammen. Das war mir schon nach dem vierstündigen Telefonat klar, dass das Leben mir einen weiteren Lottogewinn gönnt und wir gut harmonieren.

Dieses Glück mit Stefan habe ich, und Ralf ist tot. Ralf ist tot, und ich bin glücklich. Das ist mein Thema.

Und noch ein anderes Thema beschäftigt mich, beschäftigt uns: Stefan wird mit seinem ganzen Leben in mein Haus einziehen. Das bedeutet, dass in den nächsten Monaten Möbel, Bilder und seine 13-jährige Tochter hier Einzug halten. Dafür müssen andere Möbel und Bilder weichen. Ein Zimmer muss für seine Tochter eingerichtet werden. Das bedeutet, dass wir vieles im Haus verändern werden.

Mir ist dies ein großes Bedürfnis. Am liebsten würde ich mit Stefan in eine neue »Hülle« um- oder zu ihm ziehen, um das Leben mit Ralf hier abzuschließen. Doch eine neue Hülle wäre finanziell unvernünftig, und Stefan wohnt derzeit 80 Kilometer von meiner Arbeitsstelle entfernt. Das Lebenskapitel mit Ralf ist eng an das Haus geknüpft. Wir haben hier seit 2005 gelebt. Die längste Phase meines Lebens, während der ich an ein und demselben Ort wohnte. Es fühlt sich seltsam illoyal an, die Möbel und Bilder zu verändern. Gleichzeitig möchte ich aber mit Stefan ein neues Leben beginnen und nicht im Steffi-Ralf-Museum mit ihm das Leben von Steffi und Ralf weiterleben. Stefan ist 59 Jahre alt. Er hat ein eigenes langes Leben, das hier im Haus genauso seinen Ort braucht. Damit er nicht lebenslanger Besucher bleibt.

Demnächst wird Stefan Euch die Tür öffnen und der Gastgeber sein – wo vor Kurzem noch Ralf die Tür öffnete. Meine Kinder, die wissen, wo in welchen Schränken welches Geschirr und das Brot zu finden ist, werden sich vielleicht nicht mehr auskennen. Sie werden klingeln, wenn sie nach Hause kommen, denn das ist jetzt auch das Zuhause von Stefan, den sie noch nicht gut genug kennen, um ihm plötzlich in Unterhose zu begegnen. So ist der Abschied von Ralf auch der Abschied von ihrem Zuhause, wie sie es in ihrer Kindheit kannten. Ich mute meinem Umfeld diese Veränderung zu.

Aber die Veränderung ist nicht von mir gewollt gewesen. Sage ich mir immer wieder. Ich habe mit Ralf alt werden wollen. Es war nicht meine Idee, mein Leben so radikal zu ändern. Die Radikalität entsteht durch die Veränderung, die der Tod mit sich bringt. Das kann auch nochmals einen Schmerz bei meinem Umfeld erzeugen. Warum auch nicht? Den größten Schmerz hatte ja ich. Damit, dass ich mein Leben neu gestalten, mich an die neue Situation anpassen musste. Wenn einige mit meinem Tempo nicht mithalten können, ist das in Ordnung. Schmerzen durch Verlust können wir alle bewältigen. Nicht nur ich.

Ihr merkt an meinen Gedanken, wie ich mich schwertue, meinen Kindern das zuzumuten. Ich rede mir hier lediglich

Mut zu. Denn eigentlich würde ich sie gern verschonen vor neuerlichen Veränderungen.

Vielleicht mache ich mir auch zu viele Gedanken. Vielleicht ist es ihnen egal, wo das Brot in Zukunft liegen wird, und sie freuen sich, dass ich nicht mehr so allein im Haus leben muss. Vielleicht ist es aber auch von allem ein bisschen, und es ist dennoch nicht schwer für sie – weil das Leben eben Veränderung bedeutet. Und sie schon große »Meister im Leben« sind.

10. 11. 2021

Frau Bartsch hat ein Leben nach dem Tod

Stefan und ich ziehen zusammen. Im Haus wird umgeräumt, entrümpelt und wieder zugerümpelt. Geld wird für Handwerk, Beleuchtung und Möbel ausgegeben. Bald ist es nicht mehr das Haus, in dem ich mit Ralf glücklich war. Das ist mir wichtig. Ein neues Leben. Das alte ist kaputtgegangen.

Für Stefan ist es manchmal schwierig, dass ich ein schönes Leben mit Ralf hatte und nicht freiwillig Single geworden bin. Es ist eine nicht gewohnte Situation. Keiner von uns kennt sich aus. Der Austausch über unsere Gefühle hilft dabei sehr. Unsere Liebe ist sehr besonders, wir sind so dankbar für uns. Und dies ist nur durch den Tod von Ralf möglich – eine überaus schräge Gefühlslage. Ambiguitätstoleranz! Die braucht es von uns …

Wir können das. Meistens.

Zeitlich bin ich mit meiner neuen Arbeit und der Verliebtheit voll und ganz ausgelastet und habe ein schlechtes Gewissen gegenüber all den lieben Menschen, die mir sonst noch nahe sind. Ihnen werde ich derzeit nicht gerecht. Und durch Ralfs Tod und die Reise sind noch mehr Kontakte dazugekommen. Das ist im normalen Alltag nicht zu bewältigen, und ich muss meine Kontakte schweren Herzens wieder reduzieren. Das fühlt sich illoyal an, doch weiß ich mir keinen anderen Rat.

Der 9. Dezember naht. Ich spreche am Telefon mit meinen Freundinnen darüber. Was will ich tun an Ralfs Sterbetag?

Ich möchte nicht mit Menschen zusammenkommen, die auch um Ralf trauern. Ich möchte den Tag allein erleben. Aber kann ich mich darauf verlassen, dass genau das gut für mich ist? Stefan wird da sein. Und ich werde arbeiten. Vielleicht werde ich ein bisschen Lieblingsmusik von Ralf spielen? Seinen bisher immer noch ungewaschenen Bademantel habe ich vor zwei Wochen in die Altkleidersammlung gegeben. Leider gab es keinen Ralf-eigenen Geruch, er hat ständig das Parfum gewechselt. Ein ungewaschener Bademantel ist dann auch nichts wert. Meine Freundinnen wissen aus dem Stegreif, dass Ralf an einem Mittwoch gestorben ist. Für sie hatte die Nachricht seines Todes eine Einschlagswirkung wie die der Maueröffnung oder des Anschlags auf das World Trade Center. Sie können den Tag minutiös nacherzählen. Das berührt mich sehr.

In den Trauerbüchern, die ich gelesen habe, wird davon erzählt, dass der Jahrestag des Todes noch mal die ganze Trauerbandbreite hervorbringt. Ich wehre mich gegen diese Festschreibung und möchte mich nicht davon beeinflussen lassen.

Mir geht es gut. Ab und an weine ich. Manchmal habe ich eine Welle der Trauer, der Angst oder des Schrecks in mir. So wird das von nun an sein. Doch ich lebe mein Leben weiter, genauso gut gelaunt wie vor Ralfs Tod. Ich habe ja nur das eine.

3. 12. 2021

Frau Bartsch denkt nicht an den Todestag

Dieses Gedicht hat eine Bekannte heute in ihrem Adventskalender gefunden und mir geschickt. Es berührt mich so, dass ich bei jedem Lesen weine.

Einwilligung

Der Trost hat mich gefragt,
ob ich bereit bin,
durch den Schmerz hindurchzugehen,
anstatt ihn zu umkreisen,
und ob ich meinen Finger
so lange in die Wunde lege,
bis ich das Unversehrte darin fühlen kann.
Er hat mich gefragt,
ob ich mich halten lassen werde
von Armen, die nichts je wieder
in Ordnung bringen,
und ob ich schweigen kann,
bis irgendwann wie warmer Atem
ein gutes Wort mich streift.
Er hat mich gefragt,
ob ich mich bücken werde
zur kleinen blauen Blüte am Wegesrand,
ob ich Kirschen von den höchsten Ästen pflücke
und ob ich es ertragen kann,
wenn mich am Abend
ein Glück ganz ohne Grund befällt.

Er hat mich gefragt,
ob ich erahne, dass ich auf nichts ein Anrecht habe,

auch nicht auf die Untröstlichkeit,
weil sich in jedem Augenblick
das Leben selbst an mich verschenkt,
ohne zu zögern und ohne Maß.
Wie eine, die noch in die Weite
dieses Wortes wachsen muss,
sagte ich Ja.

Giannina Wedde[5]

Alle denken an mich dieser Tage – im Zusammenhang mit Ralfs Tod am 9. Dezember 2020. Ich aber denke an Renovieren, neue Liebe und an Haushalt-Minimieren, um dem neuen Haushalt, der einzieht, Platz zu machen. Ich bin glücklich. Das ist ein Problem.

Meine Freundin erzählt mir von einem Artikel in der Zeitschrift *Chrismon*. Dort kommen Menschen zu Wort, die nach ein paar Monaten einen neuen Partner gefunden haben. Sie schildern ihre Erlebnisse und Gedanken. Einer davon gefällt mir, und ich kann ihn auch für mich anwenden: Auch wenn ich jetzt wieder intensive Liebe zu einem Mann spüre, war die Liebe zu Ralf ja dennoch real.

Stefan bietet mir an, am 9. Dezember das Haus zu verlassen. Ich bin entsetzt, weil ich interpretiere, dass er meine mögliche Trauer nicht gut erträgt. Doch es stellt sich heraus, dass Stefan mir Raum geben will, keine Rücksicht auf ihn und seine Gefühle nehmen zu müssen. Ich möchte jedoch, dass er hier ist und selbstverständlich hier wohnt und mir auch Trost spendet. Da haben wir wieder das Dilemma: Stefan spendet mir Trost für eine Trauer um einen von mir geliebten Mann …

Er sagt: »Wenn ich einen Blogbeitrag schreiben würde, wäre die Überschrift: ›Verlieb dich niemals in eine trauernde Witwe! Wenn du nicht Supermann bist. Denn wenn du nicht Supermann bist, kannst du nicht bestehen‹.«

Für mich ist Stefan ein super Mann.

Es ist komplizierter als angenommen. Vielleicht rufen mich Verwandte, Freunde und Bekannte an und wollen mit mir reden. Über Ralf. Natürlich, um ihrer Trauer Ausdruck zu verleihen, um zu erinnern. Dann werde ich vielleicht viel weinen.

Auf meiner Reise traf ich eine Witwe, die im Beisein ihres Partners nicht über ihren verstorbenen Mann sprach. Aus Einfühlung und Rücksicht auf die mögliche Eifersucht ihres neuen Partners hat sie ihre Vergangenheit tabuisiert. Ich konnte das damals nicht verstehen, kann es jetzt aber nachvollziehen. Gehe erst 1000 Meilen in den Mokassins des anderen, bevor du urteilst ...

Es ist bestimmt schwer für Stefan. Normalerweise redet man nicht so arg wertschätzend über den ehemaligen Partner. Es sei denn, er oder sie ist gestorben. Meinem ersten Impuls folgend, würde ich auch langsam beginnen, Ralf und unser Leben zu tabuisieren. Doch mein Kopf wehrt sich und verlangt viel von Stefan: »Bitte lerne einen Umgang mit meiner Vergangenheit, vergleiche dich nicht. Vertraue darauf, dass ich jetzt mit dir glücklich bin und mich nicht nach der Vergangenheit sehne. Es mangelt mir an nichts mit dir. Mit Ralf war es schön. Und jetzt ist es schön. Du bist mein geliebter Mann!«

Es gibt keinen Tag, an dem Ralf vergessen ist. Wir reden über ihn, und er lebt in mir weiter. Der 9. Dezember 2021 ist ein Tag von 365 Tagen »gestorbener Ralf«. Wie beim Hochzeitstag im April denke ich, dass das Datum keinen Unterschied in der Trauer macht. Wie beim Hochzeitstag im April werde ich vermutlich eines Besseren belehrt. Man wird sehen.

Sizilien im April 2022

Mittlerweile gibt es Tage, an denen ich nicht an Ralf denke. Ich blicke auf den Moment und in die Zukunft. Bisweilen habe ich den Eindruck, dass Stefan mehr an ihn denkt als ich. Es beschäftigt ihn, dass meine Liebe durch den Unfall zerstört wurde und nicht durch Streit. Das macht für ihn einen Unterschied, der einen Unterschied macht – um mit Gunther Schmidts Worten zu sprechen.

26. 12. 2021

Frau Bartsch hat das Trauerjahr und Weihnachten überstanden

Frohe Weihnachten wünsche ich allen! Etwas spät.

So ist das jetzt mit Frau Bartsch. Sie lebt egoistischer und impulsgesteuerter als vor 13 Monaten. Der erste Todes-Jahrestag war *ein* Tag in dem vergangenen sehr besonderen Jahr. Ein besonderer Tag, aber gut auszuhalten.

Einige Menschen haben mir kleine Aufmerksamkeiten zukommen lassen, die mir gezeigt haben, dass sie an mich denken. Und vor allem an Ralf. Abends rief sein Freund an. Manche hatten ein schlechtes Gewissen, weil sie an dem Tag nicht dran gedacht hatten.

Stefan und ich waren bei meinen Eltern zum Essen eingeladen. Das war eine schöne Geste. Zwischendurch habe ich mal kurz geweint. In meiner Mittagspause haben wir einen Spaziergang gemacht. Sehr unspektakulär, so war es genau richtig. Nachts im Bett habe ich im Internet recherchiert, wie viele Menschen täglich sterben: etwa 160 000 Menschen. Und dabei habe ich auch noch gelernt, dass täglich etwa acht Millionen Blogbeiträge geschrieben werden.

160 000 Tote täglich! Um die trauern im Durchschnitt etwa zehn Menschen, male ich mir aus. Dann haben etwa 600 Millionen Menschen jährlich so ein Trauerjahr.

Das tröstet mich. Der Tod gehört dazu. Dann noch das Weihnachtsfest überstehen und irgendwann in einen geregelteren Alltag kommen – wenn Corona das zulässt. Mein Wunsch: Alltag und ein »normales« Leben. Ich lese jetzt wieder häufiger die Zeitung und bekomme langsam wieder ein »normales« Leben hin.

Auf der Autobahn habe ich mehr Respekt vor dem Verkehr. Mir ist jetzt immer bewusst, dass man von einer Sekunde auf die andere tot sein kann. Besonders als Beifahrerin in dichten Auffahrsituationen werde ich getriggert. Hoffentlich legt sich das wieder. Wahrscheinlich würde das PEP-Klopfen helfen, aber ich komme in der Situation selbst überhaupt nicht drauf. Das nächste Mal mache ich das.

Mit der Umzieherei sind wir fast fertig. Das Haus ist wieder ein Zuhause. Ich bin müde. Echt müde, habe wenig Tageslicht gesehen in den letzten Wochen. Gestern Nacht sind wir aus Amsterdam zurückgekommen, wir haben Weihnachten *the other way* gefeiert: in der WG meiner Tochter, die augenblicklich auch hauptsächlich »Umzug« auf der To-do-Liste stehen hat. Am ersten Weihnachtstag haben wir dann mitgeholfen, Sachen in die neue Wohnung zu bringen. Ich weniger, Stefan mehr. Wer Amsterdamer Treppenhäuser kennt, weiß, was wir für ein Glück hatten, dass wir nicht gestolpert sind.

Das Konzept, Weihnachten anders zu feiern, ist aufgegangen. Es fehlten Romantik und Kerzenschein, und so erinnerte möglichst wenig an alte Traditionen. Aber es gab trotz allem einen Weihnachtsbaum und jede Menge liebevoller Geschenke.

Ich bin gerade nah am Wasser gebaut. Trauer? Wechseljahre? Ich kann nicht erspüren, was der Anlass für meine Tränen ist. Mir ist nach Rumlungern und Bücherlesen. Heute sind wir aber vernünftigerweise bei Sonnenschein und minus

5 Grad gewandert – den Hermannsweg von Brochterbeck nach Tecklenburg. Fünf Tannen sind geschmückt, ich finde das sehr schön.

Stefan ereifert sich. Jetzt auch noch der Tand im Wald! Ist denn nie mal Halt?

Mein Hang zur Romantisierung der Welt ist stärker geworden. Meine Liebe zu den Menschen auch. Ich habe mich in diesem Jahr verändert.

Das hat auch Auswirkungen auf die Arbeit. Es gibt kaum Anlässe, über die ich mich aufregen kann, lohnt nicht. Der Tod ist zu nah. Lohnt nicht. Genieße das Leben! Manchmal fühlt es sich an, als wäre ich dauerhaft leicht bekifft. Viel Humor ist dazugekommen. Auch englischer Humor, an dem es auch vorher schon nicht mangelte.

Ralfs Bild und der Diamant haben ihren Platz auf der Bildleiste, auf der auch andere Fotos unserer Liebsten stehen. »Es wird nun Zeit, ›Danke‹ zu sagen, damit das, was wachsen möchte, unter einem guten Stern stehen kann.«[6]

Es fällt mir schwer, öffentlich zuzugeben, dass ich Ralf in einem Kästchen in meinem Herzen trage und dieses Kästchen geschlossen ist. Nur in besonderen Momenten öffne ich es und schaue mir den Inhalt an. Anders kann ich mit der Ambiguität nicht leben.

Nach vorne schauen. Pläne machen. Den Augenblick genießen. Wissen, dass die Pläne auch schnell zerplatzen können, und alle Unterlagen für den eigenen Tod sortiert haben. Mit den liebsten und nächsten Menschen über Bestattung sprechen und deren Wünsche berücksichtigen. Das habe ich jetzt gelernt, wie wichtig das ist. Einen Diamanten würde ich nun nicht noch einmal machen lassen. So ändert man sich, während die Welt sich dreht und sich nicht schert um all die Geschichten, die Menschen sich erzählen.

5.3.2022

Die Welt dreht sich nicht um Frau Bartsch

Nun ist ein Jahr vergangen, seit ich mit dem Blog begonnen habe. Ich glaube, dass das Schreiben mir mehr Heilung gebracht hat als die Reise selbst. Es war ein Teil meiner intensiven Trauerarbeit. Der Blog diente mir dazu, mit den Lieben daheim in Verbindung zu sein, und hat mich mit neuen Menschen verbunden. Da ich von Besonderheiten meiner Reise berichten wollte, hat mich das Schreiben aufmerksamer durch die Welt reisen lassen.

Nun haben wir 2022. Meine private Welt ist gut. In der Welt vor unserer Haustür ist Krieg. Jeder Tote lässt mich das Leid fühlen, das die Menschen durchmachen müssen.

Wir haben unseren Wohnraum für Geflüchtete aus der Ukraine angeboten, doch das fühlt sich noch zu wenig an. Hilf- und Ratlosigkeit machen sich bei dem Thema breit. Und nicht nur bei dem Thema. Auch die wirtschaftlichen Schwierigkeiten, in die viele Menschen durch Corona geraten sind, machen mich betroffen. Die meiste Zeit habe ich mehr Glück als die meisten anderen Menschen. Dafür bin ich täglich dankbar.

Sizilien im April 2022

Selbst nach fünf Wochen im Wohnmobil mit Stefan habe ich kein Bedürfnis nach Alleinsein. So gut passt es mit uns. Auch wenn es mal Streit gibt, normal. Wir müssen uns gegenseitig kennenlernen und das Gleichgewicht von Autonomie und Gemeinschaft einschaukeln.

Für Stefan ist es zwischendurch schwer, mit einem toten Ralf zu »konkurrieren«. Ein Anteil in ihm hat immer mal wieder den Gedanken, »so gut wie Ralf« oder besser sein zu müssen, und ich vermute stark, dass es mir auch so ginge, wenn ich in seiner Situation wäre. Stefan hat manchmal die Sorge, dass ich hin und wieder voller Wehmut an Ralf denke, und auch die fünf Wochen jetzt, in denen ich aus den Blog-Einträgen des letzten Jahres das Buch geschrieben habe, waren manchmal begleitet von der Sorge, ich würde mehr leiden und Sehnsucht haben, als ich erzähle. Das ist bestimmt ein weitverbreitetes Gefühl bei Partnern von Witwen oder Witwern. Die Zeit und unser Zusammenwachsen werden diese Sorge hoffentlich verringern.

In unserem Haus wohnen mittlerweile vor und während unserer fünfwöchigen Abwesenheit vier Menschen aus der Ukraine. Wieder erlebe ich viel Unterstützung von allen Seiten. Ein Netzwerk von Freunden und der Familie kümmert sich, während wir weg sind, um die Angelegenheiten der vier, und so sind sie mit dem Nötigsten versorgt. Die Hilfsbereitschaft der Menschen ist enorm hoch.

Das Ende unserer Reise und dieses Buches ist gekommen. Fünf Wochen waren wir zu zweit im Wohnmobil unterwegs. Ich habe aus dem Blog ein Buch gemacht, und Stefan hat halbe Tage im Homeoffice gearbeitet. Auch hier haben wir, wie in Spanien, viel am Strand gestanden. In der Nebensaison wird das geduldet. Auch hier habe ich das rechte Hinterteil des Wohnmobils ein weiteres Mal beschädigt. Man lernt nie aus. Die von Mario renovierte Ecke hat in der Zwischenzeit einiges aushalten müssen. Zum Glück trifft es immer die gleiche Ecke. Sie wird dann das nächste Mal, wenn wir im »Dorf« sind, von Mario repariert. Ich habe ja auch noch einen Gutschein zur Fortbildung durch ihn: »Umgang mit einem Strommessgerät«.

Sicherlich fragt Ihr Euch, warum Frau Bartsch denn nicht schon längst mal wieder in ihrem »Dorf« war. Das ist natürlich eine gute Frage. Weihnachten war zu wenig Zeit, um runterzufahren, und für diese fünf Wochen im April war es Stefan und mir wichtig, nicht auf meinen Spuren des letzten Jahres zu wandeln. Es dreht sich durch das Buch eh schon immer so viel um mich und die Trauer.

Ich fühle mich nicht mehr als Witwe. Ich bin jetzt die Partnerin von Stefan. Und mit diesem wunderbaren Erleben kamen die Kilos flugs wieder zurück, die ich in der Trauerzeit verloren habe. Gerne wäre ich durch den Schicksalsschlag und die Trauer im vergangenen Jahr zu einer Frau geworden, die zum Abschluss des Buches dazu nur gelassen kommentiert: »Es gibt Schlimmeres.« Doch leider muss ich zugeben, dass dies nicht der Fall ist. Stattdessen tönt es aus mir heraus: »Irgendwas ist ja immer ...«

Playlist der Reise

Wish you were here, Pink Floyd (23. 3. 2021)
»Tag am Meer«, Die fantastischen Vier (24. 3. 2021)
In the Dutch mountains, The Nits (25. 3. 2021)
»Einer dieser Steine«, Sido feat. Mark Forster (1. 4. 2021)
When I'm sixty-four, The Beatles (3. 4. 2021, Ralfs 64. Geburtstag)
»Sowieso«, Mark Forster (11. 4. 2021)
»Rückenwind«, Thomas D (17. 4. 2021)
In between days, The Cure (18. 4. 2021)
Comptine d'un autre été: l'après-midi, Yann Tiersen (19. 4. 2021)
»Ab in den Süden«, Buddy (21. 4. 2021)
Moon over Bourbon Street, Sting (26. 4. 2021)
»Leben vor dem Tod«, Sido & Monchi (27. 4. 2021)
»Rückspiegel«, Maxim (19. 5. 2021)
Una festa sui prati, Adriano Celentano (23. 5. 2021)
»Sein«, Andreas Bourani (9. 6. 2021)
El carretero, Buena Vista Social Club (13. 6. 2021)
Always look on the bride side of life, Monty Python (17. 6. 2021)
»Junimond«, Rio Reiser (26. 6. 2021 und 15. 8. 2021)
»Gebt das Hanf frei!«, Stefan Raab/feat. Shaggy (26. 6. 2021)
La boite, Renan Luce (27. 6. 2021)
»Mensch«, Herbert Grönemeyer (28. 6. 2021)
»Regen«, Fynn Kliemann (29. 6. 2021)
»Bring den Vorschlaghammer mit«, Element of Crime (30. 6. 2021)
Helt Sikker, Gulddreng (3. 7. 2021)
»Ich halt dich fest«, Jan Plewka & Marco Schmedtje (10. 7. 2021)

»Zuhause«, Fynn Kliemann (13.7.2021)
Me gustas tu, Manu Chao (19.7.2021)
Some die young, Laleh (21.7.2021)
»Wassermann«, Jan Delay (25.7.2021)
»Heute hier, morgen dort«, Die Toten Hosen (26.7.2021)
»Weiter«, Lukas Meister (28.7.2021)
Good to know, Cicero (31.7.2021)
»Nich' nach Hause«, Jan Delay (8.8.2021)
»Angelina«, Harry Belafonte (13.8.2021)
Don't stop me now, Queen (15.8.2021)
Shine on you crazy diamond, Pink Floyd (28.8.2021)
»Immer für dich da«, Heinz Rudolf Kunze im Duett mit Reinhard Mey (25.9.2021)
Brand new day, Sting (10.11.2021)
»Lasse redn«, Die Ärzte (3.12.2021)

Danke

Nie hätte ich gedacht, dass ich mal in der Situation sein würde, am Ende eines Buches, das ich geschrieben habe, angekommen, Dankesworte an all die Menschen zu schreiben, die mein Leben bereichern und mich in den letzten Monaten so stark unterstützt haben. Dies war der längste Satz in diesem Buch. Ich bin froh, dass er am Ende steht, sonst hättet Ihr das Buch vermutlich nicht zu Ende gelesen.

Ich danke meinen Eltern, die schon eine geraume Zeit für mich da sind und die mir das Wohnmobil einfach mal so eben geschenkt haben. Danke, dass ihr euch immer wieder einlasst auf eure verrückte Tochter, und danke, dass ihr so stolz auf mich seid.

(Nachtrag: Leider ist meine Mutter an Heiligabend 2022 gestorben.)

Ich danke Martin Calsow, ohne den dieses Buch ebenfalls nicht entstanden wäre. Er ist die Blogfee und derjenige, der mir den Tipp mit dem Presseausweis und dem Blogschreiben gab. Danke für die Schlickersachen, Martin. Danke, dass du immer wieder in meinem Leben vorbeikommst.

Danke, Béla und Lara, dass ihr euch darauf eingelassen habt, für fünf Monate in mein Haus zu ziehen, um die Katzen zu bespaßen.

Danke, Lotta, die du mir ein Ohr angeboten hast, als ich plötzlich über Inhalte und Erlebnisse reden wollte, die eigentlich keine Tochter von ihrer Mutter hören möchte.

Danke, Béla, Lotta, Mama und Papa, dass ihr euch mutig

auf den Weg gemacht habt, um mit mir und in Begleitung über Vergangenes, Schmerzhaftes und Unwucht zu sprechen. Es hat sich gelohnt.

Danke, Doris und Renate, dass ihr mit mir durch dick und dünn geht, und das schon mehr als dreißig Jahre lang.

Danke, Christine und Doris, für das Mitlesen und die Rückmeldungen zu dem Buch sowie eure Freundschaft.

Danke, Michael, für all den technischen Wohnmobil-Support zu allen erdenklichen Uhrzeiten und danke an dich, Mario, ebenso.

Danke dir, Corinne, dass wir uns schon ein paar Jahre jeden Abend unsere Dankbarkeiten austauschen und dadurch den Blick auf die Fülle richten und nicht auf den Mangel.

Danke an all die Menschen, die mir im letzten Jahr durch kleine und große Gesten das Leben versüßt haben: Stephan, Inga, Carola, Silke, Dorit, Petra, Ilse, Anke und Martin, Miriam, Anabel, Gaby und Fritz, Nicole, Wiebke, Simone, Jaco, Maike, Ines, Monika, Judith, Katja und Ulli, Susanne und Dirk, Nic en Klas, Joop en Lies, Heiner und Susanne, Micha und Olli.

Danke, Stefan, für dich.

Literatur

von Arnim, Gabriele, *Das Leben ist ein vorübergehender Zustand*, Hamburg 2021

Bohne, Michael, *Bitte klopfen. Anleitung zur emotionalen Selbsthilfe*, Heidelberg 2022

Bucay, Jorge, *Das Buch der Trauer. Wege aus Schmerz und Verlust*, Frankfurt am Main 2019

Didion, Joan, *Das Jahr magischen Denkens*, Berlin 2019

Drolshagen, Ebba D., *Gebrauchsanweisung für Norwegen*, München 2019

Das große Wohnmobil-Handbuch. Basiswissen für Einsteiger – Alles über Kosten, Technik, Ausstattung und Reisen, Berlin 2020

Martens, Jens-Uwe, Begus, Birgit, M., *Das Geheimnis seelischer Kraft. Wie Sie durch Resilienz Schicksalsschläge und Krisen überwinden*, Stuttgart 2018

Varley, Susan, *Leb wohl, lieber Dachs*, Berlin 2012

Windscheid, Leon, *Besser fühlen. Eine Reise zur Gelassenheit*, Hamburg 2021

Links

Initiative »Mein Erbe tut Gutes – Das Prinzip Apfelbaum«, Newsletter No. 6, »Trauer« www.mein-erbe-tut-gutes.de

Anmerkungen

1 Zitat von Rainer Maria Rilke: »Die Toten sterben nicht von uns weg, sie gehen mitten in unser Herz hinein.« – Abgewandelt von Gabriele von Arnim bei ihrer Buchbesprechung von *Das Leben ist ein vorübergehender Zustand*, Hamburg 2021
2 Joan Didion, *Das Jahr magischen Denkens*, Berlin 2019, S. 37
3 Ebd., S. 22
4 Jens-Uwe Martens und Birgit M. Begus: *Das Geheimnis seelischer Kraft. Wie Sie durch Resilienz Schicksalsschläge und Krisen überwinden*, Stuttgart 2018, S. 61 und 63
5 Entnommen aus: Giannina Wedde, *Es wächst ein Licht in deinem Fehlen. Ein Trost- und Trauerbuch*, © Vier-Türme GmbH, Verlag, Münsterschwarzach 2019, S. 132 f.
6 karindrawings